Gesellschaft als Risiko

Sarah Lenz und *Martina Hasenfratz* sind wiss. Mitarbeiterinnen in der DFG-Kolleg-Forschungsgruppe »Zukünfte der Nachhaltigkeit«.

Sarah Lenz, Martina Hasenfratz (Hg.)

Gesellschaft als Risiko

Soziologische Situationsanalysen
zur Coronapandemie

Mit Zeichnungen von Maria Hobbing
und einem literarischen Epilog von Christian Baron

Campus Verlag
Frankfurt/New York

ISBN 978-3-593-51323-2 Print
ISBN 978-3-593-44648-6 E-Book (PDF)
ISBN 978-3-593-44773-5 E-Book (EPUB)

Das Werk einschließlich aller seiner Teile ist urheberrechtlich geschützt. Jede Verwertung ist ohne Zustimmung des Verlags unzulässig. Das gilt insbesondere für Vervielfältigungen, Übersetzungen, Mikroverfilmungen und die Einspeicherung und Verarbeitung in elektronischen Systemen.
Trotz sorgfältiger inhaltlicher Kontrolle übernehmen wir keine Haftung für die Inhalte externer Links. Für den Inhalt der verlinkten Seiten sind ausschließlich deren Betreiber verantwortlich.
Copyright © 2021 Campus Verlag GmbH, Frankfurt am Main
Umschlaggestaltung: Campus Verlag GmbH, Frankfurt am Main
Satz: le-tex transpect-typesetter, Leipzig
Gesetzt aus der Alegraya
Druck und Bindung: Beltz Grafische Betriebe GmbH, Bad Langensalza
Beltz Grafische Betriebe sind ein klimaneutrales Unternehmen.
Printed in Germany

www.campus.de

Inhalt

Einleitung: Gesellschaft als Risiko 11
Sarah Lenz und Martina Hasenfratz

Coronachronik: Vom ersten Lockdown bis zum »Sorglos-Sommer« ... 23
Christian Eberlein

Covid-19 als Gefahr oder Risiko. Warum interessieren uns
Infektionstote plötzlich so sehr? 35
Michael Grothe-Hammer

Drohender Sinnverlust

»Als Endzeitfan habe ich mir die Apokalypse anders vorgestellt – nicht
mit Chips auf dem Sofa.« 51
Elisabeth Boßerhoff

»Ich wäre jetzt einfach gerne bei meiner Family und meine Mama
umarmt mich mal wieder.« 57
Paul Weinheimer

»Es kommt mir insgesamt vor, wie in einer komischen Käseglocke zu
leben.« 61
Sören Altstaedt

Essay

Von Paaren und anderen persönlichen Beziehungen in Zeiten der
Pandemie 69
Marie-Kristin Döbler

In der Schwebe

»Erstmal überleben.« 81
Nina Sökefeld

»Also was sich geändert hat sind die Schutzmaßnahmen [...], aber sonst ist alles normal.« 87
Ruth Manstetten

»Man opfert halt so viel für etwas, wo man noch nicht weiß, ob es das wert ist.« 95
Elisabeth Boßerhoff

Seiltanzen

»Ich habe nicht das Gefühl, dass wir den Infektionsschutz richtig einhalten.« 103
Marco Hohmann

»Mein größter Kampf ist es, jeden Tag neu zu organisieren, jeder Tag ist neu herausfordernd – ein bisschen orientierungslos.« 109
Sarah Lenz

»Und das hängt alles wie so eine Gewitterwolke über einem.« 115
Martina Hasenfratz

»Es geht uns allen so langsam die Puste aus.« 121
Martina Hasenfratz

Essay

Heroisierung als Entpolitisierungsstrategie: Die unfreiwilligen Held:innen der Krise 129
Roman Kiefer und Ruth Manstetten

Informiert-Sein

»Ich hatte also auch schon Klopapier, als es die Witze über Klopapier
noch nicht gab.« 143
Sören Altstaedt

»Die Menschheit muss mit der Natur und nicht gegen die Natur
arbeiten.« 149
Sarah Lenz

»Was ich bedenklich finde ist, dass es keine Pluralität der Meinungen
gibt.« 155
Paul Weinheimer

»Ich habe eine Informationslage, die andere Leute nicht haben.« 161
Marco Hohmann

»Ich will ja, dass man da so gut wie möglich drüber hinwegkommt.« .. 167
Nina Sökefeld

»Aber ich hatte auch ohne Corona gelegentlich Angst um mein Kind.« 173
Natalia Besedovsky

Essays

Katastrophenzeit 181
Sighard Neckel

Die Familie im Coronadiskurs 189
*Viola Dombrowski, Marc Hannappel, Lukas Schmelzeisen, Oul Han und
Matthias Kullbach*

In Sorge

»Ich persönlich habe da eine ganz andere Meinung zu diesem Virus.« . 201
Nadine Maser

»Wenn man jetzt noch jemandem die Hand gibt, dann fühlt sich das so an wie ungeschützter Geschlechtsverkehr mit einer wildfremden Person.« 207
Marco Hohmann

»Ich denke da jetzt einfach positiv und hoffe, dass es bald ein Ende nimmt.« 213
Martina Hasenfratz

»Wenn wir die Apotheke nicht mehr desinfizieren können, dann können wir eigentlich auch zumachen.« 217
Nina Sökefeld

»Wenn halt was mit mir ist, da muss sie ja praktisch komplett mitziehen.« 223
Nadine Maser

Essays

Die Picknick-Decken-Kontroverse: Eine Geschichte über Alltagsmasken 229
Annerose Böhrer

Die Verdrängungen des Coronatodes 235
Ekkehard Coenen

Am Limit

»Mir fällt die Decke auf den Kopf – ich neige da sehr zur Einsamkeit.« 243
Sarah Lenz

»Jederzeit kann etwas passieren, das alle deine Pläne zerstört.« 247
Ruth Manstetten

»Ich will nur, dass das alles aufhört, mehr nicht.« 255
Nadine Maser

»Eine absolut existentielle Situation, in der ich gar nicht mehr weiterwusste.« 261
Ruth Manstetten

Essay

An den Rändern der Pandemie 271
Tobias Schramm und Larissa Pfaller

Epilog

Herzfehler 279
Christian Baron

Anhang

Glossar 295
Autor:innen 307

Einleitung: Gesellschaft als Risiko

Sarah Lenz und Martina Hasenfratz

Am 31. Dezember 2019 meldete die chinesische Regierung offiziell eine neue Lungenkrankheit. Für viele in Deutschland war diese Nachricht über ein unbekanntes Virus, weit weg der europäischen Grenzen, zunächst nur eine Schlagzeile unter vielen. Dass wir nur zwei Monate später zum Zentrum eines pandemischen Geschehens werden sollten, ahnten zu diesem Zeitpunkt wohl die wenigsten. Doch spätestens im Februar 2020 breitete sich das Virus mit dem wissenschaftlichen Namen SARS-CoV-2 rasant aus. Der Ausbruch der bis dahin unbekannten Infektionskrankheit Covid-19 versetzte Gesellschaften weltweit in einen absoluten Ausnahmezustand. In Europa standen der Tiroler Skiort Ischgl, die norditalienische Stadt Bergamo und der nordrhein-westfälische Kreis Heinsberg exemplarisch für die unkontrollierte Verbreitung. Après-Ski, Fußballspiele und Karnevalssitzungen wurden unerkannt zu sogenannten »Super-Spreading-Events«. Die hauptsächliche Reaktion auf die globale Verbreitung von SARS-CoV-2 waren monatelange, staatlich angeordnete »Lockdowns« überall auf der Welt: In Deutschland musste der Einzelhandel größtenteils den Betrieb einstellen, Restaurants, Bars und Clubs wurden geschlossen, der Schulunterricht fand zu Hause statt, Kindergärten und Kitas boten ausschließlich Notfallbetreuung an, zahlreiche Angestellte wurden in Kurzarbeit geschickt, Großeltern durften nicht mehr besucht werden und Spielplätze wurden mit rot-weißem Absperrband unzugänglich gemacht.

Auch wir verlegten unseren Arbeitsplatz von der Universität ins heimische Büro und verspürten schon bald das Bedürfnis, einen Blick nach draußen, zu den anderen, zu werfen. Wie gehen sie mit dieser neuartigen Form der Isolation und des Zusammenlebens um? Mit welchen Sorgen und Ängsten sind sie konfrontiert? Wie gestalten sie ihren Alltag? Vor welchen Herausforderungen stehen sie? Es waren diese Fragen, die uns umtrieben und zugleich motivierten, dieses Projekt zu Beginn des ersten Lockdowns im März 2020 ins Leben zu rufen. Zusammen mit acht Kolleg:innen machten wir uns auf die Suche nach Menschen, die bereit waren, mit uns ihre Erfahrungen in der Pandemie zu teilen. Eine Suche, die im Familien- und Freundeskreis begann und nach Art eines Schneeballsystems dazu führte, dass wir schließlich mit ganz unterschiedlichen, uns bekannten und unbekannten Menschen aus verschiedenen Regionen Deutschlands über ihren Lebensalltag mit Corona sprachen.

Eine dieser Personen war Frau Hennings, eine 28-jährige Lehrerin, die erst vor Kurzem in eine ostwestfälische Kleinstadt gezogen war. Sie erzählt uns von ihrer veränderten Einstellung zum Alleinsein. Während sie vor der Pandemie gerne für sich war, fühlt sie sich nun, im Lockdown, plötzlich sehr einsam. Dies mag auch damit zusammenhängen, dass sich ihr kompletter Alltag auf den Kopf gestellt hat. Ganz gewissenhaft hält sie sich an die pandemiebedingten Hygiene-Regeln und fühlt sich in der Gegenwart von Menschen – schon eine flüchtige Begegnung auf der Straße zählt dazu – sehr unwohl. Routinen, die sie insbesondere durch ihre Arbeit in der Schule hatte und die ihr Halt gaben, fallen nun, von einem Tag auf den anderen, weg. Homeschooling war in ihrer Schule zu diesem frühen Zeitpunkt aufgrund mangelnder Infrastruktur ohnehin nur eingeschränkt möglich, was in ihr ein Gefühl von Nutzlosigkeit auslöst. Und so wünscht sie sich nichts sehnlicher, als gesellschaftlich gebraucht zu werden: als Staatsdienerin, so beschreibt sie sich selbst, kann sie sich auch vorstellen, Regale in Supermärkten einzuräumen.

Die 19-jährige Abiturientin Lina hingegen schwankt in ihren Erzählungen zwischen Einsicht und Unverständnis gegenüber den Einschränkungen durch die Pandemie. Es leuchtet ihr ein, dass man die besonders vulnerablen Personengruppen, alte Menschen und Menschen mit Vorerkrankungen, vor einer Ansteckung mit SARS-CoV-2 schützen muss, gleichzeitig wünscht sie sich die unbeschwerte Zeit herbei, die sie sich mit dem Abitur natürlich erhofft hatte: »Abistreich«, ausgelassenes Feiern mit den Mitschüler:innen, ein emotionaler Abschied von der Schule. Der Stillstand ist für die junge Frau nur schwer zu ertragen. Die Ungewissheit über das Kommende, die sich mit dem Ende der Schulzeit einstellt, wird durch die vielzähligen Unsicherheiten verstärkt, die mit der Ausbreitung des Virus einhergehen.

Von ganz anderen Alltagserfahrungen berichtet Fabian. Der 30 Jahre alte Fachkrankenpfleger für Anästhesie und Intensivmedizin arbeitet in einem großen Klinikum in einer deutschen Metropole. Dort bereiten sie sich – mit den erschütternden Bildern aus den norditalienischen Krankenhäusern im Hinterkopf – auf den absoluten Ausnahmezustand vor. Fabian erzählt von der Angst vor den nächsten Monaten, vom Grauen, das ihn erfasst, wenn er an die vielen Toten in anderen Ländern denkt. Hinzu kommt, dass er sich aufgrund seiner Tätigkeit einem besonderen Ansteckungsrisiko ausgesetzt sieht. Denn nicht nur er selbst ist in Gefahr; durch den täglichen Kontakt mit der Infektionskrankheit bringt er auch seinen Lebensgefährten, der im Homeoffice ist und auf alle Kontakte verzichtet, in eine exponierte Situation. Als Leiterin der Unternehmenskommunikation in der Logistik muss die 46-jährige Sabine stets den Überblick bewahren, vorrausschauend handeln und jedwede Unsicherheiten in handhabbare Probleme transformieren. Diese Kompetenzen scheinen ihr in der Coronapandemie vor allem in ihrem privaten Leben Sicherheit zu geben: Sie beobachtet, plant und organisiert für den möglicherweise schon bald eintretenden Ernstfall. Dabei ist sie stets einen Schritt voraus. So erzählt sie, dass sie die auf uns zurollende Krise bereits ernstgenommen hat, als hierzulande noch kaum darüber berichtet wurde. Als aufmerksame und vorrausschauende Beobachterin sieht sie die Gesellschaft mit vielerlei Risiken konfrontiert; Risiken, das wird in ihren Erzählungen immer wieder deutlich, von denen sie selbst nur wenig betroffen sein wird.

Ganz anders als Sabine erlebt Walter die ersten Wochen der Pandemie. Der 69 Jahre alte Rentner lebt mit seiner Ehefrau im östlichen Baden-Württemberg und zählt nicht nur aufgrund seines Alters, sondern auch wegen einer Vorerkrankung, zu den sogenannten Risikopatient:innen. Die mit dieser Zuschreibung verbundenen Sorgen ziehen sich durch seinen gesamten Alltag und bestimmen zudem das Leben seiner Ehefrau, die seinen Risikostatus zwangsläufig mitträgt.

Während Walter sich weitestgehend in Isolation begeben kann und bis auf den allwöchentlichen Supermarktbesuch vollständig auf soziale Kontakte verzichtet, hat der 49-jährige Taxifahrer Mirko keine andere Wahl, als weiterhin seinem Job nachzugehen. Auch er zählt sich aufgrund seiner Asthmaerkrankung zur Risikogruppe, muss aufgrund seiner ökonomisch prekären Situation aber weiterhin mit anderen Menschen in Kontakt treten. Zusehends fühlt er sich in seinem Taxi eingesperrt, da der gebotene Mindestabstand nicht annähernd eingehalten werden kann.

Die Coronapandemie als gemeinsam erlebte Situation

Die Erzählungen von Frau Hennings, Lina, Fabian, Sabine, Walter und Mirko über ihren Lebensalltag sind – wie auch die anderen Geschichten in diesem Buch – gekennzeichnet durch ganz unterschiedliche, teilweise konträre Realitäten, Wahrnehmungen und Erfahrungen einer gemeinsam erlebten Situation, der Coronapandemie. Um diesem situativen Erleben und den je individuellen Erfahrungen von Menschen in der Pandemie nachzugehen, führten wir im April und Mai 2020 per Telefon oder Skype insgesamt 60 narrative, an einem Leitfaden orientierte Interviews. Unser Ziel konnte es dabei nicht sein, ein repräsentatives Abbild der deutschen Gesellschaft zu erfassen. Stattdessen sind zahlreiche »soziologische Geschichten« entstanden, die das subjektive Erfahren und Deuten der Situation in den Vordergrund stellen. Diese Wahrnehmungsweisen werden, so zeigen die unterschiedlichen Geschichten, für die jeweiligen Personen zur eigenen Wirklichkeit in all ihren Konsequenzen. Als junge Abiturientin sorgt sich Lina weit weniger um ihre Gesundheit als Mirko, Fabian oder Walter. Der Verzicht auf Abenteuer und Reisen fernab des schulischen Alltags spielen für sie eine wesentlich größere Rolle als eine mögliche Ansteckung. Ganz anders nimmt Fabian die neue Wirklichkeit durch Corona wahr. Das Virus, dem er durch seinen Beruf tagtäglich ausgesetzt ist, verleiht auch seinem Privatleben eine völlig neuartige Qualität. Für sich selbst, seinen Partner, aber auch seine Kolleg:innen empfindet er all diejenigen als Gefährdung, die sich nicht an die Kontaktbeschränkungen halten und ihren alten Gewohnheiten nachgehen. In ähnlicher Weise entwickelt auch Mirko, der weiterhin als Taxifahrer arbeitet, zusehends einen Groll all denjenigen gegenüber, die sich trotz Kontaktbeschränkungen in größeren Gruppen treffen.

Diese facettenreichen Wahrnehmungen zeigen auf, dass Menschen nicht auf der Grundlage vermeintlich objektiver Bedingungen handeln, sondern auf ihrer je eigenen Konstruktion von Wirklichkeit, auf der Basis ihrer Wahrnehmungen und der Beurteilung der je eigenen Lage. Diese Einsicht beschreiben die US-amerikanischen Soziolog:innen William I. Thomas und Dorothy Swaine Thomas (1973 [1928]) als »Thomas-Theorem«: »If men define situations as real, they are real in their consequences.« Demnach enthält eine Situation wie die Ausbreitung des Coronavirus folglich (1) die objektiven Handlungsbedingungen, (2) die subjektiven Handlungsmotive und Einstellungen und (3) die subjektiven Vorstellungen der objektiven

Bedingungen, sprich die eigene Definition der Situation (Thomas 1965: 84 f.; s. hierzu auch Mijic 2010). Um diese unterschiedlichen Facetten einer gemeinsam erlebten Situation zu erschließen, ließen wir uns methodisch von der Situationsanalyse nach Adele E. Clarke (2012) leiten. Im Unterschied zur kanonischen Ausrichtung der *Grounded Theory* stellt Clarke nicht das Handeln als »grundlegenden sozialen Prozess« in den Vordergrund, sondern die erlebte soziale Situation und die für sie charakteristischen Materialitäten, Diskurse, Strukturen und Bedingungen (ebd.: 78 ff.). Soziales Handeln ist aus Clarkes Perspektive nicht allein durch äußere Einflüsse geleitet, bedingt oder determiniert; vielmehr sind die Bedingungen der Situation in der Situation selbst enthalten und müssen in ihr analysiert werden (ebd.: 112). Die individuelle Lebenslage, die Generation, das Alter, das Geschlecht, der Beruf, die Verfügbarkeit von ökonomischen, sozialen und kulturellen Ressourcen, die Wohnsituation und die Klassenzugehörigkeit haben somit enorme Auswirkungen darauf, wie die Coronapandemie wahrgenommen, erlebt und bearbeitet wird. Entsprechend lassen sich die spezifischen Problemlagen, von denen unsere Gesprächspartner:innen berichten, unter verschiedene situationszentrierte Wahrnehmungstypen subsumieren: »Drohender Sinnverlust«, »In der Schwebe«, »Seiltanzen«, »Informiert-Sein«, »In Sorge«, »Am Limit«.

Mit ihren unterschiedlichen Erfahrungen und Wahrnehmungen, mit ihren Brüchen, dem erlebten Stillstand und den konträren Bewertungen politischer Maßnahmen weisen diese soziologischen Situationsbeschreibungen darauf hin, dass »Corona« mittlerweile zu einer Zeitenwende geworden ist, die zumindest auf mittlere Sicht das gesellschaftliche Leben vollkommen verändert und Menschen überall auf der Welt mit einer Erschütterung fundamentaler Sicherheiten und Gewissheiten konfrontiert. Die Coronapandemie stellt etablierte Normalitätsvorstellungen und gesellschaftliche Ordnungsgefüge in völlig neuartiger Weise auf die Probe und spitzt soziale, politische und wirtschaftliche Probleme, die bereits zuvor bestanden, dramatisch zu.

Gesellschaftliche Risiken und Gesellschaftlichkeit als Risiko

Die Coronapandemie fügt sich in eine ganze Reihe gesellschaftlicher Krisen ein, die in den Sozialwissenschaften unter dem Stichwort der »multiplen Krise« oder »Vielfachkrise« der kapitalistischen Wirtschafts- und Gesellschaftsordnung diskutiert werden (Bader u.a. 2011; Brand 2009). Die Finanz- und Wirtschaftskrise ab 2007, die Reaktorkatastrophe in Fukushima im Jahr 2011, die sogenannte »Flüchtlingskrise« im Jahr 2015 und die sich immer weiter verschärfende Klimakrise sind hierfür nur einige wenige Beispiele. Sie zeigen, dass die moderne Gesellschaft auf ganz unterschiedlichen Ebenen – gesundheitlich, technisch, ökonomisch, ökologisch, sozial – in ihren Grundfesten erschüttert ist. In all ihren Facetten erinnern diese Krisen der Gegenwart an das Bild einer *Risikogesellschaft*, wie es der Soziologe Ulrich Beck bereits im Jahr 1986 entworfen hat. Mit seinem Buch traf er damals den Nerv der Zeit. Unmittelbar vor der Veröffentlichung ereignete sich der Reaktorunfall in Tschernobyl, der zum paradigmatischen Sinnbild der Beck'schen These avancierte, wonach der technische Fortschritt der Moderne katastrophale Nebenfolgen und weitreichende ökologische Risiken hervorbringt. Durch die Coronapandemie erfährt die Risikosoziologie von Beck in der sozialwissenschaftlichen Debatte nun eine Renaissance. Der US-amerikanische Historiker Adam Tooze (2020) beschreibt ihn gar als den Soziologen, »who could save us from Coronavirus«. Ob seinen Schriften dies tatsächlich gelungen wäre, sei dahingestellt. Keineswegs ist aber von der Hand zu weisen, dass Beck mit seiner Beschreibung der Risikogesellschaft einen Rahmen liefert, um die Coronapandemie nicht als ein singuläres Ereignis zu begreifen, sondern als ein mit den komplexen ökonomischen Entwicklungen und den technischen Errungenschaften der Moderne zutiefst verwobenes Geschehen. Beck zufolge setzt mit der Risikogesellschaft ein Prozess der »reflexiven Modernisierung« (Beck 2020 [1986]: 249) ein, durch den die Logik der Reichtumsverteilung, wie sie die Industriegesellschaften prägte, zunehmend durch eine Logik der Risikoverteilung ergänzt und ersetzt wird:

»In der fortgeschrittenen Moderne geht die gesellschaftliche Produktion von Reichtum systematisch einher mit der gesellschaftlichen Produktion von Risiken. Entsprechend werden die Verteilungsprobleme und -konflikte der Mangelgesellschaft überlagert durch die Probleme und Konflikte, die aus der Produktion, Definition und Verteilung wissenschaftlich-technisch produzierter Risiken entsteht.« (ebd.: 25)

Gleichwohl beharrt Beck in seiner Gesellschaftsanalyse nicht darauf, dass technische Innovationen der Moderne Risiken hervorbringen, die in ihren Auswirkungen kaum zu kalkulieren sind; vielmehr verweist er gleichermaßen darauf, dass sie auch Lösungsstrategien bereithalten können. Solche durch Technologien und Innovationen forcierten »modernen Risikopolitiken« (Reckwitz 2020) geben Antworten darauf, wie Risiken wissenschaftlich »objektiv« bearbeitet und reguliert werden können (Beck [2020] 1986: 254 ff.). Und so sind moderne Gesellschaften nicht nur mit diversen Risiken konfrontiert, sondern betreiben zugleich ein systematisches Risikomanagement (Reckwitz 2020: 241). Auch in der Coronapandemie kommt diese Form des Managements in ganz unterschiedlichen gesellschaftlichen Bereichen zum Vorschein. So halfen der technologische Fortschritt und hier insbesondere die Digitalisierung sowie die mediengestützte Verwissenschaftlichung der Kommunikation über die Infektionskrankheit dabei, das Risiko kalkulierbarer zu machen. Anfängliche Ungewissheiten im Umgang mit dem Virus konnten so immer mehr überwunden und in politische Maßnahmen zur Eindämmung der Pandemie übersetzt werden. Während zu Beginn die politische Risikoregulierung von der Haltung »we must act as if we do [know the risks]« (Douglas/Wildavsky 1982: 1) geprägt war, wurde durch die virologische Erforschung des pandemischen Geschehens, durch Testverfahren und die Entwicklung von Impfstoffen Risikopolitik zusehends ermöglicht. Dies lässt sich auch an dem Gebrauch des Mund-Nasen-Schutzes beobachten, der zu Beginn der Pandemie lediglich bei der Behandlung von Patient:innen in Arztpraxen und Kliniken als notwendig erachtet wurde. Im späteren Verlauf und mit zunehmendem Wissen stellte sich jedoch heraus, dass die Verbreitung des Virus zum Großteil über Aerosole, also kleine Mikrotröpfchen in der Luft, erfolgt, weshalb das Tragen einer Maske nunmehr zum festen Bestanteil der öffentlichen Risikopolitik gehört.

Vergleicht man die Coronapandemie mit den Krisen, die Beck im Blick hatte, dann zeigt sich ein wesentlicher Unterschied in der Externalität ihres Auslösers. Denn während der Reaktorunfall im Kernkraftwerk Tschernobyl für die inneren Risiken und Krisenanfälligkeiten der technisch-industriellen Moderne steht, werden Gesellschaften nun von einer scheinbar archaischen Form der Katastrophe – einer Seuche – eingeholt, die auf den ersten Blick nicht im Zusammenhang mit der reflexiven Moderne steht. Epidemien gibt es seit der neolithischen Revolution und der menschlichen Sesshaftigkeit. In seinem Buch *Against the Grain* stellt der Anthropologe und Politikwissenschaftler James C. Scott (2017) daher fest, dass die Domizilierung des Menschen nicht zwangsläufig als eine Erfolgsgeschichte gewertet werden kann, da sie auch der Ausgangspunkt von Krankheiten und Seuchen ist. Der Auslöser der Coronapandemie ist also zunächst nicht industriell-technischer, sondern historisch-gesellschaftlicher Natur. Zugleich ist diese Krise aber nur im

Anschluss an die Risikogesellschaft denkbar, da eine globale Ausbreitung des Virus in ihr selbst begründet liegt: Sie ist schlicht als eine nicht-intendierte Nebenfolge einer Weltrisikogesellschaft zu verstehen. Ohne die Errungenschaften der »reflexiven Moderne« und hier insbesondere die globale Mobilität hätten sich die Infektionsketten nicht über eine so kurze Zeit auf nahezu alle Länder ausbreiten können. Die Elemente der reflexiven Moderne werden somit selbst zum Ausgangspunkt und zur Bedingung der Coronapandemie. Vor diesem Hintergrund begreifen wir Covid-19 als eine neue Facette der Risikogesellschaft. Auch mit der Pandemie droht »der Ausnahmezustand zum Normalzustand zu werden« (Beck 2020 [1986]: 31), wenn etwa Kontaktbeschränkungen, Ausgangssperren, »social distancing« und Gesichtsmasken das Alltagsleben vollkommen verändern. Allerdings – und hier müsste anlässlich der Pandemie die Risikosoziologie von Beck ergänzt werden – geht mit den Covid-19-Wellen eine »doppelte Risikohaftigkeit« einher. Das Coronavirus versetzt Gesellschaften weltweit nicht nur in einen besonders riskanten politischen, sozialen und ökonomischen Zustand – zugleich wird das grundlegende Element menschlichen Zusammenlebens selbst, das »In-Gesellschaft-Sein«, durch die Verbreitung von SARS-CoV-2 zu einem schwer berechenbaren Risiko. Soziale Beziehungen bringen plötzlich ein nicht absehbares gesundheitliches Risiko hervor, sowohl für bestimmte soziale Gruppen (die sogenannten Risikogruppen), zu denen Menschen über 60 Jahre, Menschen mit Vorerkrankungen oder schwangere Frauen zählen, als auch für einzelne Subjekte. So fühlt sich etwa Fabian, der nicht zur sogenannten Risikogruppe zählt, besonders gefährdet, da er als Fachkrankenpfleger tagtäglich mit einer möglichen Ansteckung konfrontiert wird. Das Risiko des »In-Gesellschaft-Sein« stellt somit gewohnte Umgangsformen vor völlig neue Herausforderungen. Während die von Beck beschriebenen ökologischen Risiken für den Menschen zur Gefahr wurden, weil seine Umwelt ihn durch sauren Regen, verschmutzte Luft oder vergiftetes Wasser zu schädigen droht, liegt das größte Risiko für den Menschen nunmehr in der Begegnung mit Seinesgleichen.

Über das Buch

Neben den empirisch basierten soziologischen Geschichten, die Menschen und ihre Erfahrungen in den Vordergrund rücken und das Kernstück des

Buches bilden, beschäftigen sich die thematischen Essays mit speziellen Themen der Coronapandemie. Durch ihre allgemeine soziologische Ausrichtung ermöglichen sie eine breitere Einordnung der in den Geschichten dargestellten Einzelperspektiven. So lassen sich etwa anhand der Coronachronik von Christian Eberlein die Beschreibungen unserer Gesprächspartner:innen in den Rahmen der Risikopolitik vom ersten Lockdown bis zum »Sorglos-Sommer« einordnen. Auch der Beitrag von Michael Grothe-Hammer nimmt die Risikopolitik zum Ausgangspunkt und geht vor dem Hintergrund der Luhmann'schen und Beck'schen Risikotheorien der Frage nach, warum uns Infektionstote plötzlich so sehr interessieren. Wie dieses Interesse medial forciert und differenziert wird, ist Gegenstand des Beitrages von Viola Dombrowski, Marc Hannappel, Oul Han, Lukas Schmelzeisen und Matthias Kullbach. Im Zentrum ihrer Analyse stehen die medialen Deutungskonflikte um das Thema »Familie«.

Soziologisch pointiert diskutiert Marie-Kristin Döbler die Problemlagen und Herausforderungen, die sich für Paare und andere persönliche Beziehungen aus der Coronapandemie ergeben. Dabei hebt sie hervor, dass insbesondere das fehlende »In-Gesellschaft-Sein« krisenhafte Zustände für Einzelne hervorbringt und so gegebenenfalls zu neuen gesellschaftlichen Risiken führt. Während hier der Mangel an sozialen Beziehungen im Vordergrund steht, widmen sich Ruth Manstetten und Roman Kiefer jenen Gesellschaftsmitgliedern, die aufgrund ihrer »systemrelevanten« Bedeutung kaum Möglichkeiten haben, sich der Gesellschaft anderer zu entziehen. Manstetten und Kiefer beobachten eine neuartige Qualität der Heroisierung, die zwar einst unsichtbare Berufs- und Personengruppen für ihren Durchhaltewillen preist und beklatscht, angesichts der äußeren und strukturellen Umstände aber auch als Vorbereitung für die baldige Aufopferung angesehen werden kann. In ähnlicher Weise nähern sich auch Tobias Schramm und Larissa Pfaller der Coronapandemie von den gesellschaftlichen Rändern her an. Sie verdeutlichen, was es heißt, nicht zur etablierten Mittelschicht mit ihren Häusern und Vielzimmerwohnungen inklusive Gärten zu gehören, sondern zu denjenigen, die im Falle eines Coronaausbruchs mitsamt aller Nachbar:innen einer Göttinger Hochhaussiedlung vollabgeriegelt, von der Polizei umstellt und mit Pfefferspray an der »Flucht« gehindert werden.

Annerose Böhrer lenkt unseren Blick auf einen für die Coronapandemie gleichermaßen paradigmatischen wie umstrittenen Alltagsgegenstand: die Maske. Aber handelt es sich hierbei lediglich um ein Stück Stoff mit zwei

Gummis? Wohl kaum, stellt sie fest und verdeutlicht die vielfältigen Bedeutungen von Solidarität, Sozialität, Verantwortung und Lebensführung, die sich fast unbemerkt und »maskiert« durch die Hintertür schleichen. Auch Ekkehard Coenen widmet sich einem Thema, das im Laufe der Coronapandemie sein Schattendasein aufgeben musste. Der Tod, so konstatiert er, bildet den thematischen Fluchtpunkt in der Coronakrise. Coenen beschäftigt sich mit der Frage, ob die Coronapandemie dem Tod eine neue Aufmerksamkeit zukommen lässt oder ob er – wie zuvor – verdrängt wird. Dass wir uns in einer Katastrophenzeit befinden, die nicht nur durch verheerende Wirtschafts- und Finanzkrisen, Kriege und Infektionskrankheiten hervorgerufen werden, sondern auch durch den Klimawandel, konstatiert schließlich Sighard Neckel. Vor dem Hintergrund gemeinsamer Ursachen für den Klimawandel und die Coronapandemie fragt er nach den verbleibenden Chancen, die Katastrophenzeit zu beenden, Widerstandsfähigkeit gegen Pandemien zu entwickeln und das Erdsystem schließlich vor einem Kollaps zu bewahren.

Das Buch schließt mit einem literarischen Epilog. Am 29. April 2020 war eine abendliche Lesung mit Christian Baron geplant. Kurz vor der Pandemie und vor dem ersten Lockdown war sein Debütroman *Ein Mann seiner Klasse* in die Bestsellerlisten aufgestiegen; das Buch war in den Läden vergriffen, man konnte nicht schnell genug sein, um ein Ticket für eine seiner zahlreichen Buchvorstellungen zu erhalten. Dieses Buch, das zu Recht mit Didier Eribons *Rückkehr nach Reims* und Annie Ernaux' *Die Jahre* verglichen wurde, nahmen wir zum Anlass, um mit dem Autor über die Wiederkehr der Klassengesellschaft zu diskutieren. Es kam anders: »In Anbetracht der gegebenen Umstände«, wie es nun allerorts hieß, mussten wir die Lesung und das Gespräch erst vertagen, dann absagen – nicht hingegen unsere Korrespondenz. Im digitalen Raum schließlich erklärte sich Christian bereit, das entstehende Buch »Gesellschaft als Risiko« um einen literarischen Beitrag zu bereichern; eine Geschichte über Albert, Juli, Murat, dessen dreijährigen Sohn sowie Herrn Hesslich und Frau Lieb von der Kaiserslauterner Arbeitsagentur. »Herzfehler« zeigt auf beeindruckende Weise, wie sich die bereits vor der Pandemie bestehenden Problemlagen von Menschen, die zur Sicherung ihrer Existenz auf Arbeitslosengeld II (Hartz IV) angewiesen sind, fortschreiben und reproduzieren. Die Coronapandemie, so hat man den Eindruck, ist im Leben von Juli, Murat und Albert neben Mietschulden, Arbeitslosigkeit, Krankheit, Verwaltungsdeutsch und Demütigung nur eine Krise unter vielen, gegen die sie sich wehren müssen.

Dank

Unser Dank gilt in erster Linie all denjenigen, die sich bereit erklärt haben, mit uns zu sprechen und uns von ihren Erfahrungen in der Pandemie zu berichten. Als Herausgeberinnen sind wir zudem unseren Kolleg:innen zu besonderem Dank verpflichtet, ohne die dieses Projekt schlicht nicht möglich gewesen wäre: Sören Altstaedt, Natalia Besedovsky, Elisabeth Boßerhoff, Christian Eberlein, Marco Hohmann, Nadine Maser, Ruth Manstetten, Sighard Neckel, Elgen Sauerborn, Nina Sökefeld und Paul Weinheimer. Tatkräftig haben uns auch Sebastian Weber und Malte Flachmeyer bei den Korrekturen unterstützt. Schließlich möchten wir Maria Hobbing und Christian Baron für die Möglichkeit danken, ihre Werke *Zeichnungen zu Corona* und *Herzfehler* abdrucken zu dürfen.

Literatur

Bader, Pauline/Becker, Florian/ Demirović, Alex/Dück, Julia (2011): »Die multiple Krise – Krisendynamiken im neoliberalen Kapitalismus«, in: Alex Demirović/Julia Dück/Florian Becker/Pauline Bader (Hg.): *VielfachKrise: Im finanzdominierten Kapitalismus*. Hamburg: VSA Verlag, S. 11–28.

Beck, Ulrich (2020 [1986]): *Die Risikogesellschaft. Auf dem Weg in eine andere Moderne*. Frankfurt a. M.: Suhrkamp.

Brand, Ulrich (2009): »Die Multiple Krise – Dynamiken und Zusammenhang der Krisendimensionen, Anforderungen an politische Institutionen und Chancen progressiver Politik«, *Heinrich-Böll-Stiftung*, letzter Zugriff: 02.05.2021, https://www.boell.de/sites/default/files/multiple_krisen_u_brand_1.pdf.

Clarke, Adele E. (2012): *Situationsanalyse. Grounded Theory nach dem Postmodern Turn*. Wiesbaden: Springer VS.

Douglas, Mary/Wildavsky, Aaron (1982): *Risk and Culture. An Essay on the Selection of Technological and Environmental Dangers*. Berkeley: University of California Press.

Mijic, Ana (2010): »Glaube kann Berge versetzen. William I. Thomas: ›Die Definition der Situation‹ – das Thomas-Theorem«, in: Sighard Neckel/Ana Mijic/Christian von Scheve/Monica Titton (Hg.), *Sternstunden der Soziologie. Wegweisende Theoriemodelle des soziologischen Denkens*. Frankfurt a. M./New York: Campus, S. 21–26.

Reckwitz, Andreas (2020): »Risikopolitik«, in: Michael Volkmer/Karin Werner (Hg.), *Die Corona-Gesellschaft. Analysen zur Lage und Perspektiven für die Zukunft*. Bielefeld: transcript, S. 241–252.

Thomas William I. (1965): *Person und Sozialverhalten*. Neuwied/Berlin: Luchterhand.

Thomas, William I./Swaine Thomas, Dorothy (1973 [1928]): »Die Definition der Situation«, in: Heinz Steinert (Hg.), *Symbolische Interaktion. Arbeiten zu einer reflexiven Soziologie.* Stuttgart: Klett, S. 333–335.

Tooze, Adam (2020): »The Sociologist Who Could Save Us From Coronavirus. Ulrich Beck was a prophet of uncertainty – and the most important intellectual for the pandemic and its aftermaths«, in: *Foreign Policy*, 01.08.2020, letzter Zugriff: 16.04.2021, https://foreignpolicy.com/2020/08/01/the-sociologist-who-could-save-us-from-coronavirus/.

Scott, James C. (2017): *Against the Grain: A Deep History of the Earliest States.* New Heaven: Yale University Press.

Coronachronik: Vom ersten Lockdown bis zum »Sorglos-Sommer«

Christian Eberlein

Für moderne »Risikogesellschaften« gehören Virusepidemien oder gar -pandemien zweifelsohne zu den ökologischen Risiken. Der Begriff des Risikos deutet darauf hin, dass die Gefahr einer Pandemie bereits erkannt und als Risiko markiert worden ist (Luhmann 2003). Der Logik der Risikomarkierung folgend ist auf den nächsten Seiten eine Chronik der Pandemie beginnend mit den ersten Berichten aus China im Dezember 2019 bis zu den Ausläufern des ersten Lockdowns mit dem Übergang in die Sommermonate 2020 abgebildet. Die Ereignisse sind in Phasen zusammengefasst und mit Begriffen überschrieben, die charakteristisch für die jeweiligen Phasen sind: Unsicherheit, Risikoregulierung, Privatisierung von Risiko und Lockerung.

Unsicherheit

Das erstmalige Auftreten des SARS-CoV-2-Virus am 1. Dezember 2019 in der chinesischen Stadt Wuhan setzt den Startpunkt für den Zeitraum, der inzwischen schon über ein Jahr anhält. Die Ereignisse in Wuhan, die erste bekannte Infektion und vor allem auch die unsicheren Informationslagen – es dauerte fast einen Monat bis zur offiziellen Meldung an die World Health Organisation (WHO) durch chinesische Behörden – prägt die Anfangsphase der Pandemiegeschichte, die daher mit dem Begriff der »Unsicherheit« überschrieben ist.

Mit der ersten Meldung der chinesischen Behörde an die WHO ließ sich das Geschehen in Wuhan noch als räumlich begrenzt wahrnehmen. Erst als es ab Mitte Januar zu einer Abfolge von Erstinfektionen in anderen Ländern kam und zum ersten Fall in Europa (Frankreich), reagiert das Robert Koch-Institut (RKI) mit der Erklärung, Wuhan und die Provinz Hubei seien ab sofort Risikogebiet. Dies geschieht zwei Monate nach dem ersten belegten Fall einer SARS-CoV-2-Infektion. Kurz darauf erklärt die WHO eine gesundheitliche Notlage internationaler Tragweite und macht damit deutlich, dass von einer weltweiten Pandemie noch lange nicht die Rede ist.

Unsicherheit/Risikoregulierung

Die nächste Phase markiert den Übergang von der »Unsicherheit« in die Phase der »Risikoregulierung«. Das Virus sowie die damit einhergehende Krankheit werden durch die WHO als SARS-CoV-2 und Covid-19 bezeichnet, was fortan konkrete mediale, politische und alltagspraktische Bezugnahmen ermöglicht. Seit Anfang Februar werden erste Maßnahmen ergriffen, um die Übertragungswege des Virus von China nach Europa zu identifizieren, indem Reisende aus den Risikogebieten Auskünfte über ihren Aufenthalt geben müssen. Die Bundesinnen- und Bundesgesundheitsminister:innen richten einen gemeinsamen Krisenstab ein, der Einschätzungen zur Lage und zu möglichen Maßnahmen abgibt. Mittlerweile werden nicht nur die lokalen Ereignisse in Wuhan als Risiko angesehen, sondern auch über das mögliche Risiko einer Pandemie und ihrer Konsequenzen nachgedacht. Allerdings schätzt das RKI das Risiko einer Pandemie in Deutschland noch als gering ein. Vereinzelte Meldungen von Infektionsfällen oder gar ersten Todesfällen wie jene in Frankreich sind noch verhältnismäßig selten. Die Einrichtung des Krisenstabs markiert die Verbindung von Wissenschaft und Politik, wobei die Risikoeinschätzungen der Wissenschaft nun auch Teil der Strategien und Maßnahmen der Risikoregulierung der Politik sind.

Risikoregulierung

Mit den ersten Todesfällen durch Covid-19 wird auch in Deutschland ein bundesweiter Lockdown verhängt, der die Einhegung und Regulierung des Infektionsgeschehens zum Ziel hat. Von Anfang bis Ende März 2020 erlassen Bundesregierung und Länder in Absprache mit den Expert:innen des RKI top-down Maßnahmen, die das Infektionsgeschehen eindämmen sollen. Diese umfassenden Einschränkungen des privaten und öffentlichen

Lebens führen zur Coronakrise mit Auswirkungen auf den sozialen, kulturellen und ökonomischen Bereich (Kraemer 2021). Von nun an kann im eigentlichen Sinne nicht mehr von einer Gefahr der Pandemie gesprochen werden, da sie mit der Erklärung der WHO als solche nun auch offiziell eingetreten war: Die zunehmenden Regulierungsbemühungen verweisen nun auf die Wahrnehmung eines zu bearbeitenden Risikos (Knight 2014). Fast gleichzeitig mit den Einschränkungen des öffentlichen Lebens, der Schließung der Geschäfte und sozialen Einrichtungen wie Kindergärten und Schulen ändert das RKI am 17. März 2020 seine Einschätzung zum Risiko einer Pandemie für Deutschland auf »hoch«. Bereits einen Tag später hält Bundeskanzlerin Angela Merkel eine ihrer seltenen Fernsehansprachen, in der sie nach einer allgemeinen Erläuterung der Maßnahmen an die Bürger:innen appelliert, sich an die Einhaltung der Regeln vor dem Hintergrund von Solidarität und Verantwortung zu halten. »Das ist, was eine Epidemie uns zeigt: wie verwundbar wir alle sind, wie abhängig von dem rücksichtsvollen Verhalten anderer, aber damit eben auch: wie wir durch gemeinsames Handeln uns schützen und gegenseitig stärken können.« (Angela Merkel) Die Wirksamkeit der Maßnahmen sei entscheidend für die Frage, welche Schäden die Pandemie in Deutschland anrichten werde. Zentral betont sie die Vermeidung der Überlastung der Gesundheitssysteme und die damit einhergehenden Konsequenzen.

Risikoregulierung/Privatisierung von Risiko

Während der Verlängerung der Lockdown-Regelungen Anfang April 2020 entsteht gleichzeitig eine öffentliche Debatte über mögliche Lockerungen und deren Voraussetzungen. Die Nationale Akademie der Wissenschaften Leopoldina gibt mehrere Ad-hoc-Mitteilungen heraus, in denen sie die Voraussetzungen für eine Normalisierung des Alltags in Deutschland sowie die dafür notwendigen Regelungen darlegt. Unter diesen Regelungen befinden sich vor allem solche, die auf das Verhalten von Einzelnen einwirken. Hierzu zählen eine Maskenpflicht an bestimmten Orten sowie die sogenannten AHA-Regeln. Im Kontext dieser neuen Regelungen dürfen Ende April beispielsweise Geschäfte ab einer Größe von 800 Quadratmetern wieder öffnen und der Öffentliche Nahverkehr darf wieder benutzt werden. Zudem wird der Zugang zu Museen, Spielplätzen, Zoos und Kirchen wieder ermöglicht, sodass das öffentliche Leben den Anschein einer »neuen Normalität« macht.

Privatisierung von Risiko

Ab Mai 2020 befindet sich die deutsche Bevölkerung damit in einer Phase der »Privatisierung von Risiko«, da es nun vor allem vom Verhalten der Einzelnen abhängt, ob bzw. wie sich das Infektionsgeschehen weiterentwickelt. Sinnbildlich dafür steht die Risikoregelung in Form der Bestimmung von Grenzwerten (Luhmann 1997): Ab einem Inzidenzwert von 50 Neuinfektionen pro 100.000 Einwohner:innen innerhalb einer Woche können lokale Lockdowns in den entsprechenden Regionen verhängt werden. Der Monat Mai ist unter diesen Voraussetzungen der Monat der Erlaubnisse. Im weiteren Verlauf darf die Bundesliga wieder Spiele austragen und Restaurants dürfen wieder öffnen. Auch Kitas und Kindergärten werden wieder besucht. Trotzdem reichen die Lockerungen für manche nicht aus, was sich unter anderem in einem aufkommenden Unmut bemerkbar macht. In vielen deutschen Städten kommt es parallel zu den Lockerungen immer wieder zu Massendemonstrationen gegen die Coronapolitik von Bund und Ländern. Die Initiatorin der Demonstration in Stuttgart ist die sogenannte »Querdenken«-Bewegung.

Lockerung

Während die AHA-Regeln auch im Juni 2020 nach wie vor gelten, werden im Laufe des Monats sukzessiv die Kontaktbeschränkungen aufgehoben und auch die Freizügigkeit innerhalb Europas wiederhergestellt: den sogenannten »Sorglos-Sommer« deuten viele als ersten Hinweis auf die bereits überstandene Pandemie. Ein Urlaub auch im europäischen Ausland ist möglich und es kommt nur noch vereinzelt zu größeren lokalen Ausbruchsgeschehen mit einer Überschreitung des Inzidenzwerts, auf die regionale Lockdowns folgen. Partielle Erleichterung verschafft wohl auch die Inbetriebnahme der Corona-Warn-App Mitte Juni 2020, welche die Rückverfolgung von Infektionsketten vereinfacht und die Nutzer:innen auf etwaige Risikokontakte aufmerksam machen soll, damit diese im Fall der Fälle die notwendigen Maßnahmen wie u.a. Tests veranlassen können. Die App ist damit ein weiteres Symbol eigenverantwortlicher Kontrolle bei der Unterbindung bzw. Unterbrechung der Übertragungswege.

Mobilität im öffentlichen Raum und Begegnungen mit anderen sind in der ab Juli laufenden Phase der Lockerung weiterhin mit Risiken verbunden, die die Menschen in ihren ganz persönlichen Entscheidungen betreffen. Bei den Ausbruchsgeschehen im Juni und Juli gehen oftmals – vielleicht mit Ausnahme der Ausbrüche in Geflüchtetenunterkünften, in mehreren Schlachtbetrieben und bei Erntehelfer:innen – ein sorgloser Umgang mit den getroffenen Lockerungs-Regeln einher, wobei vor allem private Feiern wie Hochzeiten aber auch Trauerfeiern zu gängigen Hotspots dieser Zeit werden.

Auf einen Blick

Die Ereignisse von Dezember 2019 bis Juli 2020 durchlaufen zusammengefasst verschiedene Phasen des Umgangs mit Risiko. Die erste Phase ist durch Unsicherheit charakterisiert. In ihr muss auf die dürftige Informationslage reagiert und zunächst wissenschaftlich ein Risiko definiert werden. Die zweite Phase umfasst den Übergang zwischen Unsicherheit und Risikoregulierung. In ihr wurden die Anfänge politischer Bemühungen beschrieben, die Übertragungswege transparent zu machen und auf erste Infektionsfälle in Deutschland zu reagieren. Die dritte Phase des Lockdowns ist gekennzeichnet durch ein Top-Down-Risikomanagement, in dem die Bundes- und Länderregierungen durch die Veranlassung von Maßnahmen, Verboten und Regelungen in die bundesdeutsche Pandemiesituation eingriffen. Darauf folgt die vierte Phase der Lockerung mit dem Übergang von einem staatlichen Risikomanagement zu einer privatisierten Risikoregulierung. In diesem Zeitraum sind die Bürger:innen individuell dazu angehalten, im Rahmen der geltenden Regeln die Risiken ihrer Handlungen in Bezug auf das Virus abzuwägen. Regelmäßig müssen die grundlegendsten alltäglichen Entscheidungen nun in Hinblick auf Infektionsrisiken abgewogen werden.

Literatur

Knight, Frank (2014): *Risk, Uncertainty and Profit*. Mansfield Centre: Martino Publishing.
Kraemer, Klaus (2021): »Kollektive Dissozation. Wirtschaftliches Handeln im Lockdown«, in: Sarah Lenz/Martina Hasenfratz (Hg.), *Capitalism unbound. Öknomie, Ökologie, Kultur*. Frankfurt a. M.: Campus (im Erscheinen).
Luhmann, Niklas (1997): »Grenzwerte der ökologischen Politik. Eine Form von Risikomanagement«, in: Petra Hiller, Georg Krücken (Hg.): *Risiko und Regulierung. Soziologische Beiträge zu Technikkontrolle und präventiver Umweltpolitik*. Frankfurt a. M.: Suhrkamp, S. 195–221.
Luhmann, Niklas (2003): *Soziologie des Risikos*. Berlin: De Gruyter.
Merkel, Angela (2020): *Fernsehansprache von Bundeskanzlerin Angela Merkel*. Letzter Zugriff: 16.03.2021, https://www.bundeskanzlerin.de/bkin-de/aktuelles/fernsehansprache-von-bundeskanzlerin-angela-merkel-1732134.

Coronachronik

Unsicherheit

01.12.2019	*Erster belegter Fall einer Covid-19 Erkrankung in der chinesischen Provinzhauptstadt Wuhan (Hubei)*
31.12.2019	Chinesische Behörden melden erste Infektionsfälle der WHO
14.01.2020	Erster Infektionsfall im chinesischen Ausland: Thailand
24.01.2020	Erster Fall in Europa (Frankreich)
26.01.2020	*Das RKI erklärt die Provinz Hubei und die Stadt Wuhan zum Risikogebiet*
27.01.2020	*Erster Fall einer SARS-CoV-2-Infektion in Deutschland (Starnberg, Bayern)*
31.01.2020	WHO erklärt gesundheitliche Notlage internationaler Tragweite

Unsicherheit/Risikoregulierung

11.02.2020	WHO nennt die Infektionserkrankung durch das neuartige Corona-Virus »Covid-19«
15.02.2020	Frankreich meldet den ersten Todesfall in Europa; auf Empfehlung des EU-Gesundheitsministerrats werden Flugreisende aus China von nun an nach einem Aufenthalt in Risikogebieten und dem Kontakt mit Infizierten befragt
27.02.2020	Meldung der ersten Infektion im Kreis Heinsberg (Regierungsbezirk Köln); in Zusammenarbeit mit dem RKI wird von den Bundesinnen- und -gesundheitsminister:innen ein Krisenstab einberufen; Laut Beschluss des Krisenstabs müssen Flugreisende aus Risikogebieten sogenannte Aussteigekarten ausfüllen
28.02.2020	Krisenstab gibt Risikoeinschätzungen (RKI) zu Groß- und Massenveranstaltungen und zu Maßnahmen im grenzüberschreitenden Verkehr ab; *für Deutschland wird das Risiko der Covid-19- Pandemie als gering eingeschätzt*

Risikoregulierung – »Lockdown I«

03.03.2020	Der Krisenstab beschließt das Verbot des Exports von Schutzausrüstung
04.03.2020	Vorstellung des neuen Pandemieplans des RKI durch Gesundheitsminister Jens Spahn
08.03.2020	*Erster Todesfall in Deutschland*
10.03.2020	Der Krisenstab empfiehlt die Absage aller Veranstaltungen mit mehr als 1.000 Teilnehmern
11.03.2020	WHO definiert die Ereignisse rund um das Coronavirus als Pandemie
12.03.2020	Länder- und Bundesregierung beschließen einen Bonus für Intensivbetten in Krankenhäusern; Halle an der Saale verhängt die ersten Schulschließungen in Deutschland; andere Länder folgen
13.03.2020	*Bundesweit schließen Kitas, Kindergärten und Schulen*
14.03.2020	Das Skigebiet in Ischgl wird geschlossen; Allein in Deutschland können ca. 2.200 Fälle auf einen dortigen Aufenthalt zurückgeführt werden

16.03.2020	*Die Schließung von öffentlichen Einrichtungen und Geschäften des Einzelhandels wird von der Bundesregierung und Ländervertreter:innen beschlossen, ausgenommen sind Geschäfte des täglichen Bedarfs wie u.a. Supermärkte, Drogerien und Apotheken*
17.03.2020	Das RKI ändert seine Risikoeinschätzung bezüglich einer Pandemie für Deutschland auf »hoch«
18.03.2020	Bundeskanzlerin Angela Merkel hält eine emotionale Ansprache an die Nation, in der sie die Maßnahmen zur Pandemie erläutert und die Bevölkerung dazu aufruft, sich aus Solidarität an die Beschränkungen zu halten.
19.03.2020	RKI gibt Empfehlungen zu Schulschließungen aus
21.03.2020	Die Nationale Akademie der Wissenschaften Leopoldina gibt in einer ersten Ad-hoc-Stellungnahme ebenfalls Empfehlungen zu Schulschließungen ab
23.03.2020	*Bundesweite Kontaktbeschränkungen und Ausgangsbeschränkungen werden auf Anraten diverser Virologen erlassen*
24.03.2020	In Hubei werden die Regulierungen wieder aufgehoben

Risikoregulierung/Privatisierung von Risiko – »Vorsichtige Lockerungen«

01.04.2020	Bundesweite Kontakt- und Ausgangsbeschränkungen werden bis zum 19.04. verlängert
03.04.2020	Zweite Ad-hoc-Stellungnahme der Akademie der Wissenschaften Leopoldina: Hierin werden Maßnahmen vorgeschlagen, die zu einer sukzessiven Normalisierung des Alltags beitragen könnten
04.04.2020	Das RKI gibt eine Ergänzung zum »Nationalen Pandemieplan« heraus, in der es auf die neuartige Lage in Bezug auf das Coronavirus reagiert und Empfehlungen und Maßnahmen formuliert
06.04.2020	Bei einer Besprechung der Bundeskanzlerin Angela Merkel mit ihrem »Corona-Kabinett« werden Regelungen zur Einreise nach Deutschland vereinbart
08.04.2020	In Wuhan wird der Ausnahmezustand aufgehoben. China vermeldet 50.008 Infizierte und 2.574 Tote in der Stadt. In Gesamt-China sind es 81.740 Infektionen und 3.331 Todesfälle

13.04.2020 Dritte Ad-hoc-Stellungnahme der Akademie der Wissenschaften Leopoldina: Hierin wird betont, dass eine Strategie der Normalisierung weiterhin dem Ziel folgen muss, die Infektionszahlen auf einem niedrigen Niveau stabil zu halten
20.04.2020 *Vorsichtige Lockerungen des Lockdowns:* Die verschiedenen Bundesländer unterscheiden sich dabei in der Qualität der Lockerungen
27.04.2020 Geschäfte mit einer Größe unter 800m² dürfen wieder öffnen. In diesen sowie im ÖPNV und in Seniorenheimen gilt eine Maskenpflicht
30.04.2020 Zugang zu Spielplätzen, Museen, Zoos und Kirchen wieder zugelassen: Bund und Länder veranlassen weitere Lockerungen der Corona-Maßnahmen

Privatisierung von Risiko –»Re-Stabilisierung«

06.05.2020 Die Bundeskanzlerin Angela Merkel kündigt weitere Lockerungen der Beschränkungen an; Bund und Länder einigen sich auf Maßnahmen-Paket, welches im Falle von regionalen Überschreitungen einer Neuinfektionszahl von 50 pro 100.000 Einwohnern innerhalb von 7 Tagen (Inzidenzintervall) gültig wird
07.05.2020 Im vom RKI herausgegebenen »Epidemiologischen Bulletin« werden Empfehlungen zur Mund-Nasen-Bedeckung und zur Wiedereröffnung von Bildungseinrichtungen diskutiert
09.05.2020 In deutschen Städten gehen tausende Bürger:innen gegen die Kontaktbeschränkungen und Hygienevorschriften auf die Straße; in Stuttgart initiiert die sogenannte »Querdenken«-Bewegung die Proteste
11.05.2020 Restaurants in Deutschland öffnen wieder; ebenso dürfen in Thüringen einige Schüler:innen wieder die Schule besuchen
16.05.2020 Der Spielbetrieb der 1. Fußball-Bundesliga wird nach langer Debatte unter Ausschluss von Zuschauern wiederaufgenommen
18.05.2020 In Thüringen und Sachsen wird nach rund zweimonatiger Pause der Betrieb von Kitas wiederaufgenommen
19.05.2020 Die tägliche Anzahl der Neuinfektionen in Deutschland liegt 10 Tage in Folge unter 1.000

27.05.2020 Vierte Ad-hoc-Stellungnahme der Akademie der Wissenschaften Leopoldina: Hierin wird diskutiert, wie das Gesundheitssystem in einer anhaltenden Pandemie weiterhin stabil bleiben kann

Privatisierung von Risiko/Lockerung –»Sorglos-Sommer«

01.06.2020 Pfingsten: Die Ausflugslust der Menschen muss an manchen Orten an der Ostsee durch Sperrungen gebremst werden. Die Kontaktbeschränkungen können ansonsten nicht eingehalten werden
03.06.2020 Konjunkturpaket von der Bundesregierung beschlossen, Volumen: 130 Milliarden Euro
04.06.2020 9,5 Milliarden Euro starkes Konjunkturpaket für das Gesundheitswesen durch die Regierungsparteien beschlossen
05.06.2020 *Nach Einigung der EU-Innenminister:innen soll die volle »Freizügigkeit« wiederhergestellt werden*
07.06.2020 In Göttingen kommt es zu einem massenhaften Ausbruch von Covid-19; das betroffene Hochhaus wird daraufhin geschlossen
11.06.2020 In Magdeburg werden innerhalb von 2 Tagen mehrere Schulen und Kinder- und Jugendeinrichtungen wegen Neuinfektionen geschlossen
13.06.2020 *Das Bundesland Thüringen hebt als erstes die Kontaktbeschränkungen auf*
16.06.2020 *Die Bundesregierung startet die Corona-Warn-App*; Der Chef des Bundeskanzleramtes beschließt in einer Besprechung gemeinsam mit seinen Landeskolleg:innen einen Maßnahmenkatalog bei regionalem Ausbruchsgeschehen
17.06.2020 Der Kreis Gütersloh meldet ein Infektionsgeschehen in einem Schlachthof der Firma Tönnies. Dort sind ca. 650 Personen mit dem Coronavirus infiziert; Der Kreis schließt daraufhin Schulen und Kitas.
23.06.2020 In Gütersloh und im Nachbarkreis Warendorf wird ein erneuter Lockdown verhängt
26.06.2020 Aufgrund der letzten lokalen Ausbrüche einigen sich Bund und Länder wegen der bald beginnenden Ferien auf Einreise-Beschränkungen innerhalb Deutschlands

29.06.2020 Die nordrhein-westfälische Landesregierung hebt den Lockdown im Kreis Warendorf zum 30.06.2020 auf; der Lockdown im Kreis Gütersloh hingegen wird um eine Woche bis zum 07.07.2020 verlängert

Lockerung

03.07.2020 In einer Gemeinschaftsunterkunft für Geflüchtete kommt es im Landkreis Bad Tölz-Wolfratshausen (Bayern) zu einem größeren Infektionsgeschehen
09.07.2020 In einer weiteren Unterkunft des Landkreises Bad Tölz-Wolfratshausen (Bayern) kommt es zu weiteren Infektionen
13.07.2020 Auf einer gemeinsamen Pressekonferenz mit dem Präsidenten des RKI und dem Chef des Forsa Instituts warnt Gesundheitsminister Spahn vor einem unbedachten Umgang mit dem Coronavirus; er bezieht sich hierbei auch auf die Vorkommnisse auf der mallorquinischen Partymeile, dem sogenannten »Ballermann«
20.07.2020 In einem Wiesenhof-Schlachthof im Landkreis Vechta (Niedersachsen) kam es zu Infektionen. Diese sollen allerdings im privaten Kreis der Personen passiert sein und keinen Einfluss auf die Produktion des Betriebs haben
24.07.2020 Im oberösterreichischen Ort St. Wolfgang sind mehrere Hotels von Infektionsgeschehen betroffen. Vor allem Praktikant:innen, die miteinander gefeiert haben sollen, sind unter den Infizierten
25.07.2020 Im bayerischen Mamming infizieren sich knapp 174 Erntehelfer mit dem Coronavirus in einem landwirtschaftlichen Betrieb. Daraufhin werden alle 480 Mitarbeiter unter Quarantäne gestellt
27.08.2020 Auf der Grundlage des § 5 Abs. 2 Nr. 1e des Infektionsschutzgesetzes erlässt Bundesgesundheitsminister Jens Spahn eine Testpflicht auf Covid-19 für Reiserückkehrer:innen aus Risikogebieten
28.07.2020 Auf einer Trauerfeier im Raum Schwäbisch Gmünd kommt es zu einem größeren Infektionsgeschehen mit 47 infizierten Trauergästen

Covid-19 als Gefahr oder Risiko. Warum interessieren uns Infektionstote plötzlich so sehr?

Michael Grothe-Hammer

Die Frage im Titel dieses Essays mag auf einige irritierend wirken; schließlich sind im Zusammenhang mit Covid-19 bislang 2,78 Millionen Menschen gestorben (Stand 28.03.2021, Johns Hopkins University). Ist es nicht offensichtlich, dass die Gesellschaft sich massiv daran zu stören hat und entsprechend radikal darauf reagiert – sei es mit Lockdowns, Ausgangssperren und dem Entzug des Wahlrechts für infizierte Bevölkerungsgruppen[1]. Ist es nicht offensichtlich, dass unsere Gesellschaft alles tun muss, um so viele Tote wie möglich zu verhindern? Tatsächlich ist diese Frage recht einfach mit »nein« zu beantworten.

Sicherlich, dank der von vielen Medien konstant wiederholten Vergleiche zwischen Covid-19 und anderen Infektionskrankheiten, wissen mittlerweile eigentlich alle, dass Covid-19 »schlimmer« ist – schlimmer als die gewöhnliche Grippe mit »nur« bis zu 650.000 jährlichen Toten (WHO 2018), schlimmer als Malaria mit bis zu 700.000 Toten pro Jahr und schlimmer als die schleichende weltweite Hepatitis-Pandemie mit bis zu 1,34 Millionen Toten (World Hepatitis Alliance 2017). Zwar stellt sich auch vor diesem Hintergrund die Frage, warum die alljährlich Millionen Opfer anderer Infektionskrankheiten nicht den Schutz verdienen, den potenzielle Covid-19-Opfer derzeit erhalten (Grothe-Hammer/Roth 2021). Allerdings mag man hier einwenden, dass irgendwo eine Art Grenzwert liegen muss, ab dem die Gesellschaft eine Infektionskrankheit nicht mehr weitgehend einfach »durchlaufen« lassen kann. Und dieser Grenzwert mag dann bei Covid-19 erreicht worden sein.

An dieser Stelle lohnt sich allerdings ein Blick auf die jüngere Geschichte. Denn auch wenn Medien und Politiker:innen nicht müde werden, Covid-19 als »Jahrhundertpandemie« (Der Spiegel 2021) oder »Jahrhundertereignis« (BR24 2020) zu bezeichnen, lässt sich dieses Label eigentlich kaum halten. Wenn wir beispielsweise in das Jahr 1970 zurückgehen, dann kommen wir in

---

[1] So geschehen im Juli 2020 bei den Regionalwahlen im Baskenland und in Galicien (Allen 2020).

eine Zeit, in der die Welt das Ende der Hongkong-Grippe-Pandemie erlebt. Zwischen Herbst 1968 und Frühjahr 1970 starben damals zwischen einer und vier Millionen Menschen an dieser Variante der Grippe (WHO 2013: 19) – allerdings bei einer nur halb so großen Weltbevölkerung. Hochgerechnet auf heutige Größenverhältnisse entspräche dies also bis zu acht Millionen Toten. Rund zehn Jahre vor der Hongkong-Grippe war bereits in den 1950er Jahren die Asiatische Grippe um die Welt gegangen, ebenfalls mit mutmaßlich bis zu vier Millionen Toten (WHO 2013: 19). Covid-19 als »Jahrhundertpandemie« zu bezeichnen wirkt in diesem Zusammenhang also deutlich übertrieben.

Bei genauerer Betrachtung ist die Selbstverständlichkeit, mit der unsere Gesellschaft Covid-19 als radikale Gefährdung wahrnimmt und entsprechend radikal reagiert, schwer aufrechtzuerhalten. Ich möchte sie entsprechend hinterfragen – und das nicht etwa, um zu argumentieren, dass der gesellschaftliche Umgang mit dem Coronavirus falsch wäre, sondern um besser zu verstehen, wie unsere Gesellschaft Gefährdungen wahrnimmt und mit ihnen umgehen kann.

Die Hongkong-Grippe lief damals weitgehend unkontrolliert um die Welt. Auch in Deutschland wurden Betriebe und Schulen nur geschlossen, wenn es einen konkreten Ausbruch gab. Maßnahmen waren reaktiv und nicht wie im Falle von Covid-19 proaktiv (Wiegrefe 2020). Der *Spiegel* (1969) schrieb damals lapidar: »Bedrohlich wird die Erkrankung, wie die Experten meinen, allenfalls für alte und kränkliche Menschen.«

Vor diesem Hintergrund stellt sich die Frage, was sich in den letzten 50 Jahren verändert hat, sodass sich die neuartige Radikalität in der Pandemiepolitik erklären lässt. Hier bieten sich natürlich zahlreiche Erklärungen an, aber ich möchte an dieser Stelle den Blick auf eine mögliche Deutung richten, die sich aus der Frage ergibt, wie sich der gesellschaftliche Umgang mit Risiken und Gefahren in den letzten Jahrzehnten verändert hat und was daraus folgt.

Die Luhmann'sche Risikogesellschaft

Ulrich Beck (1986) und Niklas Luhmann (2003) waren sich darin einig, dass sich die moderne Gesellschaft treffenderweise als »Risikogesellschaft« beschreiben lässt. Der Tenor beider Soziologen war, dass die Moderne mit der zunehmenden Produktion bis dato unbekannter Risiken einhergeht, und dass unter diesen modernen Risiken auch vermehrt solche auftreten, die zwar vorher schon existiert haben mögen, sie allerdings nicht als gesellschaftliche Risiken wahrgenommen wurden. Um dieses Phänomen besser verstehen zu können, schlug Luhmann sodann vor, zentral zwischen den Begriffen »Gefahr« und »Risiko« zu unterscheiden. Laut Luhmann (2003: 37) kann der Gegenbegriff zu »Risiko« nicht »Sicherheit« sein, denn »Sicherheit« ist eine Fiktion, ein künstlicher Gegenbegriff, der als »Entscheidungshilfe« dient, um Risikoabwägungen vorzunehmen. Schließlich geht die Vermeidung eines Risikos immer mit der Produktion neuer Risiken einher. Insofern kann es eigentlich immer nur um ein Abwägen dessen gehen, welches Risiko man eher gewillt ist einzugehen. Nimmt man beim Autofahren beispielsweise eher das Risiko in Kauf zu spät zu kommen, wenn man den Traktor nicht überholt, oder nimmt man doch eher das Risiko in Kauf einen Unfall beim Überholen zu bauen? Und hätte man vielleicht doch einfach früher losfahren sollen, um so das Risiko in Kauf zu nehmen, möglicherweise zu früh zu sein und somit Lebenszeit zu verschwenden, während man wartet? Man kann solche Risikoverschiebungsketten endlos weiterspinnen und kommt doch nie ganz heraus aus der Spirale. »Sicherheit« ist lediglich ein Euphemismus für ein anderweitig in Kauf genommenes Risiko.

Ein besonders tragisches Beispiel hierfür war das Risikoverhalten vieler US-Bürger:innen nach den Terroranschlägen vom 11. September 2001. Weil ihnen in Folge des Anschlags das Risiko zu fliegen zu hoch war, stiegen viele auf das vermeintlich »sicherere« Auto um. Das Resultat waren damals geschätzte 1.600 zusätzliche Verkehrstote innerhalb von zwölf Monaten nach dem Anschlag – sechs Mal mehr Menschen als Flugzeugpassagiere, die bei den Anschlägen ums Leben gekommen waren (Gaissmaier/Gigerenzer 2012).

Luhmann schlägt vor, dass man Risiko nur sinnvoll von Gefahr unterscheiden kann. Beides sind Kategorien dafür, wie eine Gefährdung wahrgenommen und interpretiert wird. Ein »Risiko« ist dann eine Gefährdung, wenn deren Ursache dem eigenen Verhalten zugeschrieben wird. Man selbst hat es dann also in der Hand, sein riskantes Verhalten zu steuern. Eine »Gefahr« bedeutet eine Gefährdung, die einer externen Ursache zugerechnet wird. Wie sich hier bereits andeutet, sind dies sozial konstruierte Zuschreibungen und somit kann man keine Gefährdung per se objektiv als das eine oder das andere definieren. Die Konstruktion einer Gefährdung als Risiko oder als Gefahr hängt also immer vom Kontext und von dem:der Beobachter:in ab. Sie ist immer eine empirische Frage danach, wer, wann eine Gefährdung wie interpretiert wird.

Covid-19: Risiko oder Gefahr?

Wenn man die Unterscheidung Gefahr/Risiko nun auf Covid-19 anwendet, dann wäre mein erster Impuls zu sagen, dass es sich um eine Gefahr handelt. Das auslösende Virus SARS-CoV-2 ist zunächst einmal etwas, das in der Umwelt der Gesellschaft verortet ist; ein gefährlicher Erreger, bei dem man Gefahr läuft, sich irgendwo, irgendwie, irgendwann damit anzustecken. Beim zweiten Hinsehen allerdings erscheint das Virus schnell als ein Risiko.

Politik und Medien appellieren konstant an die »Vernunft« und »Eigenverantwortung« von uns allen; »Egoismus« und »Selbstliebe« werden als Hauptprobleme in der Pandemie ausgemacht (s. z.B. Hügenell 2020, Kalbitzer 2020; Kehler 2020; Nüsse 2020, Stokowski 2020). Wir selbst als Gesellschaft sind offenbar als die Schuldigen anzusehen, wenn sich zu viele Menschen anstecken. Die grundsätzliche Erwartungshaltung, die sich daraus ableitet, ist, dass jeder Mensch sich so verhalten soll, dass er eine möglichst geringe Gefahr für andere darstellt; jede Person soll sich selbst als mögliche Verursacherin von Infektionen und ihr Verhalten damit als entsprechend riskant betrachten.

Unsere Gesellschaft behandelt Covid-19 folglich vorrangig als Risiko, als etwas, das sich vermeiden lässt, wenn wir uns nur entsprechend risikovermeidend verhalten. Entsprechend findet man in den Medien und seitens der Politik zahlreiche Appelle, das eigene Verhalten möglichst so zu ändern, dass das Infektionsrisiko für Covid-19 bestmöglich reduziert wird. »Warum wir jetzt unser Verhalten ändern müssen« titelte beispielsweise *Zeit Online* (Erdmann u.a. 2020). Oder um es mit den Worten des mittlerweile wohl berühmtesten deutschen Virologen, Christian Drosten, zu sagen: »Wir haben es selbst in der Hand« (zit. n. Schumann/Simmank 2020). Und entsprechend kommt es dann zu Schuldzuweisungen im Falle eines größeren Ausbruchs oder steigender Fallzahlen (s. z.B. Caliskan 2021, Pelz 2020, RTL.de 2020).

Auffällig ist, wie anders die Zurechnung bei Covid-19 im Vergleich zu anderen Infektionskrankheiten verläuft. Jedenfalls fällt es schwer, ähnliche Schuldzuweisungen zu finden, wenn es beispielsweise um die jährlich hunderttausenden Grippetoten geht. Hier konnte man bislang selten bis nie beobachten, dass man diejenigen, die sich beispielsweise mit Grippe noch zur Arbeit ins Büro »geschleppt« oder in einen Bus gesetzt haben, um zur Ärztin zu fahren, für die Grippetoten verantwortlich gemacht hätte. Covid-19 hat eine neue Dimension im Hinblick auf Schuldzuweisungen, die sich aus der Wahrnehmung als (gesellschaftliches) Risiko ergeben.

Und um dieses Risiko zu reduzieren nimmt man sodann auch eine Reihe anderer Risiken in Kauf, die mit entsprechenden Anti-Covid-19-Maßnahmen einhergehen, beispielsweise dass zahlreiche Menschen an anderen Ursachen sterben (Collins/Cox 2020; Harmsen 2020; Masterson 2020; Roberton u. a. 2020) und mehr als 120.000 zu früh oder untergewichtig geborene Babys als Folge der Anti-Covid-Maßnahmen sterben könnten (Minckas u. a. 2021; WHO 2021); dass eine ganze Generation womöglich unwiederbringliche Bildungsausfälle erleidet mit einer entsprechenden Verschlechterung späterer Lebenschancen (Schmidt 2021); dass weltweit hunderte Millionen Kinder seit über einem Jahr nicht mehr in der Schule waren und möglicherweise nie wieder dorthin zurückkehren werden (UNICEF 2021); oder dass die Zahl psychischer Erkrankungen stark ansteigt (Aerzteblatt.de 2020). Man nimmt vorlieb mit diesen Risiken, weil sie als weniger schlimm eingestuft werden als Covid-19.

Woher kommt die Risikowahrnehmung?

Wie kommt es dazu, dass unsere Gesellschaft anders als noch vor 50 Jahren eine neuartige Infektionskrankheit hauptsächlich als Risiko und nicht mehr als Gefahr wahrnimmt – inklusive der daraus resultierenden Schuldzuweisungsprozesse und dem Akzeptieren einer Reihe von anderen gesellschaftlichen Risiken? Wie oben bereits angedeutet, gibt es sicherlich eine Reihe von Faktoren, die man für die Beantwortung dieser Frage in Betracht ziehen könnte. Aber im Hinblick auf den Rahmen dieses Essays und die gewählte Risiko-Theorie von Niklas Luhmann, werde ich mich im Folgenden auf die Rolle der Wissenschaft beschränken.

Laut Luhmann (2003: 37 f.) spielt Wissenschaft eine zentrale Rolle bei der Produktion moderner Risiken. So habe »die Risikoperspektive sich im Parallellauf mit der Ausdifferenzierung von Wissenschaft entwickelt«, sodass »die moderne Risikogesellschaft [...] schon im Ausbau der Forschungsmöglichkeiten und des Wissens selbst angelegt« sei. Luhmann (ebd.: 37) schreibt weiter: »Je mehr man weiß, desto mehr weiß man, was man nicht weiß, und desto eher bildet sich ein Risikobewußtsein aus. Je rationaler man kalkuliert und je komplexer man die Kalkulation anlegt, desto mehr Facetten kommen in den Blick, in bezug auf die Zukunftsungewißheit.« Dieser Effekt »komplexer Kalkulationen« lässt sich aus meiner Sicht im Kontext der Pandemie recht gut beobachten anhand der Rolle, die Prognosemodelle spielen. Schon sehr früh haben Wissenschaftler:innen damit begonnen, Pandemieverlaufsszenarien anhand von Computermodellen zu simulieren. Und diese Modelle hatten – im Zusammenspiel mit der massenmedialen Berichterstattung über diese Modelle – massiven Einfluss auf politische Entscheidungen (Adam 2020). Sehr deutlich wurde dies in Großbritannien. Dort führte beispielsweise die Veröffentlichung eines »Reports« des Imperial College of London am 16. März 2020 dazu, dass die britische Regierung innerhalb von Stunden eine radikale Kehrtwende in ihrer Covid-19-Politik vollzog (Rohn 2020). Der Report prognostizierte auf Basis von Simulationen bis zu 550.000 Tote im Vereinigten Königreich (Ferguson u.a. 2020). In Deutschland und anderen Ländern war der Einfluss solcher Rechenmodelle weniger medial spektakulär. Aber auch hier dienten ähnliche Modelle als Basis für politische Entscheidungen (Dworschak 2020; Römer/Merlot 2021).

Solche Modellrechnungen entwerfen in der Regel auf Basis komplexer mathematischer Formeln sowie einiger Grundannahmen (bspw. über die Reproduktionsrate des Virus oder die Fallsterblichkeitsrate) verschiedene Szenarien. Diese umfassen zum einen Worst-Case-Szenarien, die prognostizieren, wie viele Menschen sterben, wenn keine Maßnahmen verhängt werden, und zum anderen eine Reihe weiterer Szenarien für verschiedene Varianten von Kontaktreduzierungen und -beschränkungen. Solche Modellrechnungen quantifizieren also das Risiko. Sie bieten sichere Zukunftsprognosen in dem Sinne, als dass ihre Prognosen zutreffend sind, so lange die dahinterliegenden Grundannahmen stimmen. Modellrechnungen schaffen also eine eigentümliche »Zukunftssicherheit«. Man weiß zwar nicht, ob die Prognosen stimmen – und sie stimmen häufig tatsächlich nicht (s. z.B. McDonald 2020; Piper 2020; Sample 2020; Tucker 2020; Tufecki 2020) – aber man weiß, dass, falls sie stimmen sollten, das Risiko sicher auf einen Wert festlegbar ist (z.B. x Infektionsfälle bis zum Datum y) und entsprechende Verhaltensanpassungen sicher entsprechend klar definierte Effekte haben werden (z.B. Reduktion oder Erhöhung der Infektionsfälle auf z).

Die Modellrechnungen produzieren dadurch Verantwortlichkeiten, da sie implizieren, dass jeder Mensch mit seinem Verhalten Infektionen und damit Tote in quantifizierbarer Weise verhindern kann. Ohne die Modellrechnungen wäre dieses Wissen um die Relevanz des eigenen Verhaltens natürlich auch vorhanden; aber es wäre lediglich ein abstrakter Wert bei dem unklar bliebe, wie riskant es tatsächlich ist dieses oder jenes zu tun. So jedenfalls stellt sich die Situation bei den »normalen« Infektionskrankheiten dar, bei denen man natürlich auch weiß, dass man besser nicht krank zur Arbeit, auf ein Konzert oder auf eine Tagung gehen sollte – man es aber trotzdem tut. Durch die Modellrechnungen sieht diese Wahrnehmung im Fall von Covid-19 allerdings anders aus. Hier sagen einem die Rechnungen nun, dass, wenn man nicht x Prozent seiner sozialen Kontakte reduziert, dadurch y Menschen sterben werden. Entsprechend leiten sich daraus konkrete Handlungsempfehlungen und damit Verantwortlichkeit für das eigene Verhalten ab.

Ausdruck menschlicher Überheblichkeit?

Vor diesem Hintergrund stellt sich mir abschließend die Frage, ob die gesellschaftliche Reaktion auf Covid-19 und das Behandeln dieser Infektionskrankheit als gesellschaftlich selbsterzeugtes Risiko vielleicht auch als Ausdruck menschlicher Überheblichkeit betrachtet werden kann. In dieser Pandemie zeigt sich jedenfalls ein starker Glaube daran, dass wir mit Hilfe von komplizierten Modellrechnungen und medizinischer Forschung Herr:in über diese Krankheit sein können. Die politische Strategie in Deutschland war jedenfalls durchgehend auf den Glauben ausgerichtet, dass es auf jeden Fall einen wirksamen Impfstoff geben würde und dass man mit entsprechenden Maßnahmen die Pandemie unter Kontrolle halten könne (BR24 2020a). Es zeigt sich der Glaube, dass Covid-19 nicht etwas ist, das unserer Gesellschaft widerfährt, sondern etwas, das in unserer Kontrolle liegt. Zweifel sind allerdings angebracht.

So sollten wir uns bewusstmachen, dass wir hier offensichtlich noch einmal »davongekommen« sind mit der Wette auf einen Impfstoff (Nuki 2020). Unsere Gesellschaft hat alles daraufgesetzt, dass es eine Impfung geben wird – in dem festen Glauben daran, dass die Menschheit selbstverständlich in der Lage ist, sehr schnell einen wirksamen Impfstoff zu entwickeln. Mit Blick auf zahlreiche andere Infektionskrankheiten sollten wir uns allerdings klarmachen, dass eine derartige arrogante Grundhaltung keine Blaupause für kommende Pandemien sein sollte. Denn für viele Infektionskrankheiten gibt es bekanntlich trotz jahrzehntelanger Bemühungen bis heute keine Impfstoffe.

Auch die Wirksamkeit der massiven Lockdowns, die wir in Reaktion auf Modellrechnungen sehen konnten, ist wissenschaftlich mindestens umstritten. Lockdowns wurden auf der Basis von Modellrechnungen eingeführt und die Wirksamkeit der Lockdowns wiederum häufig anhand weiterer Modellrechnungen »belegt« (s. z.B. Max-Planck-Gesellschaft 2020; van Elsland/O'Hare 2020). Allerdings kommen andere Rechnungen durchaus zu anderen Ergebnissen (Bendavid u.a. 2021; Wieland 2020). Exemplarisch sei das immer wieder hart kritisierte Schweden zu nennen, das ohne Lockdown bislang deutlich weniger Todesfälle zu beklagen hat als die meisten anderen europäischen Länder, die in der Regel versucht haben Infektions- und Sterberaten durch harte Lockdowns zu reduzieren (Davies/Roeber 2021). Einige andere Länder hingegen waren mit Lockdown-Strategien offenbar sehr erfolgreich darin Infektions- und Sterbezahlen zu reduzieren, weshalb es hier sicherlich keine eindeutigen Antworten gibt – außer, dass die vermeintliche Gewissheit, die Modellrechnungen bieten, eben am Ende wenig eindeutig zu sein scheint.

Als noch schwerwiegender erscheint mir allerdings ein anderer Aspekt, nämlich, dass die extreme Quantifizierung eines einzelnen Risikos (Covid-19) mit der weitgehenden Unsichtbarmachung zahlreicher anderer Risiken einherzugehen scheint. Während man bei Covid-19 vermeintlich genau weiß, was zu tun ist, um bestimmte Infektionszahlen, Reproduktionswerte und Sterberaten zu erreichen, ist dies im Fall anderer Risiken nicht klar. Wir tun derzeit so als könnten wir klar übersehen, dass die anderen Risiken, die wir in Kauf nehmen, definitiv weniger gravierend sind als Covid-19. Das wissen wir allerdings gar nicht; und wir können derzeit nur so tun als wäre dem so, weil im Falle anderer Risiken die entsprechenden Modellrechnungen fehlen. So ist zwar in den vergangenen Monaten die Zahl der psychischen Erkrankungen gestiegen, es ist aber unklar wie diese Entwicklung weitergehen wird. Genauso unklar ist wie viele Kinder in Entwicklungsländern in die Schule werden zurückkehren können oder nicht. Zwar gibt es auch hier Prognosen, allerdings nicht solche, die konkrete Szenarien mit konkretem eigenem Verhalten in Verbindung bringen könnten. Das Gleiche gilt für den Anstieg von Sterberaten wegen anderer

Erkrankungen oder in direkter Folge der Anti-Pandemie-Maßnahmen, für die Langzeiteffekte der weitreichenden Schulausfälle und vieles andere.

Wie auch immer sich diese Risiken in naher Zukunft entwickeln werden, es lässt sich zunächst einmal Luhmanns Einsicht bestätigen, dass man Schutz vor dem einen Risiko nicht ohne die Erzeugung anderer Risiken haben kann. Die Maßnahmen in Reaktion auf Covid-19 mögen mehr Sicherheit im Hinblick auf Infektionsschutz bieten, sie bedeuten aber die Produktion und Erhöhung zahlreicher anderer Risiken. Es soll damit nicht zum Ausdruck gebracht werden, dass die Anti-Pandemie-Maßnahmen falsch sind. Allerdings sollten wir meines Erachtens darüber nachdenken, ob die anmaßende Grundhaltung, die hinter den Maßnahmen steht, eine gute Beurteilungs- und Handlungsgrundlage für den Umgang mit einer Pandemie ist. Die Behandlung von Covid-19 als selbsterzeugtes Risiko (und nicht als externe Gefahr) hat dazu geführt, dass andere bereits existierende Risiken erhöht und neue erzeugt wurden. »Schutz« vor dem einen Risiko kann man sich nur mit dem Eingehen anderer Risiken »erkaufen« und wir sollten uns vielleicht bewusster über diese Verschiebungsproblematik werden. Nur weil ähnliche Modellrechnungen für die Vielzahl anderer Risiken fehlen, heißt das nicht, dass es »sicherer« ist, sich auf das eine wissenschaftlich durchmodellierte Risiko zu konzentrieren.

Literatur

Adam, David (2020): »Special report: The simulations driving the world's response to COVID-19«, in: *Nature* 580, S. 316–318.

Allen, Nathan (2020): *Hundreds barred from voting in Spanish regional elections due to COVID-19*. Reuters, 10.07.2020, letzter Zugriff: 18.04.2021, https://www.reuters.com/article/us-spain-politics-basque-election-idUSKBN24B2HI.

Ärzteblatt.de (2020): »Mehr psychische Belastungen durch Coronakrise«, in: *Deutsches Ärzteblatt*, 09.11.2020, letzter Zugriff: 18.04.2021, https://www.aerzteblatt.de/nachrichten/118172/Mehr-psychische-Belastungen-durch-Coronakrise.

Beck, Ulrich (1986): *Risikogesellschaft: Auf dem Weg in eine andere Moderne*. Frankfurt a. M.: Suhrkamp.

Bendavid, Eran/Oh, Christopher/Bhattacharya, Jay/Ioannidis, John. P. A. (2021): »Assessing mandatory stay-at-home and business closure effects on the spread of COVID-19«, in: *European Journal of Clinical Investigation* 51(4), letzter Zugriff: 18.04.2021, https://doi.org/10.1111/eci.13484.

BR24.de (2020a): »Merkel wertet Corona-Pandemie als Jahrhundertereignis«, in: *Bayrischer Rundfunk*, 02.11.2020, letzter Zugriff: 16.04.2021, https://www.br.de/nachrichten/meldung/merkel-wertet-corona-pandemie-als-jahrhundertereignis,300333b5c.

BR24.de (2020b): »Corona-Maßnahmen: Das Ende des Flickenteppichs?«, in: *Bayrischer Rundfunk*, 17.06.2020, letzter Zugriff: 15.04.2021, https://www.br.de/nachrichten/deutschland-welt/corona-massnahmen-das-ende-des-flickenteppichs,S2BMPQh.

Caliskan, Miray (2021): »›Die sind schuld!‹ – Diskussion um Migration und Corona«, in: *Berliner Zeitung*, 10.03.2021, letzter Zugriff: 18.04.2021, https://www.berliner-zeitung.de/gesundheit-oekologie/die-sind-schuld-diskussion-um-migration-und-corona-li.144977.

Center for Systems Science and Engineering (CSSE) at Johns Hopkins University (JHU) (o. J.): *COVID-19 Dashboard by the Center for Systems Science and Engineering (CSSE) at Johns Hopkins University (JHU)*, letzter Zugriff: 31.03.2021, https://coronavirus.jhu.edu/map.html.

Collins, Alan/Cox, Adam (2020): »Coronavirus: Why lockdown may cost young lives over time«, in: *The Conversation*, 26.03.2020, letzter Zugriff: 18.04.2021, http://theconversation.com/coronavirus-why-lockdown-may-cost-young-lives-over-time-134580.

Davies, Guy/Roeber, Bruno (2021): »Sweden has avoided a COVID-19 lockdown so far: Has its strategy worked?«, in: *ABC News*, 28.02.2021, letzter Zugriff: 18.04.2021, https://abcnews.go.com/International/sweden-avoided-covid-19-lockdown-strategy-worked/story?id=76047258.

Der Spiegel (1969): *Wie eiskalt*, letzter Zugriff: 18.04.2021, https://www.spiegel.de/kultur/wie-eiskalt-a-ad8427a1-0002-0001-0000-000045849681

Der Spiegel (2021): *Der Weg aus der Jahrhundertpandemie hat begonnen*, letzter Zugriff: 18.04.2021, https://www.spiegel.de/wissenschaft/medizin/jens-spahn-zum-coronavirus-der-weg-aus-der-jahrhundertpandemie-hat-begonnen-a-44549503-cd86-4778-9ca6-90d2cff60e17.

Dworschak, Manfred (2020): »Plötzlich regieren uns Virologen«, in: *Der Spiegel*, 23.03.2020, letzter Zugriff: 18.04.2021, https://www.spiegel.de/politik/deutschland/corona-krise-wie-virologen-ploetzlich-zu-einer-nebenregierung-werden-a-00000000-0002-0001-0000-000170114611.

Erdmann, Elena/Schumann, Florian/Stockrahm, Sven (2020): »Coronavirus-Prognosen: Warum wir jetzt unser Verhalten ändern müssen«, in: *Die Zeit*, 12.03.2020, letzter Zugriff: 18.04.2021, https://www.zeit.de/wissen/gesundheit/2020-03/coronavirus-prognosen-virusinfektion-menschenmenge-forschung/komplettansicht.

Ferguson, Neil M./Laydon, Daniel/Nedjati-Gilani, Gemma u.a. (2020): »Report 9: Impact of non-pharmaceutical interventions (NPIs) to reduce COVID19 mortality and healthcare demand«, in: *Imperial College London*, 16.03.2020, letzter Zugriff: 18.04.2021, https://www.imperial.ac.uk/mrc-global-infectious-disease-analysis/covid-19/report-9-impact-of-npis-on-covid-19/.

Gaissmaier, Wolfgang/Gigerenzer, Gerd (2012): »9/11, Act II: A Fine-Grained Analysis of Regional Variations in Traffic Fatalities in the Aftermath of the Terrorist Attacks«, in: *Psychological Science* 23(12), S. 1449–1454.

Grothe-Hammer, M./Roth, S. (2021): »Dying is normal, dying with the coronavirus is not: A sociological analysis of the implicit norms behind the criticism of Swedish ›exceptionalism‹«, in: *European Societies* 23(1), S. 332–347.

Harmsen, Torsten (2020): »Mehr Corona-Opfer durch Lockdown als durch das Virus: In Afrika wurden Krisen massiv verschärft«, in: *Berliner Zeitung*, 01.10.2020, letzter Zugriff: 18.04.2021, https://www.berliner-zeitung.de/gesundheit-oekologie/mehr-tote-durch-lockdown-als-durch-corona-in-afrika-hat-die-pandemie-die-krisen-massiv-verschaerft-li.108228.

Hügenell, Ingrid (2020): »Von Freiheit und Egoismus«, in: *Süddeutsche Zeitung*, 04.12.2020, letzter Zugriff: 17.04.2020, https://www.sueddeutsche.de/muenchen/fuerstenfeldbruck/berichterstattung-ueber-corona-tote-von-freiheit-und-egoismus-1.5137981.

Kalbitzer, Jan (2020): »Husten und husten lassen«, in: *Der Spiegel*, 20.09.2020, letzter Zugriff: 17.04.2021, https://www.spiegel.de/psychologie/corona-fallzahlen-steigen-husten-und-husten-lassen-a-ab22925d-b617-401c-8cc7-c949b202dfb6.

Kehler, Marie Lisa (2020): »Erlaubt, aber egoistisch« in: *Frankfurter Allgemeine Zeitung* (FAZ.NET), 12.10.2020, letzter Zugriff: 18.04.2021, https://www.faz.net/1.6997161.

Luhmann, Niklas (2003): *Soziologie des Risikos*. Berlin: Walter de Gruyter.

Masterson, Victoria (2020): »Global action on malaria is stalling and, in some countries, the disease could be a greater threat than COVID«, in: *World Economic Forum*, 10.12.2020, letzter Zugriff: 18.04.2021, https://www.weforum.org/agenda/2020/12/who-world-malaria-africa-covid-threat/.

Max-Planck-Gesellschaft (2020): »Die Kontaktsperre bringt die Wende«, in: *Newsroom Max-Planck-Gesellschaft*, 08.04.2020, letzter Zugriff: 18.04.2021, https://www.mpg.de/14648789/corona-epidemie-prognose.

McDonald, Oonagh (2020): »Professor's model for coronavirus predictions should not have been used«, in: *The Sunday Times*, 15.09.2020, letzter Zugriff: 18.04.2021, https://www.thetimes.co.uk/article/professors-model-for-coronavirus-predictions-should-not-have-been-used-z7dqrkzzd.

Merlot, Jörg/Römer, Julia (2021): »Diese acht Fachleute beraten Bundesregierung und Länderchefs«, in: *Der Spiegel*, 18.01.2021, letzter Zugriff: 18.04.2021, https://www.spiegel.de/wissenschaft/medizin/coronavirus-diese-sieben-fachleute-beraten-bundesregierung-und-laenderchefs-a-93abc4f5-cac1-4cbb-bc22-8d3b9c623b28.

Minckas, Nicole/Medvedev, Melissa M./Adejuyigbe, Ebunoluwa A. u.a. (2021): »Preterm care during the COVID-19 pandemic: A comparative risk analysis of neonatal deaths averted by kangaroo mother care versus mortality due to SARS-CoV-2 infection«, in: *EClinicalMedicine* 33, 100733, letzter Zugriff: 18.04.2021, https://www.thelancet.com/journals/eclinm/article/PIIS2589-5370(21)00013-4/fulltext.

Nuki, Paul (2020): »Why a coronavirus vaccine could take years— And may not be possible at all«, in: *The Telegraph*, 05.05.2020, letzter Zugriff: 18.04.2021, https://www.

telegraph.co.uk/global-health/science-and-disease/funds-will-vaccine-coronavirus-really-possible/.

Nüsse, Andrea (2020): »Nicht die Politik verhindert den harten Lockdown, sondern unser Egoismus«, in: *Der Tagesspiegel*, 08.12.2020, letzter Zugriff: 18.04.2021, https://www.tagesspiegel.de/politik/leben-retten-versus-lebensstil-nicht-die-politik-verhindert-den-harten-lockdown-sondern-unser-egoismus/26695026.html.

Pelz, Doreen (2020): »Unterkunft schuld an Corona-Ausbruch in Schlachthof?«, in: *Norddeutscher Rundfunk*, 17.05.2020, letzter Zugriff: 18.04.2021, https://www.ndr.de/nachrichten/schleswig-holstein/Unterkunft-schuld-an-Corona-Ausbruch-in-Schlachthof,schlachthof542.html.

Piper, Kelsey (2020): »This coronavirus model keeps being wrong. Why are we still listening to it?«, in: *Vox*, 02.05.2020, letzter Zugriff: 18.04.2021, https://www.vox.com/future-perfect/2020/5/2/21241261/coronavirus-modeling-us-deaths-ihme-pandemic.

Roberton, T./Carter, E. D./Chou, V. B./Stegmuller, A. R./Jackson, B. D./Tam, Y./Sawadogo-Lewis, T./Walker, N. (2020): »Early estimates of the indirect effects of the COVID-19 pandemic on maternal and child mortality in low-income and middle-income countries: A modelling study«, in: *The Lancet Global Health* 8(7), e901–e908.

Rohn, Jennifer (2020): »Stark new data made the UK government's U-turn on coronavirus inevitable«, in: *The Guardian*, 17.03.2020, letzter Zugriff: 18.04.2021, http://www.theguardian.com/commentisfree/2020/mar/17/new-data-uk-government-coronavirus-pandemic-measures.

RTL.de (2020): *Reiserückkehrerin ist schuld an schwerem Corona-Ausbruch*, letzter Zugriff: 18.04.2021, https://www.rtl.de/cms/massiver-corona-ausbruch-in-garmisch-patenkirchen-die-superspreaderin-war-reiserueckkehrerin-4612333.html.

Sample, Ian (2020): »Coronavirus exposes the problems and pitfalls of modelling«, in: *The Guardian*, 25.03.2020, letzter Zugriff: 18.04.2021, https://www.theguardian.com/science/2020/mar/25/coronavirus-exposes-the-problems-and-pitfalls-of-modelling.

Schmidt, Helga (2021): »Folgen von Schulschließungen: ›Den Schaden macht niemand wieder gut‹«, in: *Tagesschau*, 10.02.2021, letzter Zugriff: 18.04.2021, https://www.tagesschau.de/ausland/oecd-schulen-coronavirus-schliessungen-101.html.

Schumann, Florian/Simmank, Jakob (2020): »Christian Drosten: ›Wir haben es selbst in der Hand‹«, in: *Die Zeit*, 06.10.2020, letzter Zugriff: 18.04.2021, https://www.zeit.de/wissen/2020-10/christian-drosten-corona-massnahmen-neuinfektionen-herbst-winter-covid-19.

World Hepatitis Alliance (2017): »Hepatitis: Tödliche Pandemie«, in: *scinexx – das wissensmagazin*, 15.09.2017, letzter Zugriff: 18.04.2021, https://www.scinexx.de/news/medizin/hepatitis-toedliche-pandemie/.

Stokowski, Margarete (2020): »Die Selbstliebe in Zeiten des Coronavirus«, in: *Der Spiegel*, 03.03.2020, letzter Zugriff: 18.04.2021, https://www.spiegel.de/kultur/die-selbstliebe-in-zeiten-des-coronavirus-kolumne-von-margarete-stokowski-a-b5b07be3-6b2b-4ebc-b2db-7e3332b5089d.

Taylor, Linnet (2020): »The price of certainty: How the politics of pandemic data demand an ethics of care«, in: *Big Data & Society* 7(2), S. 1–7.

Tucker, Patrick (2020): »SPECIAL REPORT: The Problem With Coronavirus Models Is How We Talk About Them«, in: *Defense One*, 15.04.2020, letzter Zugriff: 18.04.2021, https://www.defenseone.com/technology/2020/04/special-report-problem-coronavirus-models-how-we-talk-about-them/164649/.

Tufekci, Zeynep (2020): »Don't Believe the COVID-19 Models«, in: *The Atlantic*, 02.04.2020, letzter Zugriff: 18.04.2021, https://www.theatlantic.com/technology/archive/2020/04/coronavirus-models-arent-supposed-be-right/609271/.

UNICEF (2021): *COVID-19: Schools for more than 168 million children globally have been completely closed for almost a full year, says UNICEF*, letzter Zugriff: 18.04.2021, https://www.unicef.org/press-releases/schools-more-168-million-children-globally-have-been-completely-closed.

van Elsland, Sabine L./O'Hare, Ryan (2020): »Coronavirus pandemic could have caused 40 million deaths if left unchecked«, in: *Imperial News*, 26.03.2020, letzter Zugriff: 18.04.2020, https://www.imperial.ac.uk/news/196496/coronavirus-pandemic-could-have-caused-40/.

Wiegrefe, Klaus (2020): »Als die Grippe in Nachkriegsdeutschland wütete«, in: *Der Spiegel*, 20.04.2020, letzter Zugriff: 18.04.2021, https://www.spiegel.de/geschichte/pandemien-als-die-grippe-im-nachkriegsdeutschland-wuetete-a-00000000-0002-0001-0000-000170518603.

Wieland, Thomas (2020): »A phenomenological approach to assessing the effectiveness of COVID-19 related nonpharmaceutical interventions in Germany«, in: *Safety Science* 131, 104924.

World Health Organization (2013): *Pandemic Influenza Risk Management: WHO Interim Guidance*, letzter Zugriff: 18.04.2021, https://www.who.int/influenza/preparedness/pandemic/GIP_PandemicInfluenzaRiskManagementInterimGuidance_Jun2013.pdf?ua=1.

World Health Organization. (2018): *Influenza (Seasonal)*, letzter Zugriff: 18.04.2021, https://www.who.int/news-room/fact-sheets/detail/influenza-(seasonal).

World Health Organization (2021). *New research highlights risks of separating newborns from mothers during COVID-19 pandemic*, letzter Zugriff: 18.04.2021, https://www.who.int/news/item/16-03-2021-new-research-highlights-risks-of-separating-newborns-from-mothers-during-covid-19-pandemic.

Drohender Sinnverlust

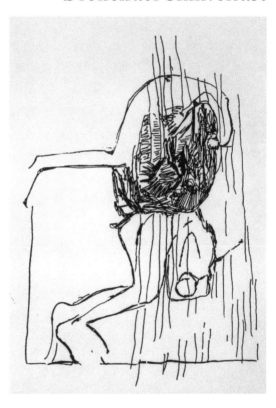

»Als Endzeitfan habe ich mir die Apokalypse anders vorgestellt – nicht mit Chips auf dem Sofa.«

Elisabeth Boßerhoff

Frau Hennings ist 28 Jahre alt und Lehrerin für Deutsch, Geschichte und Informatik an einer Realschule. Sie lebt in einer kleinen Gemeinde in Nordrhein-Westfalen, wo sie alleine zur Miete eine Dreizimmerwohnung mit Balkon bewohnt. Während des Telefonats befindet sich Frau Hennings in ihrem Wohnzimmer, welches mit dem Üblichen ausgestattet ist, »von Fernseher bis Playstation ist eigentlich alles so, wie es in so einem Wohnzimmer ist«. Frau Hennings hat es sich auf ihrer Couch bequem gemacht und trägt eine Jogginghose. Die bequeme Kleidung ist momentan so etwas wie ihre »Arbeitsausrüstung«. Gelegentlich nippt sie an ihrer Kaffeetasse. Ihre Katze schleicht im Wohnzimmer umher.

Die Tage seit den Ausgangsbeschränkungen verbringt Frau Hennings ausschließlich allein. Sie ist erst kürzlich in die ostwestfälische Kleinstadt gezogen und konnte noch nicht viele neue Bekanntschaften knüpfen. Ihr mache das normalerweise auch nichts aus, viel Zeit allein zu verbringen, da sie eine introvertierte Person sei: »Soziale Kontakte muss ich jetzt auch nicht 24 Stunden um mich haben.« Jetzt aber – zur Pandemie – ist dieses Alleinsein für sie erzwungen und hat deshalb eine ganz andere Dynamik. Und so kann sie manche Tage wie Ferien in vollen Zügen genießen, andere Tage wiederum sind aber deutlich schwieriger für sie: »Dieser Muss-Faktor, dieser Zwangsfaktor, der ist ganz schön bedrückend, manchmal.« Normalerweise passiert ihr das nicht, aber nun weiß sie immer öfter einfach nichts mit sich anzufangen. Dabei dachte sie eigentlich, dass ihr die Zeit des Lockdowns »nicht so schwerfallen« wird. In diesem Moment stellt sie ernüchtert und ein bisschen frustriert fest, dass ihre heutige To-Do-Liste aus nicht mehr besteht, als aufstehen und sich fertigmachen. Das Interview ist für sie daher ein kleines Highlight, während der Rest des Tages unbemerkt an ihr »vorbeischlendert«.

Das Alltagsleben der jungen Lehrerin ist komplett auf den Kopf gestellt. Sie beklagt vor allem den Verlust von Routinen, welche ihrem Leben Struktur und Sicherheit gaben, aber auch einen Mangel an körperlicher Bewegung. Das Leben ist für Frau Hennings momentan »wie in so einem komischen Film«. Das Alltägliche erfordert plötzlich eine Planung; es wird aufwändig und anstrengend. Gleichzeitig ist es auf einmal von Unsicherheiten und Ungewohnheiten geprägt, was sich für sie sehr »komisch« anfühlt. Bevor man das Haus verlässt, muss man jetzt zum Beispiel immer noch zusätzlich an das Einpacken einer Maske denken. Aber auch andere gewöhnliche Dinge rücken plötzlich in den Raum des Bewusstseins und finden Beachtung: »Allein [...] diese Haustür, die nun mal leider fast hundert Leute täglich anfassen, das ist so ein Fakt, da wo ich denke, da habe ich nie drüber nachgedacht.« Auch im Kontakt mit anderen Menschen handelt Frau Hennings jetzt befangener und unvermeidbare Alltagsbegegnungen stellen sie vor viele kontroverse Fragen, die sie teilweise bis in ihren Schlaf begleiten und für unruhige Nächte sorgen. Wenn sie jemandem auf der Straße begegnet, kommt ihr der Gedanke: »Oh Gott, muss ich Abstand halten? Wo geht er lang? Wo gehe ich lang?« Zuvor Selbstverständliches wird nun zu einer stressvollen Herausforderung, und Müll rausbringen zu einem »starken Staatsakt«. Sie fühlt sich ausgebremst; vorher konnte sie die Dinge einfach erledigen »und gut ist«. Während Frau Hennings ganz zu Beginn der Pandemie noch gelassen war, wird sie zunehmend gereizter, »[a]llein durch die Tatsache, dass ›Zuhause‹ auch irgendwann mal gesättigt ist.«

Der Frust über die Einschränkungen ist der jungen Lehrerin anzumerken und zieht sich durch das gesamte Gespräch. Gleichzeitig hält sie sich ganz diszipliniert und streng an die vorherrschenden Kontaktbeschränkungen, denn jede Abweichung davon verunsichert sie. Sie erzählt, dass sie schon seit zwei Wochen nicht mehr einkaufen war, um Kontakt mit anderen Menschen zu vermeiden. Sie sei aber »auch nicht so der Koch-Fanatiker«. Gelegentlich verspürt sie die Lust, spontan los zu fahren und sich etwas zu kaufen, aber sie hat Angst: »Vielleicht war ich schon infiziert und bin jetzt nur noch so ein wandelnder Herd« oder »ich hole mir was«. Frau Hennings nimmt nicht nur ihre Mitmenschen als gesundheitliches Risiko für sich selbst wahr, sondern sieht sich auch selbst als Gefahr für andere. Sie hat Angst davor, schuldig zu sein, jemand anderen angesteckt zu haben. Da sie nicht wissen kann, ob sie das Virus hat oder nicht, meidet sie deshalb jeden unnötigen Kontakt. Dieses Risiko möchte sie nicht eingehen, nur weil ihr gerade »etwas öde« ist. Die Ungreifbarkeit des Virus beschäftigt sie, es sei so etwas wie »ein unsichtbarer Feind, der quasi irgendwie vor einem lauert« und man warte förmlich nur darauf, selbst betroffen zu sein. Als eine »Neue« im Ort hat es Frau Hennings ganz unabhängig von der Pandemie schwer, Kontakt und Anschluss zu den »Einheimischen« zu finden. Ihr ist klar, dass Freundschaften in Dörfern und Kleinstädten vor allem über Vereine entstehen können: »Ich hatte erst mit Sport, mit Karate, angefangen und habe versucht, körperlich da auch ein bisschen aktiver zu werden.« Diese Form des Kennenlernens über Vereinsstrukturen, auf welche Frau Hennings angewiesen ist, ist aufgrund der neuen Coronaregeln aber nun schlichtweg verboten. So beschränken sich ihre Bekanntschaften auf das Kollegium ihrer Schule. Eine Lehrerin hatte sie gefragt, ob sie nicht beim Renovieren helfen wolle. Frau Hennigs sagte zu: sie »liebe Renovieren«. Als der Termin aber näher rückte, machten sich Zweifel in ihr breit, ob ein Treffen mit anderen Personen wirklich sinnvoll sei: »Und dann die ganze Nacht über hatte ich eigentlich nur drüber nachgedacht, was ist, wenn sie irgendwie ansteckend ist?« Letztlich hat sie den Termin dann abgesagt, weil die Angst, sich mit dem Coronavirus anzustecken, zu groß ist. Beim Erzählen dieser kleinen Geschichte wirkt sie selbst ein bisschen überrascht: Sie scheint erst im Moment des Gesprächs zu realisieren, wie sehr sie dieses »unsichtbare Virus« einschränkt und auf was sie alles verzichten muss.

Das größte Problem für Frau Hennings ist aber, dass sie ihrer Arbeit nicht wie gewohnt nachgehen kann. Arbeit nimmt einen zentralen Stellenwert in ihrem Leben ein, oder wie sie es selbst beschreibt: »Ich definiere mich durch Arbeit [...] ich muss was machen.« Als Lehrerin hat sie im Homeoffice allerdings nicht viel zu tun. Einen Stapel Praktikumsmappen hatte sie sich zwar noch mit nach Hause genommen, aber den hat sie auch schon durchgearbeitet. Fast schon enttäuscht führt sie aus: »Klassenarbeiten gab es jetzt auch nicht, weil genau kurz vor dem Zeitpunkt, wo man ganz viele vor den Ferien schreibt, wurde halt die Schule dichtgemacht.« Vereinzelt melden sich Schüler per E-Mail bei ihr, um Nachfragen zu den Aufgaben zu stellen, die sie ihnen gegeben hat. Diese beantwortet sie natürlich, aber sie würde ihre Schüler:innen gerne besser betreuen: »Ich hatte letztens auch einfach mal meine Klasse angeschrieben, wie denn gerade der Ist-Zustand ist und, ja, ob man denn digital auch mal aktiv werden möchte, in Form von Discord, Zoom, Skype.« Sie versucht, den Unterricht so gut es geht von der Couch aus zu organisieren, doch infrastrukturell zeigen und verstärken sich in der Krise bereits bestehende Mängel, allen voran im Bereich der Digitalisierung: »[W]ir sind auf einer Dorfschule. Allein die Internetverbindung an sich ist eine Katastrophe.« In ihrer Klasse gebe es außerdem ein Mädchen, das keinen Internetanschluss hat. Digitale Lehre ist somit undenkbar. Deutlich frustriert stellt sie fest: »Ich erreiche nicht alle Schüler, die ich möchte.« Aus diesem Grund macht sich Frau Hennings Sorgen darüber, dass Ungleichheiten zwischen den Schülern verstärkt werden, wenn jede Schule anders mit der Pandemie umgeht. Sie wünscht sich deshalb einheitliche und verbindliche Regeln für alle Schulen: »[I]n so einem Zustand darf nicht jedes Land sein Bierchen brauen, sondern das muss einheitlich geregelt sein, [...] wie unterschiedlich das allein schon durch die einzelnen Bundesländer ist. Aber durch die Situation jetzt noch an sich, es ist keine Gleichheit mehr für Schüler.« Auch aus ihrer eigenen Biografie weiß Frau Hennings, dass das Bildungssystem nicht an den Lebensrealitäten der Menschen ausgerichtet ist; es ist unflexibel. Ein Umzug in ein anderes Bundesland sorgt schon für Probleme, da jedes Land eigene Standards und Strukturen an den Schulen und Universitäten hat. Sie kommt zu dem Schluss: »Dieses ganze föderale System nervt mich.« Für Frau Hennings werden die Schwächen dieses Systems jetzt immer deutlicher. Sie wünscht sich eine klare Kommunikation der Regierung und einheitliche Regeln, die den Zusammenhalt und die Solidarität untereinander stärken. Der »Flickenteppich der Coronaregeln« sorgt aus ihrer Perspektive aber für Verwirrung und Unsicherheit. Zunehmend geht der Überblick verloren, was wo gerade erlaubt ist.

Die junge Lehrerin langweilt sich im Homeoffice und würde gerne mehr tun. Sie fühlt sich »nicht gebraucht«. Sie hatte erwartet, dass die Schulleitung aktiv wird, denn es stand zur Diskussion, Kinder an Wochenenden und in den Osterferien zu betreuen. Daran hätte sich Frau Hennings gerne beteiligt, da sie ihre Familie sowieso nicht besuchen wird. Stattdessen muss sie enttäuscht feststellen: »Aber wahrscheinlich wird das Angebot von den Eltern unserer Schüler:innen nicht angenommen, von daher gibt es da auch nichts zu betreuen.« Sie weiß nicht, wann die Schule wieder öffnet und sie ihrer Arbeit nachgehen kann und welche Klassen zurückkehren dürfen. Sind ihre Klassen überhaupt dabei? Trotz ihrer Langeweile hemmt sie diese Ungewissheit über das Kommende, Unterrichtsstunden vorzubereiten, denn das »wären dann hypothetische Stunden und somit Zeitverschwendung und da sehe [sie] dann auch keine Motivation für [s]ich, irgendwas zu planen, was gar nicht umgesetzt wird«. Frau Hennings hat das Bedürfnis, im Hier und Jetzt etwas Sinnvolles zu tun. Ihre Arbeit bedeutet ihr viel, ist für sie identitätsstiftend. Auf einmal nicht mehr »systemrelevant« zu sein, nagt an ihr und verhält sich konträr zu ihrem Selbstverständnis. Gleichzeitig sieht sie sich in einer privilegierten Stellung und zählt sich zu den »Glücklicheren«, da sie schließlich weiterhin ihr Geld bekommt. Nicht das Virus, sondern der wirtschaftliche Einbruch sei für viele momentan das größte Problem: »Sie wissen nicht, wie zahle ich die Miete, wie kriege ich meine Kinder ernährt?« Frau Hennings hingegen weiß, dass ihr Gehalt am Ende des Monats pünktlich auf dem Konto ist und auch, dass sie nach den Ausgangsbeschränkungen weiterhin einen Job haben wird. Hierüber schätzt sie sich »sehr glücklich [...] denn diese Sicherheit haben gerade nicht viele«. Aus der Langeweile und dem Gefühl der Nutzlosigkeit heraus ist sie davon überzeugt, dass es eine sinnvollere Möglichkeit für Lehrer:innen geben müsste als nur daheim zu bleiben. Mit der Hands-on-Mentalität einer Jungunternehmerin und ihre beschriebenen Ängste vor dem Virus scheinbar vergessend – »Corona-Angst hin oder her« – fordert sie deshalb, dass Lehrer:innen auch anders beschäftigt werden sollten, immerhin seien sie »Staatsdiener«. Sie selber wäre sich auch »null zu schade, [s]ich beim Penny irgendwo hinzustellen und Regale einzuräumen oder in irgendeiner Art und Weise zu helfen, einfach damit man auch mal aktiv wird und versucht, das System irgendwie zu entlasten«. Scherzhaft fügt sie hinzu: »Als Endzeitfan habe ich mir die Apokalypse anders vorgestellt – nicht mit Chips auf dem Sofa.«

Interview: Sarah Lenz, 01. April 2020

»Ich wäre jetzt einfach gerne bei meiner Family und meine Mama umarmt mich mal wieder.«

Paul Weinheimer

Vanessa ist 29 Jahre alt und wohnt in einer Wohngemeinschaft in einer deutschen Großstadt. Das Interview führt sie vom Bett aus, das während des Lockdowns ein treuer Begleiter geworden ist. Es ist noch relativ früh am Morgen und Vanessa stimmt sich mit einem Kaffee auf das Gespräch ein. In ihrer geräumigen Wohnung lebt sie gemeinsam mit drei Mitbewohnern. Insgesamt teilen sie sich zweihundert Quadratmeter. Die Wohnung hat außerdem einen Balkon und einen Wintergarten, der bei gutem Wetter durch die Sonne erhellt wird. Von dort aus hat man einen wunderbaren und zudem windgeschützten Ausblick. So lassen sich die Tage angenehm verbringen; fast wie ein Zufluchtsort in schweren Zeiten. Vanessa hat ihr eigenes Bad und ein geräumiges Zimmer, was die Zeit zu Hause etwas erträglicher macht. Das ist wichtig, denn während des Lockdowns sind ihre Mitbewohner ihre einzigen sozialen Kontakte. Auch wenn sie kein freundschaftliches Verhältnis eint, mögen sie sich untereinander alle gerne. Dennoch vermisst Vanessa ihre Freunde und die körperliche Nähe, die in der Wohngemeinschaft in dem Maße nicht gegeben ist. Hinzu kommt, dass es über die Zeit des Lockdowns innerhalb der Wohnung vereinzelt auch zu Auseinandersetzungen um die richtige Umsetzung und Einhaltung der Coronamaßnahmen kam. Der Anlass war, dass einer ihrer Mitbewohner weiterhin viele Freund:innen getroffen hat und auch zu seiner Familie gefahren ist. Vanessa fühlt sich dadurch zusehends unwohler in der Wohnung, die ihr letzter geschützter Rückzugsort in der Pandemie ist. Der Versuch eines klärenden Gesprächs schlägt allerdings fehl. Ihr Mitbewohner bleibt dabei, dass er »das Risiko verantworten« könne. Schlussendlich bleibt Vanessa nichts anderes übrig, als das zu akzeptieren, wenn sie »kein Moralapostel sein [will], der den Leuten vorschreibt, wie sie zu leben haben«. Mit diesem mulmigen Gefühl muss sie nun leben.

Vanessas Tage sind aktuell »recht unstrukturiert und ungeplant«, erzählt sie. Die größte Herausforderung sei, »das Leben normal aufrecht zu erhalten«. Damit meint sie vor allem eine Tagesstruktur zu finden. Meistens verbringt sie ihre Zeit im Bett oder bei gutem Wetter auf dem Balkon, um ein wenig Sonne zu tanken. Sie lacht kurz und stellt fest, dass sie sich zu Beginn des Lockdowns sogar ein wenig gefreut hat über den Gedanken: »Jetzt kann ich aufräumen und Dinge machen, die die letzten Wochen liegen geblieben sind.« Dieser Zustand hat allerdings nicht lange angehalten. Die anfängliche Gelassenheit hat sich zu einem tiefen Gefühl der Unruhe entwickelt. Mittlerweile weiß sie oft nicht mehr, was sie tun soll und stellt fest, dass sie häufiger weint; eine gewisse Grundanspannung ist permanent da und die Abstände, in denen es ihr nicht gut geht, werden immer kürzer. Ihre aktuelle Lebenssituation ist kein Zustand, an den sie sich gewöhnen möchte. Erstaunlicherweise wirkt sie auf mich dennoch gefasst, trotz »mehrerer Baustellen« in ihrem Leben. Eine davon ist ihre derzeitige Wohnsituation, da sie aus ihrer jetzigen Wohnung ausziehen muss. Obwohl es noch kein genaues Datum gibt, belastet sie der Gedanke, sich jetzt – während der Krise – um alles kümmern zu müssen. Hinzu kommt, dass sie vor vier Wochen, ohne Vorwarnung oder eine »genaue Angabe von Gründen«, ihren Job als stellvertretende Niederlassungsleiterin in der Hotel- und Tourismusbranche verloren hat. Obwohl mit ihr achtzig Prozent des Personals von den Entlassungen betroffen waren, denkt Vanessa häufig darüber nach, ob die Kündigung nicht doch etwas mit ihrer eigenen Leistung zu tun hatte. Zum Zeitpunkt ihrer Entlassung war noch nicht klar, ob es staatliche Unterstützungen geben wird und auch das Kurzarbeitergeld wurde erst später debattiert. Nun ist sie damit konfrontiert, sich einen neuen Job zu suchen, was sie in der Pandemie aber für wenig aussichtsreich hält; gerade im Hotelgewerbe. Die Zukunft ist durch all ihre Unwägbarkeiten, die mit ihrer Wohnsituation und ihrem Job zusammenhängen, zu einem unbeliebten Thema geworden. Sie versucht trotzdem optimistisch zu bleiben.

Finanziell geht es ihr gerade noch gut, da sie Arbeitslosengeld (ALG I) bezieht. Dadurch, dass die meisten Konsummöglichkeiten und kostspieligen Freizeitbeschäftigungen ohnehin wegfallen, kommt sie damit auch gut zurecht. Fehlende Konsummöglichkeiten ersetzt sie durch die Wiederbelebung alter Hobbies: »Backen, Klavier spielen, Zeichnen.« Die neuen Tagesaktivitäten helfen ihr außerdem dabei, eine Struktur in den Alltag zu bringen und lenken sie von den belastenden Zukunftsängsten ab.

Das »normale Leben« – ohne Einschränkungen – sieht Vanessa in weiter Ferne. Auch wenn sie die Coronamaßnahmen als angemessen und richtig erachtet, wünscht sie sich, dass es bald Lockerungen gibt. Viele Menschen in der Bundesrepublik zweifeln zu diesem Zeitpunkt an den Coronamaßnahmen, die medial hoch kontrovers diskutiert werden. Vanessa stellt die Legiti-

mität und Notwendigkeit der Maßnahmen keinesfalls in Frage, möchte aber ihre Freund:innen bald wiedersehen. Diese trifft sie aktuell nur zum Spazieren. Wohnungsbesuche werden vermieden. Gemeinsam in einer vertrauten Runde sowie Umgebung zusammenzukommen ist somit nicht möglich. Die Spaziergänge bleiben die einzige Möglichkeit, ihre Wohnung zu verlassen und Menschen zu treffen, denen sie sich nahe fühlt. Auch dabei muss sie Abstriche machen: Keine Umarmungen und Abstand halten.
In ihrer Wohnung fühlt sie sich zunehmend eingesperrt. Sie spricht über ihre Wohnung als gleiche diese einer Transitzone. Ein Ort, an dem man nie richtig ankommt und sich einlebt, sondern nur darauf wartet, dass die Reise weitergeht und etwas passiert. Der baldige Auszug verstärkt dieses ohnehin schon starke Gefühl der Isolation in den eigenen vier Wänden. Es wäre sicherlich anders, wenn sie ihre Mitbewohner zum engeren Kreis ihres Vertrauens zählen könnte. Alles und alle anderen erscheinen nun in weiter Ferne. Wehmütig und durch die Tatsache betrübt, dass sie von der vertrauten Welt abgeschnitten ist, wünscht sie sich gerade umso mehr, bei ihrer »Family zu sein« und von ihrer Mutter »mal wieder in den Arm genommen zu werden.«

Vanessas Lebenslage ist gekennzeichnet von vielen Baustellen, die durch eine nicht kalkulierbare Zukunft immer mehr zu einem Lebensrisiko werden. Gerade in einer solchen Situation ist es vielleicht gut sich auf das zu beziehen, was man im Hier und Jetzt tun kann: »Backen, Klavier spielen, Zeichnen.«

Interview: Paul Weinheimer, 11. April 2020

»Es kommt mir insgesamt vor, wie in einer komischen Käseglocke zu leben.«

Sören Altstaedt

Norma ist 45 Jahre alt und arbeitet freiberuflich in der Erwachsenenbildung, wo sie Lehrer:innen fortbildet. Sie lebt zusammen mit ihrem Partner Leon, einem Bauingenieur, in einer Drei-Zimmer-Wohnung, die sich in einem angesagten Stadtteil einer deutschen Metropole befindet. Dieses beliebte Viertel im Gründerzeitstil erstreckt sich zwischen Vergnügungsmeile und bürgerlichen Wohnquartieren. Dichtgedrängte und geschäftige Hauptverkehrsachsen, die das pralle Leben mit sich reißen, wechseln sich ab mit ruhigen Einbahnstraßen, in denen Kastanien und Linden wachsen und wo heute hippe Cafés und Bars die ehemaligen Ladenflächen von Tante Emma und Co. füllen. Hier und da findet sich eine alte Kneipe, wie ein Relikt aus längst vergangener Zeit, in der die alteingesessenen Arbeiter:innen von früher in verrauchten Räumen hocken, die gefühlt seit den 80er Jahren nicht mehr renoviert wurden. In den neueren Etablissements hingegen tummeln sich die alternativen und kreativen Milieus einer kosmopolitischen Mittelschicht.

Norma und Leon unterrichten hier nebenberuflich Lindy-Hop, einen Swing-Tanzstil aus den 1930er Jahren, in dem aufpeitschende Rhythmen, coole Gelassenheit und akrobatisches Können in vollem Lebensdrang aufgehen. In der Lindy-Hop-Szene ihrer Stadt sind sie bekannte Größen. Sie richten zentrale Tanz-Events aus und sorgen für regen Austausch und regelmäßige Zusammenkünfte der Community.

Norma und ich führen das Interview an einem Montagvormittag Anfang April 2020, als der Lockdown gerade zwei Wochen in Kraft ist. Norma sitzt Zuhause im sonnendurchfluteten Arbeitszimmer, das sie nicht nur während der Coronapandemie nutzt, sondern auch sonst freiberuflich. Sie hat da einen »richtig eingerichteten Arbeitsplatz, mit dem Krempel den man so braucht«. Ansonsten ist das Arbeitszimmer für Gäste gedacht, wenn zum Beispiel Musiker:innen für eine Lindy-Hop-Veranstaltung zu Gast sind. Leon, der eigentlich jeden Tag ins Büro fährt, arbeitet jetzt im Wohnzimmer. Als Norma das erzählt, läuft Leon gerade durch den Hintergrund des Bildes und scherzt, er hätte seine »Pomade noch nicht im Haar, deswegen kann ich noch nicht ins Bild kommen«. Das Haar wird an diesem Vormittag wohl auch nicht mehr pomadisiert werden.

Im Vergleich zu »damals« – die Zeit vor Corona, die für Norma eine halbe Ewigkeit zurückzuliegen scheint –, sind ihre Arbeitstage momentan unverändert. Sie lacht. So lange her es Norma vorkommt, so routiniert, geradezu eingespielt wirkt sie auch: »morgens klingelt unser Wecker, dann frühstücken wir gemeinsam und dann geht's an den Rechner«. Sie hat »vorher auch schon zwei Tage Zuhause gearbeitet, jetzt halt fünf«. Auch die »Rituale« von ›damals‹ wie das gemeinsame Mittagessen versuchen sie aufrecht zu halten. Trafen sie sich mittags sonst draußen aus verschiedenen Büros kommend, treffen sie sich nun in der Küche aus verschiedenen Zimmern kommend.

Während Norma in ihrem Arbeitszimmer ihre Corona-Alltagsroutine beschreibt, ringe ich vor meinem Bildschirm mit meiner Rolle als soziologischer Beobachter. Ich komme mir ein bisschen vor wie ein Schaulustiger, der in eine Art Terrarium glotzt. Da ist kein Spektakel zu sehen, sondern der banale Versuch zweier Menschen voller Lebensdrang, ihr bewegtes Leben auf engem Raum neu einzurichten.

Bei dem Versuch entstehen natürlich auch kleine Reibereien. Als ich Norma nach der Organisation ihres Haushalts frage, hält sie kurz inne. Dann dreht sie sich nach hinten und ruft mit auffordernder Stimme zu Leon ins Wohnzimmer: »Schatzi, möchtest du dazu kommen?« Keine Reaktion. Norma schüttelt den Kopf und lacht. Sie erzählt, dass sie die meiste Haushaltsarbeit macht und stellt aber direkt klar, dass das längerfristig so nicht geht; dass sie versuchen müssen, »da klare Zuständigkeiten zu finden, die mehr verteilt sind«. Aus dem Off klingt Leons Stimme mit unverständlichen Widerworten. »Ich habe doch gefragt, ob du dazukommen möchtest!«, schilt Norma zurück. Es ist unverkennbar, dass dieser Zank schon seit Beginn des Lockdowns schwelt und immer wieder aufflammt. Doch so ernst er einerseits wirkt, so liebevoll wirkt er andererseits. Um Normas Lippen spielt ein Lächeln, auch diese Dynamik der beiden wirkt eingespielt. Den beiden scheint diese ungleiche Aufgabenverteilung – mein soziologischer Reflex ist es, eine traditionelle Rollenverteilung anzunehmen – und der in der Luft liegende Streit darum zu helfen, ihre Routine des Coronaalltags zu gewährleisten. Sie versuchen die Wohnung »nett und wohnlich« zu halten, was schwierig ist, wenn zwei Personen fünf Tage die Woche Zuhause sind. Die Geschirrspülmaschine läuft zurzeit täglich, »das haben wir sonst nicht«. Dass Norma dabei die Hauptverantwortung übernimmt, scheint für die beiden eine gewisse Stabilität in die ungewisse Situation zu bringen. Immerhin den Einkauf erledigt sie gerne, sagt sie. Denn dann kommt sie dazu, »sich aufs Fahrrad zu schwingen und nochmal loszufahren«, was sie sonst tut, wenn sie morgens zur Arbeit radelt oder abends ins Tanzstudio. Doch ins Tanzstudio kann Norma nun vorerst nicht mehr. Als sie mir dies erzählt macht sie viele Pausen und schaut häufig länger aus dem Fenster. Mir kommt es vor, als würde sie versuchen, hinter der Glasscheibe ihre Lindy-Hop-Community und ihre Freund:innen ausfindig zu machen. Norma wirkt plötzlich sehr niedergeschlagen als sie betont, dass sie ein »Mensch [ist], der ganz viel über soziale Kontakte funktioniert«. Zurzeit telefoniert sie zwar viel mit anderen, »auch mehr als sonst, aber es ist eben was Anderes, wenn man mal zu Freunden gehen kann«. Ich fühle mich an die immer gleiche Filmszene aus unzähligen Krimis erinnert, in der jemand im Gefängnis besucht wird: Zwei vertraute Menschen sitzen sich gegenüber, durch eine Glaswand getrennt und über einen alten Hörer zueinander sprechend. Dabei geht mir die etwas melodramatische Frage durch den Kopf, wer gerade von uns beiden Insasse ist bzw. wer hier eigentlich wen besucht?

Das Kontaktverbot schiebt sich nun wie eine gläserne Wand auch zwischen Norma und ihre Leidenschaft, dem Lindy-Hop, denn »das Tanzen, das ist ja nun mal was, das lebt davon, dass man sich sieht, dass man sich anfasst, dass man sich trifft«. Tänzer:innen und Tanzlehrer:innen sind sie und Leon »mit Leidenschaft«. Für einen kurzen Moment strahlt Norma mir von der anderen Seite entgegen. »Wenn ich Unterricht habe, egal ob als Lehrende oder als Teilnehmerin, dann geht's mir gut!« Oder wenn sie nach einem Swing-Event »nachts nach Hause kommt«, dann ist sie »geflashed von diesem Abend«. Zudem stiftet sie mit dem Swingtanz als kultureller Teil des gesellschaftlichen Lebens für viele Menschen Sinn: »Kultur trägt ganz viel durchs Leben, ist überhaupt gar keine Frage.« Lindy-Hop, erklärt Norma, ist ein Ausgleich, der Kraft spendet. »Der Tank wird wieder aufgefüllt, der vielleicht gerade mal nicht so voll ist«, zum Beispiel nach einer herausfordernden Arbeitswoche. Lindy-Hop und die Swing-Community sind in Normas Erfahrungswelt ein sozialer Raum der Selbstbestimmtheit, der individuellen Erfüllung und der Zugehörigkeit »und das findet alles im Moment nicht statt«. Mir wird klar: Jenseits des Fensters, das ich gerne öffnen möchte, erzählt mir Norma ihre Geschichte eines Autonomieverlustes und einer plötzlich empfundenen, weitläufigen Fremdbestimmtheit. So kommt der Lockdown Norma »insgesamt vor, wie in einer komischen Käseglocke zu leben.

Also es ist real, aber es fühlt sich irgendwie nicht real an, wie so ein abgeschotteter Zustand«.

Norma beschreibt das als einen Zustand, »den man jetzt irgendwie mitnehmen muss«, der sich jedoch »nicht integriert« anfühlt. Ihr Gefühl der Desintegration in der Käseglocke ist eng verbunden mit ihrem Gefühl der Entfremdung von ihrer Peer-Group, der Swing-Community. Der kulturelle Raum des Lindy-Hop, der so grundlegend von körperlicher Nähe abhängig ist, wird nun von der gläsernen Wand der Käseglocke auf unbestimmte Zeit verschlossen. Das bedeutet für das gesamte »Netzwerk, was wir [Norma und Leon] mit aufgebaut haben«, eine materielle und kulturelle Existenzbedrohung. Dadurch tritt neben das Gesundheitsrisiko ein finanzielles Risiko und beide kulminieren in einem Risiko des Verlusts der sozialen Identität als Kulturschaffende der Swing-Community. Lindy-Hop als Leidenschaft, als Ausgleich, als Kultur – von diesen wesentlichen Aspekten ihrer Identität muss sich Norma vorerst »verabschieden und es ist völlig unklar, wie lange das dauert«.

Die Käseglocke lässt sich also als eine subjektive Empfindung verstehen, die durch die Internalisierung der neuen Regeln des Coronaalltags hervorgerufen wird. Das Risiko, das plötzlich entsteht, wenn Menschen unter ihresgleichen sind, erzwingt Verhaltensweisen von Einzelnen, die zwangsläufig in gewissen Entfremdungserfahrungen münden.

Die Erfahrung eines Daseins in der Käseglocke macht Norma auch im Freundes- und Familienkreis. Besonders ihre Freundin Mae beschäftigt sie zurzeit sehr. Mae ist vor eineinhalb Jahren schwer an Krebs erkrankt und hat daher sowieso schon ein schwaches Immunsystem. Deshalb durften sie Mae ohnehin »nur durch eine Schleuse« besuchen. Mae befand sich also schon vor der Coronapandemie hinter einer Art Glassturz, dessen Innenraum von außen nur durch einen streng geregelten Zwischenraum zugänglich war. Norma erzählt, wie sie mit Leon, Maes Familie und Freund:innen organisiert hat, dass Mae jeden Tag Besuch bekommt. Denn schon vor der Pandemie galt für sie: »Soziale Kontakte, das ist das, was stabilisiert. Was mitzukriegen von draußen aus der Normalität.«

Die »Normalität da draußen« ist nun jedoch ihrerseits durch zahlreiche Glasstürze zu einem Ausnahmezustand geworden und die Schleuse zu Mae ist verschlossen. Denn als deutlich wurde, dass die Infektionsketten in der Stadt nicht mehr rekonstruierbar sind, hat das Krankenhaus »die Pforten dichtgemacht, also Besuche sind gar nicht mehr möglich.« Norma ringt mit der Fassung: »Weißt du, bei einem Menschen, der gerade um sein Leben kämpft und in dem Zimmer ist, alleine, wochenlang, starke Schmerzen hat, behandlungsmäßig der letze Strohhalm gerade ansteht. Also das ist eine Situation, die ist unfassbar gerade. Und normalerweise würden wir sie besuchen. Natürlich würden wir sie besuchen!« Momentan müssen sie jedoch mit einer gemeinsamen Chatgruppe in einer Messenger-App auskommen, über die sie sich immerhin Sprachnachrichten und Videos schicken können. Ein letzter heißer Draht von Innenraum zu Innenraum.

Für einen Augenblick schweigt Norma. Dann erzählt sie von gestern, als sie und Leon sich mit einem befreundeten Paar zum Spazierengehen getroffen haben, die nur eine Straße weiter wohnen. Normas Freundin ging es nicht gut: »Und dann kullern da bei ihr die Tränen und normalerweise nehme ich sie in den Arm natürlich. Das habe ich gestern nicht gemacht.« Man könnte sich ja tatsächlich gegenseitig anstecken oder beim Nicht-Einhalten des Kontaktverbots erwischt werden. Überhaupt sehen die Kontaktbeschränkungen auch ein Versammlungsverbot für Menschengruppen ab drei Personen oder von Menschen aus unterschiedlichen Haushalten vor. Sie waren also zwei Personen und ein Haushalt zu viel. In einer eher lockeren Auslegung dieser Vorschriften haben sie sich jedoch in zwei Paare aufgeteilt, die mit zehn Metern Abstand zueinander spazieren gingen. »Nach der Hälfte haben wir gewechselt, neue Teams gebildet. Wir sind nicht kontrolliert worden.« Einen kurzen Moment lacht Norma wieder. Offenkundig verlaufen da ein paar legitime Risse in der gläsernen Wand; man entdeckt Stellen, wo man eventuell kurz etwas unter der Käseglocke hindurch reichen kann. Dem Risiko zu trotzen, beim Regelbruch erwischt zu werden, diese kleinen Schlupflöcher in der gläsernen Wand zu suchen, erscheint als kleiner Spaß, der Angst, Trauer und erschwertes soziales Miteinander für einen flüchtigen Moment lindert.

Andere Linderungsangebote schlägt Norma grundsätzlich aus. In der Zeit, als wir das Interview führen, ist in der Öffentlichkeit viel die Rede von einer allgemeinen Entschleunigung. Viele Menschen berichten von ihren täglichen YouTube-Yogakursen, davon wie sie meditieren und jetzt mehr Zeit für sich hätten. Doch mit der Idee, die Käseglocke mit Kontemplation zu füllen, sie sich introspektiv anzueignen, kann Norma sich nicht anfreunden: »Manchmal hört man so Leute sagen: ›ja, jetzt kann man die Zeit mal nutzen für innere Einkehr‹. Und ich denke, das ist romantische Scheiße. Das braucht kein Mensch.« Aber sich der Fremdbestimmung in der Käseglocke zu ergeben, kommt für Norma auch nicht in Frage. Vielmehr scheint es, als würden sie und Leon eine Rückeroberung organisieren, deren Ausgangspunkt notwendiger Weise die eigenen vier Wände sind, denn hier kann noch Einfluss ausgeübt werden. So erscheint die zu Beginn des Interviews beschriebene auffällige Routine im Homeoffice und im Haushalt als Konter der zeitlichen Ungewissheit. Denn in der routinierten Arbeit entsteht eine neue Sequenzialität des Alltags, an die wiederum neue Handlungsmöglichkeiten anschließen können.

So kehrt auch der Lindy-Hop und das Kulturschaffen peu à peu in die Käseglocke ein. Norma verbringt jetzt deutlich mehr Zeit in den sozialen Netzwerken, um »mit der Swing Community im Austausch zu bleiben«. Zudem machen sie und Leon sich neben der Arbeit zu Hause viele Gedanken darüber, wie sie mit ihren Kursen in Kontakt bleiben und »die Community am Laufen« halten können. Konkret suchen sie nach Online-Formaten für ihre Tanzkurse. In einem dieser Formate, das gerade gestartet ist, unterrichten sie beispielsweise eine Solo-Jazzchoreographie, die auch auf kleinerem Raum getanzt werden kann. Im Zweifelsfall werden noch ein paar Möbel beiseitegeschoben und dann kann es losgehen. Norma ist sehr dankbar dafür, »dass [sie] jetzt nicht in ein komplettes Loch fällt, sondern sich weiter sinnvolle Aufgaben« für sie ergeben. Ein Anflug zurückgekehrter Selbstbestimmtheit. Mit den Kursgebühren soll auch mindestens ein Teil der Miete für das Tanzstudio gezahlt werden, in der Hoffnung, dass es die Pandemie überstehen kann. Per Online-Konferenz schlagen Norma und Leon also Brücken zu den anderen Käseglocken da draußen und füllen sie mit Tanz und Kultur und schaffen Solidarität in ihrer Community.

Interview: Sören Altstaedt, 06. April 2020

Essay

Von Paaren und anderen persönlichen Beziehungen in Zeiten der Pandemie

Marie-Kristin Döbler

Die pandemische Ausbreitung von SARS-CoV-2 versetzt »die« Gesellschaft in einen liminalen Zustand: in diesem Zustand labiler Zwischenexistenz werden vielerlei Risiken nicht nur als Thema diskursiv virulent, sondern vor allem auch praktisch erlebbar. Die Begegnung mit anderen Menschen erhöht die Wahrscheinlichkeit, sich selbst oder andere anzustecken; das Zusammentreffen verändert sich und das »In-Gesellschaft-Sein« wird neu geregelt. Die Pandemie fordert das gesamte soziale Gefüge im Großen wie Kleinen, das Zwischenmenschliche und jeden Einzelnen von uns heraus: Der Bruch von Begegnungsroutinen kann überfordernd sein, weil das »In-Gesellschaft-Kommen« nun stets neu auszuhandeln ist. Gleichzeitig erhöht die Absenz von Gesellschaft die Wahrscheinlichkeit für Krisen des Selbst oder birgt Beziehungsgefahren. Auf sich selbst zurückgeworfen droht Einsamkeit und Vereinsamung. Davor können unter Umständen noch nicht einmal Familie, Partnerschaft, Freundschaft schützen, da Existenz und Präsenz aufgrund von Kontakt- und Reisebeschränkungen zur Eindämmung der Pandemie auseinanderfallen können. Unabhängig davon sagen Existenz und Präsenz noch nichts über die Qualität des Zusammenseins aus. Menschen können physisch da und geistig doch ganz woanders sein; man kann trotz Gesellschaft einsam sein. Genauso kann die Anwesenheit als Belastung erlebt werden. Partner:in, Kinder oder Eltern können zu präsent sein und zu einer Gefahr für die psychische oder physische Integrität werden, wie im Falle häuslicher Gewalt. So können auch Beziehungen durch die Krisenhaftigkeit »der« Gesellschaft und das Risiko »von« Gesellschaft gefährdet werden.

Während die Pandemie das ganze Leben erfasst, erscheinen viele »Coronanebenwirkungen« also im Kontext unserer persönlichen Beziehung und im Zusammenhang mit unserem Liebesleben besonders greifbar. Zuvor als unproblematisch erlebte Umstände werden auf einmal zu einer Herausforderung, führen in einen Krisenmodus und erhöhen das Gefährdungspotential oder zumindest das Gefahrenbewusstsein. In manchen Fällen wird durch Homeoffice, Homeschooling, Quarantäne oder den Mangel an außerhäuslichen Alternativen die physische Kopräsenz jener Menschen, mit denen man zusammenlebt, auf ein ungeahntes Maß gesteigert: Auf Haushaltsebene kommt es zu erzwungener Nähe in einem nie dagewesenen, nicht erwarteten und vielfach ungewollten Ausmaß an Gesellschaft mit Partner:in und Kindern. In anderen Fällen erschwert oder unterbindet geographische Entfernung das Herstellen und Erleben körperlicher Nähe. In der Konsequenz können wir nicht mehr einfach jeden und immer treffen, wenn wir es wollen oder wie wir es gewohnt waren. Wir hinterfragen, was erlaubt und gefahrlos möglich ist. Wir stellen uns Fragen wie diese: »Bin ich selbst gefährdet oder gefährlich für andere?« »Ist mein Gegenüber eine Gefahr für mich?« »Sind die räumlichen Gegebenheiten der Begegnung weitläufig, gut belüftet, ist trotz Nähe die schützende Distanz zu wahren oder mithilfe von Hilfsmitteln wie Masken herzustellen?«

In die individuelle Risikobewertung fließen zudem Faktoren ein wie die Beziehung zur anderen Person, der zeitliche Umfang der körperlichen Nicht-Präsenz, und der empfundene Verzicht: Je wichtiger das Treffen, je größer die Entbehrung, desto eher sind wir bereit, höhere Risiken in Kauf zu nehmen. Wir sind zunehmend mehr bereit »Risiken« einzugehen, denn der Leidensdruck steigt zusehends und der Schutz vor der Ansteckung geht mit anderen Gefahren einher: Vereinsamung, Depression, Herz-Kreis-Lauf-Erkrankungen und weitere negative psychosomatische, kognitive oder körperliche Konsequenzen haben Konjunktur. Mehr noch: Wir selbst und unsere persönlichen Beziehungen, Freundschaften und Ehen werden auf eine harte Probe gestellt. Ein möglicher Grund kann darin liegen, dass unsere althergebrachten Institutionen nicht mehr angemessen erscheinen.

Das Wesen der Institutionen

Institutionen sind soziale Konstruktionen. Sie erwachsen aus wiederkehrenden menschlichen Erfahrungen und Handlungen, die sich in Denk- und Handlungsschemata materialisieren (Berger/Luckmann 1967: 56 ff.). Diese reduzieren die Komplexität unserer sozialen Umwelt und liefern Lösungen für wiederkehrende Handlungsprobleme. Der Prozess der Institutionalisierung beginnt mit dem wiederholten Zusammentreffen zweier Individuen. So entstehen beziehungsspezifische, etwa nur für wenige Personen wie ein

Paar, eine Familie, einen Freundeskreis gültige Institutionen (Berger/Kellner 1965; Döbler 2020b). Manche Institutionen lösen sich jedoch mit der Zeit und durch die Weitergabe an Dritte immer weiter von den konkreten Entstehungszusammenhängen ab und verfestigen sich zunehmend. Neben interpersonellen Institutionen entstehen so gesellschaftliche Institutionen. Mit diesen wachsen wir auf und nehmen sie daher als besonders dauerhaft, stabil und natürlich wahr. Weil wir »vergessen«, dass wir bzw. unsere Vorfahren sie geschaffen haben, und weil sie von so vielen Menschen für selbstverständlich, fast schon natürlich gehalten werden, haben diese Institutionen eine besondere Wirkmacht: Sie strukturieren das Leben und Handeln auf kollektiver und gesellschaftlicher Ebene. Gemeint sind damit typische, teils sogar juristisch definierte, politisch vorgegebene oder materiell manifestierte Zusammenhänge wie etwa Interaktionsrituale, Rollen (Vater/Mutter, Ehepartner:in oder Freund:in) oder die Sprache.

Was passiert aber, wenn diese grundlegenden Institutionen in Frage gestellt werden (müssen), wie wir es derzeit in der Pandemie erleben? Nicht selten sieht man Hände, die auf halbem Weg zum Gegenüber zurückgezogen werden oder Menschen, die Umarmungen nicht erwidern, sondern einen Schritt zurück treten. Die gewohnten Begrüßungsrituale würden schließlich eine Form von Nähe erzeugen, die potentiell gefährlich ist. Daher versucht man die Interaktion auf andere Weise zu beginnen und die Begegnung zu rahmen, etwa mit Ellenbogenstupsern oder Fußkicks. Allerding bleibt so selbst die körperliche Kopräsenz in gewisser Weise distanziert und zumeist auf Worte beschränkt – Worte, die aber nicht immer ausreichend sind, um dieselbe Verbindlichkeit oder Gewissheit zu erzeugen. Institutionen sind, gerade in Umbruchsphasen, enorm wichtig. Man denke nur an den ersten Kuss oder Geschlechtsverkehr, womit nicht nur Gefühle und empfundene emotionale Verbundenheit ausgedrückt, sondern Beziehungen auch von der Kennenlernphase in die Bestandphase überführt werden können. Diese Übergangsriten helfen die Beziehungen zu festigen. Andere Institutionen, wie etwa die tröstende Umarmung, geben Sicherheit und Halt. Bleiben derlei »typische« Handlungen und Beziehungszeichen allerdings aus, verbleiben Menschen oder ihre Beziehungen potentiell »in der Schwebe« oder im »liminalen Zustand«. Problematisch ist es daher, wenn Institutionen nicht mehr funktionieren.

Entsprechende Herausforderungen zeigen sich gegenwärtig insbesondere in den Situationen des »In-Gesellschaft-Seins«. Was wir in Vor-Corona-Zeiten quasi automatisch getan haben, muss nun aktiv unterbunden oder verhindert werden. Nicht um unser Zusammentreffen mit anderen Menschen zu erleichtern und die Ressourcen der Interagierenden zu schonen, sondern um das »In-Gesellschaft-Sein« zu strukturieren, wurden Absperrbänder gespannt, Plexiglasscheiben errichtet oder Punkte und Kreise auf den Boden gemalt. So wurden die 1,5 Meter Abstandsregel und neue Formen der Interaktion materialisiert. Vieles davon erscheint uns zunehmend normal, manches ist bereits so institutionalisiert, dass wir – quasi automatisch – ohne Punkte, Kreise oder Absperrbänder Abstand halten und uns zumindest im Falle formaler oder loserer Beziehungen nicht nahekommen, etwa, wenn wir einkaufen, Schlange stehen oder entfernteren Bekannten auf der Straße begegnen.

Andere Institutionen hingegen sind schwerfälliger und träger. Das gilt besonders für jene, von denen wir annehmen, dass sie schon immer dagewesen sind wie etwa die romantische Liebe, die heterosexuelle Ehe oder auch die Vorstellung, dass Familien in einem Haushalt zusammenleben – Institutionen, die seit Jahrzehnten zwar von der gelebten Realität »Einzelner« in Frage gestellt werden, sich aber gesamtgesellschaftlich weiterhin hartnäckig halten. Scheidung, Polyamorie, Queere-Paare, Living-Apart-Together – all das gilt potentiell immer noch als »anders«, »anormal« oder »abweichend«.

Institutionen (in) der Krise

Der Wandel von Institutionen, das Agieren und Leben ohne oder jenseits von ihnen ist somit unterschiedlich wahrscheinlich, hat unterschiedliche Folgen und wird unterschiedlich bewertet. Auch die Konsequenzen variieren soziohistorisch und kontextuell. So geraten beispielsweise Institutionen in die Krise, wenn sich Abweichungen häufen. Aus manchen Kehlen hört man daher sogar einen trauernden Abgesang auf Ehe und Familie; skeptisch werden Paarbeziehungen ohne Trauschein oder gemeinsamen Haushalt beäugt, Konstellationen des familiären Patchworks, Regenbogen- und Ein-Eltern-Familien gelten als »exotisch«. Sie alle leben schließlich in vermeintlich nicht-institutionalisierten und daher ungeordneten Verhältnissen. Aus anderen Richtungen hört man ein Loblied auf die Freiheit, die fern der tradierten Formen von Ehe und Familie möglich ist – oder sein könnte, würde man nicht ständig mit dem »Anderssein« konfrontiert. Aus dieser Perspektive erscheinen die ausgerufene Krise der Ehe oder der Familie als Erosion traditioneller Vorstellungen, die beispielsweise aus der Missinterpretation statistischer Daten resultieren. So werden häufig Ein-Personen- mit Single-Haushalten gleichgesetzt und deren Anstieg wird als Beleg für die Bindungsunwilligkeit oder -unfähigkeit gelesen. Empirisch zeigt sich jedoch: Die Mehrheit der Menschen ist weiterhin zumindest mittelfristig in festen persönlichen Beziehungen mit anderen und lebt zufrieden – nur eben unter Umständen jenseits der eng gefassten Grenzen tradierter Institutionen (Döbler 2020b). Denn wir halten fast schon zwangsläufig an Institutionen fest oder streben danach, neue zu erschaffen, um – gerade auch den »neuen« – Alltag leichter handhabbar, sinnvoller und erträglicher zu machen. So wird in Zeiten der Pandemie die Routine des Treffens mit Freund:innen im Café durch wiederkehrende, private Videokonferenzen ersetzt. Wir verlagern die Rituale familiärer Geburtstagsfeste ins Virtuelle und versenden im Vorfeld nicht nur Einladungen, sondern auch Päckchen mit Sekt und Knabberzeug, um zusammen anzustoßen. Rollenwechsel zwischen Arbeitnehmer:in und Partner:in bzw. Trennungen von Beruf und Privatleben markieren wir nicht mehr durch das Pendeln, sondern beispielsweise durch das Ablegen der zoom- oder skypetauglichen Arbeitskleidung.

Gleichsam greifen korporative Akteure auf Institutionen zurück, erzeugen neue oder halten an »alt bewährten« fest. Mehr als deutlich wird auch das im pandemischen Kontext bei der Betrachtung von Familien und Ehen: Noch immer gelten heteronormative Kleinfamilien als Norm oder Normalität, sodass es Entscheidungsträger:innen offenbar naheliegend erscheint, (gesundheits-)politische Vorgaben daran zu orientieren. Treffen dürfen sich Mitglieder eines Haushalts, Ehepaare oder Menschen in einer eingetragenen Partnerschaft – Institutionen, die vor Corona für das alltägliche Ausleben des Paarseins vergleichsweise irrelevant sein konnten, stellen in Zeiten der Pandemie viele Menschen vor enorme Herausforderungen.

Beziehungen fern von Institutionen

Im Kontext der Pandemie spitzten sich die Konsequenzen des Lebens jenseits von Institutionen, d.h. für die »abweichenden« und »nicht traditionellen« Beziehungen zu. Herausfordernd, problematisch oder krisenhaft wurde es für Unverheiratete, Geschiedene, Menschen, die nicht mit Partner:in und Kindern zusammenlebten. »Vor Corona« konnte selbstbewusst auf die

Lebendigkeit der eigenen persönlichen Beziehungen hingewiesen werden und das Gleichsetzen von Haushalts- und Beziehungsgrenzen als verkürzt abgelehnt werden. Mit SARS-CoV-2 hielten jedoch umfassende Veränderungen in unser aller Leben Einzug. Im Privatleben betroffen sind erstens jene, die ihr Beziehungsleben gar nicht oder »falsch« institutionalisiert haben. Entsprechend mehrten sich im Frühjahr 2020 die Medienberichte über Paare, die sich an Zäunen in virussicherer Entfernung gegenüberstanden und sich nicht näherkommen durften, weil der Grenzübertritt nur mit »triftigem Grund« erlaubt wurde (Döbler 2020a). Die Bedeutung der Institution des Nationalstaates wurde damit selbst innerhalb des Schengenraums für viele greif- und spürbar – oder besser: verhinderte das wechselseitige Greifbar- und Spürbar-Werden von Partner:innen. Sie kamen sich nicht nah genug, um das »In-Beziehung-Sein« haptisch erleben zu können. Nach Protesten und der politischen Einsicht, dass das Zusammenkommen von Paaren ein begründeter Wunsch ist, besserte sich die Lage – zumindest etwas. Das Reisen zum »Knuffelkontakt« – wie im Flämischen jene Menschen heißen, die man umarmt, streichelt, kuschelt – wurde als hinreichende Basis für den kleinen Grenzverkehr eingestuft. Voraussetzung blieb jedoch, Grenzbeamt:innen und Grenzbehörden die Existenz der Beziehung glaubhaft machen zu können. Anders gesagt: Ohne Trauschein oder ohne gemeinsamen Wohnsitz blieben (und bleiben teils immer noch) die Schlagbäume unten, egal wie sehr man sich entblößt und Fremden Einblick in das Privatleben gewährt. Nicht nur bei jenen, deren Fotoalben, Briefe, Kontoauszüge und anderes als nicht hinreichende Belege für die Existenz einer Beziehung abgetan wurden, kam Frustration auf – und Ärger etwa über die Repräsentant:innen staatlicher Institutionen, mit denen sie es vor Ort, am Telefon oder via Mail zu tun bekamen. Betroffene ärgerten sich aber auch über sich selbst, weil sie die Institution der Ehe bisher als konservativ, altmodisch oder überflüssig betrachtet hatten. Manche wünschten sich, sie hätten vor einem Standesbeamten »Ja« gesagt. Die ungestillte Sehnsucht wurde nicht selten davon abgelöst, die Borniertheit der entscheidungstragenden Instanzen zu verfluchen, die neuerlich alles an traditionelle Institutionen knüpften. Aus Sicht jener Paare, die diese Institutionen vor der Pandemie abgelehnt oder schlicht nicht erwogen hatten, aber auch von jenen, die immer noch »alternativ« genannte Lebensformen propagieren, kam dies einem Rückschritt in die 1950er Jahre gleich. Dennoch zogen manche in Erwägung, nicht »trotz«, sondern »wegen« Corona zu heiraten. Da das allerdings erfordert, gleichzeitig am gleichen Ort zu sein, konnten auch derlei spontane Entschlüsse vielfach nicht realisiert werden – sind aber vielleicht geplant. Man weiß ja nicht, ob die nächste Welle der Pandemie »die« Gesellschaft nicht wieder zu vergleichbaren Schritten verleitet: Die Gesellschaft von – sich liebenden – Menschen durch die Beschränkung auf Ehepaare zu unterbinden. Etwas mehr Glück hatten jene, die zumindest die Sache mit dem gemeinsamen Haushalt oder Wohnsitz angehen konnten. Nach Grenzöffnungen oder der Aufhebung von Reisebeschränkungen ergriffen manche die Chance, zusammenzukommen und entschieden sich dafür, im wörtlichen, nicht nur metaphorischen Sinne, zusammen zu sein, zusammenzubleiben. Koffer oder gar Umzugskartons wurden gepackt. Zuvor auf Fern- oder Wochenendbeziehung oder Living-Apart-Together eingestellte und eingespielte Paare rückten zusammen. Das setzte jedoch die Möglichkeit voraus, eine gemeinsame Wohnung beziehen zu können und, dass die Berufstätigkeit auch *remote* erledigt werden konnte – Umstände, die nicht auf alle zutrafen. Diese blieben, trotz formal geöffneter Grenzen, angesichts erschwerter Reisemöglichkeiten und ihrer Lebensumstände räumlich getrennt und vielleicht dennoch als Paar zusammen. Aber die Coronakrise hat auch das Potential, Beziehungskrisen auszulösen – in physischer Kopräsenz genauso wie in physischer Nicht-Präsenz.

Beziehungskrisen und Krisen des Selbst

Unerwartete, ungeplante Nähe kann toxische oder entfremdende Wirkungen haben – genauso wie verlängerte, vergrößerte Distanz. Beides führt zu nicht-antizipierten Formen und Umfängen der Beziehungsarbeit. Empirische Einsichten legen nahe, dass insbesondere Erwartungsbrüche krisenhafte Erfahrungen verursachen oder Beziehungen gefährden können, d.h. wenn Abwesenheit genauso wie Anwesenheit zu lange oder zu kurz, zu selten oder zu häufig, zu umfassend oder zu wenig spürbar ist (Döbler 2020b). Verglichen mit Menschen, die keine oder nur stark eingeschränkte Chancen haben, in Gesellschaft anderer zu sein, um angenehme körperliche Nähe zu erleben, sind jene im Vorteil, die »woanders« Familie, Partner:in, Freund:innen haben. Für sie stehen Ersatz-Anwesenheiten zur Verfügung. Erfahrene Fernbeziehungspaare etwa haben Routinen für ihre Kommunikation auf Distanz etabliert, mit der sie den Raum überbrücken und aus der Ferne zusammenleben, etwa wenn sie zusammen »Skinnern«, d.h. via Skype ein Dinner einnehmen (ebd.: 235).

Anderes gilt für jene Menschen, die in der Coronapandemie unter der Abwesenheit von Gesellschaft leiden und deren körperliche wie geistige Gesundheit deshalb in Gefahr ist. Manche Senior:innen fühlen sich isoliert oder müssen sich als Großeltern von ihren (Enkel-)Kindern zum eigenen Schutz fernhalten und werden diesen fremd, weil die fehlende technische Infrastruktur, die Unvertrautheit mit Videotelefonie oder eingeschränkte Kompetenzen die Kommunikation verhindern.

Ähnlich bringt auch das Risiko des »In-Gesellschaft-Sein« das Lebensmodell der Serien-Dater ins Wanken, die keine dauerhaften Beziehungen haben und bislang vielleicht auch kein Interesse daran hatten. Ihnen wird genauso wie »Singles, auf der Suche nach etwas Ernstem« oder jenen, die vor Corona glücklich alleinstehend waren, die Absenz enger, persönlicher Bindungen bewusst. Aus »Alleinsein« wird nicht selten »Einsamsein«. Körperliche Kontakte schrumpfen auf ein Minimum, gar bis zur Nicht-Existenz. Der zeitweise sehr umfassende Einschluss in den eigenen vier Wänden reduziert die Chance, jemanden – wenn auch nur flüchtig – zu treffen und damit die Möglichkeit, jemanden kennenzulernen. Zu den kompensatorischen Strategien gehören neue Spielarten des Online-Datings, die sich auch in der Veränderung der Dating-Plattformen niederschlagen. Dort erfolgt nun nicht mehr nur die Anbahnung des Kontakts, sondern auch dessen Ausbau: Das Treffen im Café oder Club wird durch ein virtuelles ersetzt. Das erste Beschnuppern und Abtasten wird – zumindest vorerst – auf mediatisierbare Sinneseindrücke und Worte reduziert. Die Notwendigkeit der verbalen Kommunikation mag zu einer Neuausrichtung des Kennenlernens und zu veränderten Auswahlkriterien geführt haben oder noch führen – weg von Äußerlichkeiten hin zu Inhalten. Die langfristigen Effekte sind offen. Was wird aus den pragmatisch eingegangenen Coronabeziehungen, die vielleicht von vornherein jenseits des Irrglaubens der Perfektion, der Einzigartigkeit und Seelenverwandtschaft (Luhmann 2012) entstehen und damit vielleicht von vornherein Alltagstauglichkeit beweisen?

Der Typus des Serien-Daters scheint sich in zweierlei Hinsicht zu wandeln. Die einen wenden sich aufmerksamer der Episode zu und schreiben an deren Fortsetzung, ohne darüber nachzudenken, wie viele andere, vielleicht besser Passende, sonst noch da draußen, nur einen Klick weit entfernt, auf sie warten könnten. Die anderen beggnen statt vieler potentieller Intimpartner:innen wiederholt inexistenten Personen, Figuren aus Film, Funk und Fernsehen, die *on demand* nach Hause kommen. Fern der Übersetzung von Beziehungsarbeit ins Mediale, des Treffens und Kennenlernens ins Virtuelle, verfallen sie dem Binge-Watching. Dabei besteht die größte Gefahr darin, Formen von Gesellschaft zu verwechseln und das *Doing Couple* oder *Doing Relationship* mit realen Menschen (Jurczyk u.a. 2014; Döbler 2020b) zu Gunsten »parasozialer Interaktionen« zu vernachlässigen (Horton/Strauss 1957). Denn dieses, egal wie vertraute, ja institutionalisierte »Treffen mit Bekannten« aus dem Fernsehen liefert, wenn überhaupt, nur kleine Ausflüchte aus dem Alltag. Es bietet aber keinen Schutz vor Vereinsamung, kein Gegenmittel für die Gefahren der Einsamkeit und Kontaktarmut. Der Mensch ist ein soziales, auch haptisches Wesen. Wir brauchen die Berührung – Berührung durch andere. Angesichts der Absenz von Gesellschaft, mit sich selbst allein, wird sich mindestens mittelfristig zeigen, dass es an körperlicher Gesellschaft mangelt. Sie ist nur eine Zeit lang kompensier- und ersetzbar, ohne sowohl die eigene Integrität und das psychische Wohlbefinden zu riskieren, als auch eine Paarbeziehung und gemeinschaftlichen Zusammenhalt zu gefährden. Diese Gefahr sinkt jedoch, je weniger das Körperliche zählt und je mehr kommunikative Aspekte eine Rolle spielen. Das unterscheidet gemeinhin Paarbeziehungen von Freundschaft. Während letztere schon vor der Pandemie relativ gut über den Raum hinweg gepflegt werden konnten, wird physische Nähe vielfach im Kern romantisch-intimer Liaisons verortet (Luhmann 2012). Nichtsdestotrotz variiert, wie viel Körperlichkeit individuell erwartet und mit einer konkreten Beziehung verbunden wird (Döbler 2020b); je mehr Bedeutung physische Kopräsenz hat, desto schwerer fällt es, wenn diese nicht vorhanden ist.

All das legt nun nahe: Die Risikohaftigkeit der Gesellschaft potenziert sich. Nicht nur »die« Gesellschaft ist einem Risiko ausgesetzt. Nicht nur die Gesellschaft anderer stellt ein Risiko dar. Sondern die Abwesenheit »der« Gesellschaft bringt krisenhafte Zustände für Einzelne hervor, verursacht anomische Zustände im Zwischenmenschlichen und kann so zu neuen gesellschaftlichen Risiken führen. Die Coronakrise exponiert somit – vielleicht stärker als zuvor – auf verschiedenen Ebenen des Sozialen Krisen innerhalb von Institutionen, beweist gleichzeitig aber auch, wie wichtig Institutionen sind: Ohne die Institution Beziehung, ohne die Institutionalisierung der Beziehung erlebt man, wie klein und einsam die digital ach so vernetzte Welt werden kann. Die potentielle Vielzahl an wirklichen Begegnungen und Beziehungsoptionen schrumpft, wenn der Alltag primär in die eigenen vier Wände verlagert und auf offizielle Mitbewohner:innen limitiert wird. Gleichsam anstrengend ist es, sich zu treffen, wenn Institutionen wie Begrüßungsrituale und Interaktionsordnungen nicht mehr funktionieren.

Es wird zu prüfen sein, welche Institutionen das Risiko von Trennungen und Scheidungen erhöhen und welche es reduzieren. Mit der Zeit wird sich zeigen, wer und welche Beziehungen mehr oder weniger unbeschadet, ja vielleicht sogar gestärkt, aus dieser globalen Krise und aus den vielen kleinen, lokalen Krisen hervorgehen.

Literatur

Berger, Peter L./Kellner, Hansfried (1965): »Die Ehe und die Konstruktion der Wirklichkeit. Eine Abhandlung zur Mikrosoziologie des Wissens«, in: *Soziale Welt* 16, S. 220–235.

Berger, Peter L./Luckmann, Thomas (1967): *Die gesellschaftliche Konstruktion der Wirklichkeit. Eine Theorie der Wissenssoziologie*. Frankfurt a. M.: Fischer.

Döbler, Marie-Kristin (2020a): »A Kiss is Just a Kiss? (Im)Possibilities of Being Present«, in: *Inter* 12(4), S. 41–45.

Döbler, Marie-Kristin (2020b): *Nicht-Präsenz in Paarbeziehungen. Lieben und Leben auf Distanz*. Wiesbaden: VS Verlag.

Horton, Donald/Strauss, Anselm (1957): »Interaction in Audience-Participation Shows«, in: *American Journal of Sociology* 62(6), S. 579–587.

Jurczyk, Karin/Lange, Andreas/Thiessen, Barbara (Hg.) (2014): *Doing Family. Warum Familienleben heute nicht mehr selbstverständlich ist*. Weinheim/Basel: Beltz Juventa.

Luhmann, Niklas (2012): *Liebe als Passion. Zur Codierung von Intimität*. Frankfurt a. M.: Suhrkamp.

In der Schwebe

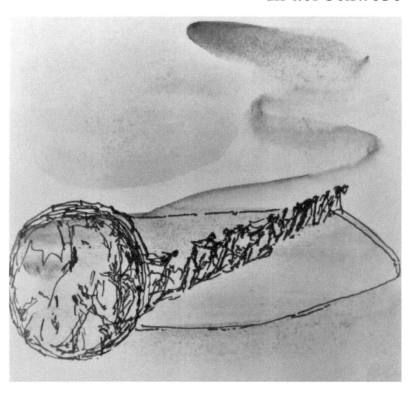

»Erstmal überleben.«

Nina Sökefeld

Emily ist 26 Jahre alt und wohnt in einer Großstadt in Norddeutschland. Bei unserem Skype-Gespräch sitzt sie am Küchenfenster in ihrer Einzimmerwohnung, die Aprilsonne scheint ihr ins Gesicht. Obwohl erst Mittag ist, hat sie bereits eine Schicht im Supermarkt hinter sich, wo sie seit Kurzem in der Warenverräumung arbeitet. »Eigentlich schon so ein bisschen mein Traumjob, aufräumen, Sachen ordentlich machen und so«, sagt sie lachend zu Beginn des Interviews. Emily lacht häufig während unseres Gesprächs, selbst wenn sie über Dinge spricht, die sie belasten. Noch vor wenigen Wochen ahnte sie nichts von ihrer jetzigen Anstellung im Supermarkt. Ihre Pläne für dieses Jahr sahen ganz anders aus, doch wie bei vielen hat die Pandemie alles ziemlich durcheinandergebracht.

Anfang März 2020 reicht Emily ihre Masterarbeit ein, kurz darauf soll die mündliche Prüfung stattfinden, mit der ihr Germanistikstudium abgeschlossen wäre. Doch dann beginnt der Lockdown, der eine Durchführung der Prüfung unter normalen Bedingungen bis auf Weiteres unmöglich macht. Das Angebot, sich per Videokonferenz prüfen zu lassen, lehnt Emily zunächst ab, denn sie ist fest davon überzeugt, dass die Situation sich schon bald wieder normalisieren wird. Bis dahin kann sie die Zeit gut nutzen, um in Ruhe für die Prüfung zu lernen, denkt sie. Neben dem Studium arbeitet sie außerdem als Werkstudentin in einer Marketingfirma. Ihr Vertrag läuft zwar nur noch bis Ende März, ihr ist aber bereits eine Verlängerung um drei Monate zugesichert worden. So will sie sich Zeit verschaffen, um eine feste Stelle für das kommende Jahr zu suchen und damit das nötige Geld für ein zweites Masterstudium im Ausland verdienen.

Zu Beginn des Lockdowns weist die Firmenzentrale alle Mitarbeitenden an, vorerst im Homeoffice zu arbeiten. Emily überlegt kurz, zu ihrer Familie nach Berlin zu fahren, um nicht dauerhaft allein in ihrer Wohnung zu sein. Allerdings sind ihre drei jüngeren Geschwister jetzt, da die Schulen geschlossen sind, ständig zu Hause und in der Wohnung der Eltern gibt es kaum räumliche Ausweichmöglichkeiten. Das würde das konzentrierte Arbeiten,

vor allem aber das Lernen für die Prüfung erschweren. Emily beschließt also, nicht zu fahren. Trotz der Einschränkungen und der Verschiebung ihrer Prüfung denkt sie sich zu diesem Zeitpunkt noch: »Easy-peasy, ich habe einen Job, ich hab zu tun, das wird jetzt nicht so schlimm.«
Die Lage ändert sich jedoch drastisch, als ihr, mit Verweis auf die aktuelle wirtschaftliche Ungewissheit, die zugesicherte Vertragsverlängerung von der Marketingfirma abgesagt wird. Aus unternehmerischer Sicht kann Emily das sogar verstehen; doch steht sie nun plötzlich ohne jedes Einkommen da. Seit sie im letzten Semester die Regelstudienzeit überschritten hat, kann sie kein BAföG mehr beziehen und ist darauf angewiesen, sich vollständig selbst zu finanzieren. Zumindest Emilys Entscheidung, nicht zu ihren Eltern nach Berlin zu fahren, hat sich damit als richtig erwiesen: Schließlich muss sie sich so schnell wie möglich vor Ort um einen neuen Job kümmern. Angesichts der Umstände erscheint es ihr jedoch aussichtslos, kurzfristig etwas Vergleichbares zu ihrer gut bezahlten Stelle als Werkstudentin zu finden. Die Gastronomie ist jetzt, da Cafés und Restaurants größtenteils geschlossen sind, ebenfalls keine Option. Auch ihre Eltern will Emily auf keinen Fall um Geld bitten. Sie führen einen vietnamesischen Imbiss, der zwar nach wie vor mit Gerichten zum Mitnehmen geöffnet ist, doch im Moment gibt es kaum Kundschaft. Ihre Eltern müssen deshalb die Öffnungszeiten verkürzen. Da der Imbiss ihre einzige Einnahmequelle ist, ist die wirtschaftliche Situation der Familie schwierig. Die Mutter hält das Geschäft jetzt alleine am Laufen, während sich der Vater tagsüber um die jüngeren Geschwister, die noch im Grundschulalter sind, kümmert. Schon vor Ausbruch der Pandemie konnten ihre Eltern Emily kaum finanziell unterstützen, »und jetzt eben erst recht nicht«, ist sie sich sicher. Zusätzlich zu der ohnehin belastenden Situation, eine Pandemie zu erleben und soziale Kontakte für unbestimmte Zeit aufgeben zu müssen, sieht sie sich also von einem Tag auf den anderen mit einer überwältigenden finanziellen Unsicherheit konfrontiert. Wovon soll sie nur im nächsten Monat leben? Sie bekommt ein unangenehmes Herzrasen, das immer wiederkehrt und manchmal stundenlang anhält.

Eine erste Lösung für Emilys prekäre Situation ist der nahegelegene Supermarkt, bei dem sie sich bewirbt. Schon nach zwei Tagen wird sie zum Vorstellungsgespräch eingeladen, bekommt auch gleich eine Zusage für eine Anstellung als Kassiererin und beginnt kurz darauf, in der letzten Märzwoche, ihre Tätigkeit. Erst einmal ist sie erleichtert, überhaupt etwas gefunden zu haben. Schnell realisiert sie aber, wie gesundheitsgefährdend diese Tätigkeit wirklich ist: Nicht nur der Kasse kommt sie mit vielen anderen Leu-

ten in Kontakt, auch im Pausenraum und beim Kassenabschluss sitzen alle dicht nebeneinander – essend oder Geld zählend. »Da dachte ich, das kann und will ich jetzt in dieser Situation nicht machen.«
Obwohl Emily sich selbst nicht im engeren Sinn zur Coronarisikogruppe zählt, fürchtet sie sich aufgrund zweier ziemlich langwieriger Bronchitiserkrankungen im letzten Jahr dennoch davor, anfälliger für das Coronavirus zu sein. Insbesondere die zu dieser Zeit häufig in den Medien thematisierten schweren Verläufe, auch bei Personen in ihrem Alter, machen ihr Angst. Bisher hatte sie gedacht, als junge und gesunde Person gute Chancen zu haben, eine Infektion problemlos zu überstehen, aber als ihr angesichts des engen Kontakts zu den zahlreichen Menschen bei der Arbeit die Bronchitis wieder einfällt, bekommt sie ein mulmiges Gefühl. Zusätzlich ist da noch das Herzrasen, das sie zwar als stressbedingte, psychosomatische Reaktion auf die Umstände einordnet, das aber dennoch eine dauerhafte körperliche Belastung für sie darstellt. Am Abend des ersten Arbeitstages telefoniert Emily mit ihrer Mutter und einer Freundin, um die Lage für sich zu sortieren. Es ist eine Abwägung zwischen Gesundheit und vorläufiger finanzieller Sicherheit: Will sie das Risiko einer Infektion und damit vielleicht einer schweren Krankheit eingehen, um ihren Lebensunterhalt zu sichern? Oder soll sie die Arbeit im Supermarkt – die kurzfristig vielleicht einzige Lösung ihrer finanziellen Notlage – wieder aufgeben, um ihr körperliches und psychisches Wohlergehen zu schützen? Die Entscheidung fällt ihr nicht leicht, doch letztendlich erscheint ihr das gesundheitliche Risiko einfach zu hoch. Auch ihre Mutter findet die Tätigkeit unter den aktuellen Umständen zu gefährlich, »und Mütter haben ja meistens recht«, fügt Emily hinzu. So entschließt sie sich, im Supermarkt direkt am nächsten Tag wieder zu kündigen.

Ihr graut es zwar vor dem Gespräch mit der Geschäftsleitung, es ist ihr unangenehm, den gerade angenommenen Job schon nach einem Tag wieder aufgeben zu wollen. Zu ihrer Überraschung zeigt die Leiterin des Supermarktes jedoch viel Verständnis für ihre Bedenken. Es sei gut, dass Emily als Außenstehende den fehlenden Sicherheitsabstand im Pausenraum und beim Auszählen der Kassen bemerkt habe. Die Enge falle den anderen Beschäftigten, die seit Jahren in dem Markt arbeiten, kaum mehr auf. Statt an der Kasse zu sitzen, bekommt Emily daraufhin die Möglichkeit angeboten, in die Warenverräumung zu wechseln. Morgens ist noch nicht viel Kundschaft im Geschäft und durch die kürzeren Schichten fällt die Pause weg, die sie auf engem Raum mit Kolleginnen verbringen müsste. Auch beim Auszählen der Kassen ist sie nicht mehr dabei. So ist das Ganze für sie »machbar«; sie nimmt das Angebot an.

Seitdem füllt sie nun also Supermarktregale auf, fünfmal die Woche, jeweils morgens von sechs bis elf Uhr. Klar, die Arbeit ist ganz anders als ihr vorheriger Job als Werksstudentin. Emily verdient weniger und ist zeitlich nicht mehr so flexibel. Außerdem ist die Tätigkeit körperlich anstrengend, in der ersten Woche bekommt Emily vom Aufreißen der Kartonagen Schwielen an den Händen. Doch die Zeit vergeht schnell und es gibt immer etwas zu tun. Der Kundenkontakt beschränkt sich auf gelegentliche Nachfragen, wo bestimmte Waren zu finden sind, dabei sind alle vorsichtig und halten den Sicherheitsabstand ein. Ein heikles Thema ist bloß das Toilettenpapier, das bereits seit zwei Wochen nicht nachgeliefert wurde. Das Regal, in dem normalerweise auch Küchenrolle und Taschentücher zu finden sind, ist komplett leer, »nur ganz hinten gibt es noch ein paar Feuchttücher«. Nicht selten sind Kunden verärgert darüber, aber sie machen Emily nicht persönlich für die fehlenden Produkte verantwortlich, darum lässt sich der Unmut aushalten. Die meisten Kund:innen sind dagegen sehr freundlich, viele grüßen höflich, wenn sie ihr in den Gängen begegnen. Emily vermutet einen Zusammenhang zwischen dieser Freundlichkeit und der allgemeinen Wertschätzung, die das Supermarktpersonal momentan als systemrelevante Berufsgruppe erfährt, etwa durch den abendlichen Applaus von Fenstern und Balkonen. Trotzdem spielt die gesteigerte Aufmerksamkeit für sie persönlich eine geringe Rolle. Sicherlich ist ihre Tätigkeit gesellschaftlich notwendig, »aber ich denke mir jetzt nicht ständig: Wow, toll Emily, was du da machst«, erklärt sie.

Inzwischen hat Emily sich an die neue Tagesstruktur gewöhnt. Wenn sie mittags nach ihrer Schicht nach Hause kommt, macht sie Yoga, schläft ein bisschen, duscht und lernt anschließend für ihre Abschlussprüfung. Sie hat sich mittlerweile entschieden, die Prüfung virtuell zu machen, um das Ende ihres Studiums nicht noch weiter zu verzögern. Das anhaltend gute Wetter hilft ihr dabei, mit der Situation zurechtzukommen. Wenn die Sonne scheint, lernt sie in dem kleinen Gemeinschaftsgarten, der hinter dem Haus liegt. Dort sitzt – mit einigem Abstand – auch manchmal eine Nachbarin, die sich sonnt und liest. Ansonsten hält Emily nur virtuell oder telefonisch privaten Kontakt zu anderen. WhatsApp, FaceTime, Skype, all das benutzt sie jeden Tag, vor allem, um sich mit Freund:innen auszutauschen, die sie normalerweise im Alltag persönlich trifft. Inzwischen befürchtet sie fast, sich zu sehr daran gewöhnt zu haben, alle nur noch über den Bildschirm zu sehen.

Geht Emily nach der Arbeit mal spazieren, achtet sie streng darauf, den Abstand zu anderen, die ihr begegnen, einzuhalten. Die Maßnahmen der Regierung findet sie grundsätzlich gut, gerade die Kontaktbeschränkungen hält sie aber für sehr locker. Leute, die die Maßnahmen als Freiheitsberaubung bezeichnen und ein Ende der Beschränkungen fordern, ärgern sie: »Wir wollen das jetzt einfach mal in den Griff kriegen, jetzt verzichte doch einfach mal ein paar Wochen auf deine Privilegien, du hast ein Dach über dem Kopf, du hast deine Familie.« Sie versteht nicht, weshalb Leute das nicht einsehen wollen und trotzdem jeden Tag vor die Tür und einkaufen gehen, sogar in ihrem Freundeskreis bekommt sie das mit. Ganz besonders regt sie sich über das geringe Verständnis für den Grundgedanken der geltenden Beschränkungen auf. Die Einhaltung der Vorgaben ist für Emily keine Frage des Erlaubt- oder Verboten-Seins, für sie geht es ganz klar darum, »was jetzt gerade schlau ist«; um »gesunden Menschenverstand«. In vielen nichteuropäischen Ländern sind die Maßnahmen schließlich deutlich strenger, und klar, jede Strategie hat Vor- und Nachteile. Aber wenn sich wirklich alle zwei Wochen lang daran halten würden, nicht rauszugehen, würde sich die Lage schon ganz anders darstellen, glaubt sie. Dieses Verständnis vermisst sie bei vielen in ihrem Umfeld.

Ansonsten versucht Emily im Moment, nicht über die Zukunft nachzudenken. Ihr Studium zu beenden und zu planen, wie es weitergeht, war schon vor der Pandemie beängstigend genug. Eigentlich hatte sie vor, sich in den kommenden Monaten um Stipendien für einen weiteren Master im Ausland zu bewerben. Zwar hofft sie immer noch, dieses Studium 2021 antreten zu können, aber wie die Zeit bis dahin aussieht, ist vollkommen offen. Wer weiß schon, wie sich die Pandemie entwickelt, wie die Lage auf dem Arbeitsmarkt dann aussieht und ob Corona im nächsten Jahr nicht immer noch eine Rolle spielen wird. Das Wichtigste ist für sie erstmal, irgendeinen Job zu haben und Geld zu verdienen. »Erstmal überleben«, so fasst Emily ihre Ziele für die nächsten Monate zusammen. Alles Weitere ist in den Hintergrund gerückt.

Interview: Nina Sökefeld, 07. April 2020

»Also was sich geändert hat sind die Schutzmaßnahmen [...], aber sonst ist alles normal.«

Ruth Manstetten

Der Supermarkt, einst Sinnbild des Alltäglichen, avanciert im März 2020 zu einem emotionalen Symbol der Pandemie. Während Schulen, Restaurants und Betriebe weitestgehend schließen, bleiben Supermärkte geöffnet. Sie werden nun als potentielle Virenschleudern gefürchtet und als Versorger in der Krise gefeiert. Kassierer:innen werden zu Held:innen erklärt. Menschen, die jahrelang ohne jegliche Anerkennung Regale eingeräumt haben, befinden sich nun laut Medien an der »Front« einer globalen Pandemie. Sogar die Bundeskanzlerin bezeichnet in ihrer Fernsehansprache am 18. März 2020 die Arbeit im Supermarkt als »einen der schwersten Jobs, den es zurzeit gibt«. Zugleich wird der Supermarkt in diesem Stadium der Coronakrise zum Austragungsort moralischer Kämpfe, spaltet Kund:innen in Menschen, die Klopapier hamstern und bescheidene Danke-Sager:innen in Leute, die Abstände einhalten und welche, die nicht in ihre Armbeuge husten. Wer in diesen Zeiten einkaufen geht, dem hängt fast etwas Wagemutiges an, setzt man sich doch der unsichtbaren Gefahr von Viren aus, wenn man sich unter Kund:innen mischt oder Waren anfasst. In den sozialen Medien wird sichtbar, wie stark das Bedürfnis ist, die Erfahrungen im Supermarkt zu dokumentieren und damit Zeugnis über den Ausnahmezustand abzulegen.

Ich frage mich, was Menschen darüber denken, die selbst in einem Supermarkt arbeiten. Wie nehmen sie die Coronapandemie und ihren eigenen Job wahr? Ich vereinbare einen Interviewtermin mit Sara, die als Kassiererin bei einer regionalen Supermarktkette arbeitet. Der Kontakt kommt durch ihre Mitbewohnerin zustande, die ich gut kenne. Sara ist Ende 20 und vor knapp neun Monaten von Jordanien für ihr Psychologiestudium nach Deutschland gezogen. Gerade hat sie das erste Semester an einer deutschen Universität hinter sich gebracht. Auf den Job an der Kasse ist sie angewiesen, um sich ihr Studium und Leben zu finanzieren. Sara wohnt in einer Wohngemeinschaft mit fünf Personen in einer Universitätsstadt in Bayern, dem Bundesland, in dem zu dieser Zeit die strengsten Coronamaßnahmen herrschen. Dort darf man nur noch aus »triftigen Gründen« das Haus verlassen, Treffen mit Personen anderer Haushalte sind verboten. Wir verabreden uns für den Morgen des 1. April auf Skype. Saras freundliches Lächeln verschwimmt auf meinem Bildschirm immer wieder, die Internetverbindung schwächelt. Wir deaktivieren die Kameras und beschließen, uns auf den Ton zu beschränken.

Sara kommt direkt auf ihre Arbeit im Supermarkt zu sprechen. Sie erzählt, dass dort über eine längere Zeit hinweg alles »ganz normal« weitergelaufen sei, als das Virus sich schon längst in Deutschland verbreitete. In ihrer Filiale wurden zunächst keinerlei Schutzmaßnahmen getroffen, ihr Ton klingt anklagend, als sie sagt, dass »nichts, gar nichts gemacht wurde«. Als Kassiererin habe sie in ihren Schichten Kontakt zu hunderten Kund:innen, die Situation sei beängstigend. Sara sorgt sich jedoch – wie sie mehrmals betont – nicht um ihre eigene Gesundheit. Vielmehr belastet sie das Gefühl, durch ihren Job potentiell eine Gefahr für andere darzustellen. Vor dem Lockdown plante sie noch, über die Semesterferien »nach Hause« – nach Jordanien – zu fliegen, um ihre Eltern und Freund:innen zu besuchen. Dort habe es zu dieser Zeit noch keine bestätigten Fälle gegeben. Ihre größte Sorge zu diesem Zeitpunkt ist, das Virus nach Jordanien bringen zu können. Sie wollte nicht diejenige sein, die für einen Coronaausbruch in ihrem Heimatland verantwortlich ist, hatte Angst, ihre Familie und Freund:innen anstecken zu können. Sie erzählt, dass ihre Mutter und ihr Neffe zur Risikogruppe zählen: »Dieses Risiko wollte ich auf keinen Fall eingehen.«

Sara sucht nach Wegen, um dem Risiko vorzubeugen, um die Gefahr, die von ihr ausgeht, so gering wie möglich zu halten. Gleichzeitig ist ihr bewusst, dass das Virus einem Glücksspiel gleicht. »Wie Lotto«, sagt sie, »die einen kriegen es und die anderen nicht«. Trotzdem glaubt sie, dass es hilft, »sehr gut aufzupassen«. Daher machte sie sich schon Gedanken um Schutzmaßnahmen in ihrer Supermarktfiliale, als ein Lockdown noch gar nicht debattiert wurde. Sie war die erste, die nach Desinfektionsmittel an der Kasse verlangte. Es dauerte eine Weile, bis sie mit ihrem Wunsch ernstgenommen wurde. Am Ende dankten die Kolleg:innen ihr für ihren Einsatz, plötzlich benutzten alle das Desinfektionsmittel. Erst nach und nach wurden weitere Schutzmaßnahmen getroffen: Es folgten Abstandmarkierungen auf dem Boden, Handschuhe für die Kassierer:innen und schließlich Plexiglasplatten vor den Kassen. Sara kritisiert, wie lange dieser Prozess gedauert habe, wie alles Schritt für Schritt lief, während sie weiterhin Wechselgeld anfassen musste und hustende Kund:innen bediente. Ihre Einflussmöglichkeiten, sich selbst »ungefährlich« zu machen, bleiben gering. Die Arbeit von Menschen wie Sara erhält ihren heldinnenhaften Anstrich auch durch das hohe Risiko, dem sie sich unfreiwillig aussetzen müssen. Ein Risiko, das nach Saras Ansicht zumindest reduzierbar ist.

Mit ihrer Sorge, das Virus nach Jordanien einschleppen zu können, ist Sara nicht allein. Kurz bevor sie ausreisen möchte, beschließen auch die Regierungen, dass das Risiko zu hoch ist: Die Grenzen werden dichtgemacht, Flüge storniert. Sara muss in Deutschland bleiben. Ihre Stimme zittert, als sie erzählt, wie enttäuschend das für sie war. »Aber was es leichter macht, ist, dass es nicht persönlich ist«, fügt sie hinzu. Sie wisse, dass viele Menschen gerade ihre Pläne wegen des Coronavirus ändern müssen. Dennoch bricht damit eine schwierige Zeit für sie an, der Urlaub in Jordanien war auch geplant, da sie »ein bisschen Pause von hier« brauchte, sich »mal ablenken, neue Energie tanken« wollte. Das Leben in Deutschland ist für Sara zu diesem Zeitpunkt nicht einfach. Sie erzählt: »Also die Sache ist, wenn du niemanden hier kennst außer deinen Mitbewohnern und ein paar Leute von der Uni und der Arbeit, und die auch nicht deine Sprache sprechen, ja, das ist ein bisschen schwer.«

Durch den Lockdown schrumpft der ohnehin noch kleine Kosmos, den sich Sara bis dahin aufgebaut hat, weiter zusammen. Plötzlich ist ihr Leben bis auf ein paar Spaziergänge und Joggingrunden hauptsächlich auf ihre Wohngemeinschaft und ihre Arbeit im Supermarkt beschränkt. Sara lebt mit ihren Mitbewohner:innen in einem großzügigen Altbau mit hohen Decken und einem sonnigen Balkon. Dennoch empfindet sie eine gewisse Enge. Sie bewohnt das kleinste Zimmer der hellhörigen Wohnung, das schlauchförmig zwischen zwei anderen platziert ist.

Als ich frage, wie Sara nun ihren Alltag gestaltet, reagiert sie mit einem langgezogenen »woah ok«, als sei das eine schwierige Frage. Sie schaue Serien, mache ein bisschen Sport und gehe manchmal mit ihren Mitbewohner:innen Eis essen oder spazieren, erzählt sie schließlich. Eis essen sei sogar in Bayern noch erlaubt, da es sich dabei um Lebensmittelkonsum handle. Ansonsten verschwinde mit den strengen Beschränkungen aber auch das Treiben auf den Straßen ihres Viertels und die Freude an den Spaziergängen. »Wir können zwar rausgehen, aber es ist kein normales Leben mehr. Es ist keine lebendige Stadt mehr.« Außerdem versucht Sara derzeit für ihr Studium zu lernen. Sie gerät ins Stocken, es hört sich so an, als ringe sie mit sich selbst, ob sie dieses Thema vertiefen möchte. Schließlich berichtet sie von Schwierigkeiten in ihrem ersten Semester an einer deutschen Universität. Mit einem verschämten Kichern erzählt sie, dass sie durch die letzte Klausur gefallen ist. Eine große Unzufriedenheit mit sich selbst klingt an. Sara erzählt, dass sie die Zeit des Lockdowns jetzt eigentlich nutzen wollte, um all den Stoff nachzuholen, mit dem sie sich schwertut, »aber es klappt einfach nicht. Ich bin unmotiviert«. Zuvor hat sie immer in der Bibliothek gearbeitet, da sie die ruhige und konzentrierte Atmosphäre unter den vielen lernenden Menschen mochte. Jetzt sind die Bibliotheken geschlossen. Sara ist »sauer« auf sich selbst, da ihr das Lernen zu Hause so schwerfällt. Am Ende hänge sie in ihrem Zimmer rum und könne sich zu nichts aufraffen. In ihren zögerlichen Ausführungen, die sich irgendwo zwischen Wut, Scham und Resignation bewegen, schwingt für mich mit, dass Sara ein sehr ambitionierter Mensch ist, dass mit dem Studium in Deutschland große Erwartungen an sich selbst verbunden sind. Mit dem Lockdown scheint die Angst vor dem Scheitern und die Flucht in die Prokrastination zuzunehmen. Dabei befindet sich Sara in einer Situation, in der vollkommen unklar ist, wann und in welcher Form der Universitätsbetrieb wieder aufgenommen wird. Sie weiß nicht, wann sie die verpatzte Klausur überhaupt nachholen kann.

Mit der temporären Schließung der Universitätseinrichtungen und der Absage von Präsenzveranstaltungen fällt für Sara auch ein zentraler Ort ihres Soziallebens weg. Die Sozialkontakte, die sie über die letzten Monate dort geknüpft hat, verflüchtigen sich unter den Bedingungen des Lockdowns. Saras Leben fühlt sich leer und planlos an. Sie erzählt: »Ich habe Angst davor, gelangweilt zu sein und dass die Langeweile zu Depressionen führt. Besonders, wenn all das lange dauert, dann keine Ahnung.«

Allerdings hilft ihr der Job im Supermarkt gegen das Nichtstun, gegen die bedrückende Enge in ihrem Zimmer. Dort herrscht »eine andere Atmosphäre«, dort macht sie etwas, sieht Leute und es ist irgendwie »ganz normal«. Während die Menschen um sie herum Supermärkte in Pandemiezeiten als immer außergewöhnlicher wahrnehmen, ist für Sara ihre Filiale ein Ort, an dem in Krisenzeiten ein Stück Normalität bewahrt bleibt. »Also ich finde die Situation ganz normal. Also was sich geändert hat, sind die Schutzmaßnahmen, der Abstand, diese Plastikdinge an der Kasse, dass Leute mehr mit Karte zahlen und dass die Regale ein bisschen leerer sind. Aber sonst ist alles normal.« Diese Normalität, mit der sie zu ihren Schichten geht und ihre Arbeit macht, rettet sie ein Stückweit durch eine Zeit, in der die Tage in ihrem Zimmer zu einer undefinierbaren Masse verschwimmen und sie sich vor Depressionen fürchtet. Sara tut es gut, mit der Arbeit einen Grund zu haben, das Haus zu verlassen und unter Menschen zu kommen. Sie vermutet, dass auch viele ihrer Kund:innen den Gang zum Supermarkt als eine »Ausrede« nutzen, um wenigstens einmal am Tag ein Gespräch zu führen. Besonders bei den vielen älteren Stammkund:innen ihrer Filiale beobachtet sie dieses Verhalten.

Mir erscheint Saras Erzählung von einer paradoxen Gleichzeitigkeit durchzogen zu sein: Einerseits betont sie die Gefahren, die mit ihrer Arbeit verbunden sind, weiß um das hohe Infektionsrisiko, dem sie sich aussetzt. Andererseits betont sie, dass sie gerade gerne zur Arbeit geht, ist froh um die Normalität. Vielleicht ist ihre Fokussierung auf das Normale in diesen Zeiten eine Form mit dem Außergewöhnlichen und Gefährlichen umzugehen, das Bekannte im Unbekannten zu suchen. Ich frage Sara, wie denn so die Stimmung bei den anderen im Team ist, möchte ihre Normalitätserzählung irgendwie herausfordern. Aber Sara antwortet nur trocken: »Ganz gut, also keine Ahnung« und drängt mich mit ihrem Schweigen dazu, mit der nächsten Frage herauszurücken. Ich spiele auf den Diskurs zur Systemrelevanz ihrer Arbeit an und frage, was sie davon hält. Sie stimmt zwar der vorherrschenden Deutung zu, dass ihre Tätigkeit gerade in Pandemiezeiten wichtig ist, denn »ohne die Leute, die im Supermarkt arbeiten, kann ja niemand einkaufen. Und die Leute brauchen ja Essen und Lebensmittel«. Als Heldin sieht sie sich jedoch nicht.

Trotz all der Normalität, die Sara wahrnimmt, beobachtet auch sie das Verhalten der Kund:innen seit der Pandemie ein wenig genauer. Sie zeigt sich lachend »ganz begeistert« von den Leuten, »die echt alt« sind und nun begonnen hätten mit Karte zu bezahlen. Sie glaubt, dass diese das Virus ernster nehmen, da sie in der Risikogruppe sind und wertet ihr Verhalten als moralisch gut auf. Im Gegensatz dazu fällt ihr auf, dass viele junge Leute, die den Umgang mit Kartenzahlung doch eigentlich gewohnter sein müssen, »trotzdem oft nur mit Bargeld zahlen, entgegen der Empfehlungen«. Dieses Verhalten findet sie rücksichtslos und egoistisch. Sie vermutet, dass junge Leute davon ausgingen, ein starkes Immunsystem zu haben und sich daher weniger Gedanken machen. Als Sara davon erzählt, kommt erneut ihre Sorge zum Vorschein, ein Risiko für andere darzustellen. Jetzt, wo sie die Reise absagen musste, sorgt sie sich nicht mehr darum, das Virus nach Jordanien zu bringen, sondern die älteren Menschen im Supermarkt anzustecken: »Als Kassiererin kann ich das Virus an viele Menschen verteilen und deshalb finde ich so ein Verhalten rücksichtlos. Nicht für mich, aber für die anderen, die ich gefährden könnte.«

Die Coronabeschränkungen haben zwar Saras individuelle Pläne zerstört, nach Jordanien zu reisen, aber dennoch unterstützt sie die politischen Maßnahmen. Obwohl die Regelungen in Bayern im Bundesvergleich recht streng sind, wünscht sie sich ein noch härteres Durchgreifen. Die Zahlen stiegen weiterhin zu stark. Sie zieht zum Vergleich Jordanien heran. Dort gebe es ab 18 Uhr Ausgangssperren, strengere Regelungen für Einkäufe, mehr Quarantäneverordnungen und Festnahmen, wenn die Leute sich nicht an die Regeln halten. Das findet Sara gut, besonders da die Zahlen zum Zeitpunkt unseres Telefonats nun auch in Jordanien steigen. Sie sagt, dass sie »ganz begeistert« von ihrer Regierung ist, da diese das Virus so ernst nimmt und zugleich transparent handelt. Das kenne sie gar nicht von ihrer Regierung, bemerkt sie lachend. Auch Saras Familie und ihr Freundeskreis in Jordanien sind mit dem Handeln der Regierung zufrieden, sie würden sich nur sehr langweilen, »wie alle Menschen gerade.«

Für Sara hat der strenge Lockdown in Jordanien und die Langeweile ihrer Freund:innen den Vorteil, dass sie nun umso öfter mit ihnen skypen und chatten kann. Manchmal verbringt sie Stunden vor ihrem Laptop in ihrem Zimmer und nimmt an Online-Spieleabenden teil. Die Art, wie Sara über Jordanien spricht, lässt keinen Zweifel daran, dass sie dort ihr richtiges »Zuhause«, ihre »Heimat« verortet. Es sei schön, dass sie die Leute zumindest oft online sehen könne, statt sie physisch zu treffen. Ihr Laptop ist in diesen Momenten wie ein Fenster zu ihrem »ersten Leben«, wie sie es ausdrückt. Dennoch ersetze das nicht ihren geplanten Aufenthalt zu Hause, der eine Pause von ihrem zweiten Leben in Deutschland sein sollte. »Ich wollte einfach irgendwie etwas Positives aus meinem Heimatland mit zurücknehmen. Also ich habe zwar Ziele und Pläne und bin kein Kind mehr, aber manchmal braucht man davon mal Urlaub.« Doch wann ein solcher Urlaub für sie möglich sein wird, weiß Sara nicht. »Niemand weiß, bis wann all das so bleibt und das macht es echt schwer.«

Ganz am Ende unseres Gesprächs nimmt Sara eine Vogelperspektive ein, zoomt aus ihrer persönlichen Situation heraus, betrachtet die Coronapandemie aus der Ferne. Erneut findet sie normalisierende Worte für etwas, das zu diesem Zeitpunkt im öffentlichen Diskurs seit Wochen skandalisiert, als »Ausnahmezustand« oder »größte Krise der Nachkriegszeit« bezeichnet wird. Sara setzt dem entgegen: »Also ich finde es ganz normal, dass es in Zeiten wie unseren solche Krankheiten gibt, es ist ganz normal, dass in unserem Leben ab und zu so ein Virus auftaucht.« Wichtig sei nur, dass bald entsprechende Medikamente entwickelt werden. Und dann wirft sie noch hinterher: »Auch, dass Leute sterben, ist ganz normal. Es ist sehr schade, aber es ist ganz normal.« Mit diesen letzten Sätzen des Interviews bestätigt sich für mich der Eindruck, dass Saras zentrale Umgangsweise mit der Pandemie eine Umdeutung von Normalität ist. Die Pandemie lässt viele Menschen spüren, wie fragil ihr Verständnis von Normalität ist. Sara lässt diese Erschütterung der Normalitätskategorien nicht zu. Stattdessen definiert sie das Neue, das, was jetzt der Fall ist, als das Normale. Eine Strategie, die es ihr vielleicht einfacher macht, die Dinge so zu erdulden, wie sie sind. Das Normale ist kein Grund für Aufregung oder Panik. Das Normale erfordert auch keine Heldinnentaten im Supermarkt, sondern einfach Menschen, die verantwortungsbewusst ihren Job machen – so wie Sara.

Interview: Ruth Manstetten, 01. April 2020

»Man opfert halt so viel für etwas, wo man noch nicht weiß, ob es das wert ist.«

Elisabeth Boßerhoff

Lina ist 19 Jahre alt und lebt mit ihrem jüngeren Bruder, ihren Eltern, einem Hund und einer Schildkröte in einer kleinen Gemeinde im Westen Deutschlands. Die Familie wohnt dort in einem Haus mit Garten; Lina hat ein eigenes Zimmer mit Balkon. Im Januar hatte sie ihre schriftlichen Abiturprüfungen und im März die mündlichen. Im Vergleich zur stressigen Abiturphase empfindet sie die Ausgangsbeschränkungen als »ganz entspannt«. Sie selbst verbringt die Zeit jetzt vor allem mit dem Hund und erkundet Wanderwege in der Region oder kocht für die ganze Familie. Trotz Entspannung, ausgedehnter Hundespaziergänge und Familienverköstigungen langweilt sich Lina aber auch sehr, schließlich kann man nicht den ganzen Tag fernsehen und irgendwann hat »man auch alles aufgeräumt, was man aufräumen kann.« Als frischgebackene Abiturientin verspürt sie den starken Drang, mit ihren Freund:innen abzuhängen, auf Festivals zu gehen und die Welt zu entdecken. Und trotzdem sieht sie in der erzwungenen Entschleunigung, die die Pandemie mit sich bringt, auch Gutes: Das familiäre Zusammenleben scheint von der Situation zu profitieren, denn Lina hat den Eindruck, dass weniger gestritten wird als zuvor. Sie glaubt, dass es damit zusammenhängt, dass »jetzt wirklich ein bisschen die Geschwindigkeit und der Stress raus genommen ist aus dem Alltag«. Aufgrund der Pandemie arbeitet ihr Vater, der als Informatiker in einem großen Unternehmen angestellt ist, im Homeoffice. Ihre Mutter, eine Ergotherapeutin, ist seit Corona in Kurzarbeit und »kommt halt früher nach Hause«, wie Lina ganz sorglos berichtet.

Die Ausgangsbeschränkungen kommen Lina schon »deutlich länger vor, weil man ja vor dem Abi, also zwischen dem schriftlichen und mündlichen Abi, [...] frei [hat]«. Im Gegensatz zu den vielen Jahren zuvor wird ihr Alltag nun nicht mehr durch einen Stundenplan vorgegeben, sondern sie muss sich die Zeit selber einteilen. Sie steht meistens nach ihrem Vater und vor ihrem kleinen Bruder auf und beschäftigt sich größtenteils alleine. Jeder in der Familie hat seinen eigenen Rhythmus, selbst wenn Lina kocht, »essen alle zu verschiedenen Zeiten«. Sie betont, dass sie zurzeit »sehr, sehr gerne« mit dem Hund rausgeht, um sich bewusst Auszeiten zu nehmen und um auf andere Gedanken zu kommen. Die Schule war nicht nur der Ort des Lernens und der Klassenarbeiten, sondern vor allem auch ein regelmäßiger Treffpunkt mit Freund:innen. Diese vermisst Lina nun sehr. Jetzt kommuniziert sie mit ihnen hauptsächlich über soziale Medien wie Skype und WhatsApp, weil die Kontaktbeschränkungen vom gesamten Freundeskreis sehr ernst genommen werden. Lina erzählt, dass es ihren Freunden ähnlich geht wie ihr: »Sie vermissen wirklich den Kontakt unter den jungen Leuten [...], dass wir uns treffen, was machen.« Ihr bester Freund wohnt nur 200 Meter entfernt. »Den kann ich quasi sehen und darf trotzdem nicht hin. Das ist halt wirklich schon eine Qual.« Gelegentlich trifft sie sich mit einer Freundin – aber nur draußen. Das ist die einzige Möglichkeit, die ihr bleibt, und die nimmt sie auch »auf jeden Fall wahr«. Sie fahren dann an den Fluss oder legen sich in die Sonne und quatschen. Diese Treffen sind aber nicht »dasselbe«, schließlich wollten sie zusammen in der Gruppe die Zeit genießen, feiern und frei sein. Dieses Gruppenerlebnis lässt sich für Lina nicht ersetzen. Dennoch ist sie froh, dass sie ihre Abiturprüfungen mehr oder weniger normal absolvieren konnte und »jetzt alle [das Abi] in der Tasche haben, weil in anderen Bundesländern sieht es ganz anders aus«. Das schriftliche Abitur ist in Rheinland-Pfalz deutlich früher angesetzt und war von den Coronaeinschränkungen noch nicht betroffen. Hinter den mündlichen Abiturprüfungen stand aber lange ein Fragezeichen. Vorbereitet haben sich die Abiturient:innen dennoch: »Wir haben nur auf das Okay der Schule gewartet.« Das bekamen sie dann drei Tage vor der Prüfung. Diese Prüfung war dann auch schon deutlich von den neuen, strengen Hygiene-Regelungen gezeichnet und die Lehrer:innen waren sehr angespannt. Aber auch für die Schüler:innen war die Situation irritierend: »Das ist schon sehr, sehr komisch, wenn man dieses soziale Schulleben gewöhnt ist.« Lina erzählt, wie ihr Stufenleiter besonders auf den Abstand geachtet habe. Die Halbjahreszeugnisse hat er bei der Übergabe extra einen Meter von sich entfernt abgelegt. Die Schüler:innen konnten spüren, dass er sie als persönliches Gesundheitsrisiko wahrnimmt. Das sei für sie sehr komisch gewesen und kam ihnen übertrieben vor: »Wir dachten schon so ein bisschen ›Okay?‹« und »das ist jetzt so ein bisschen Panikmache«. Der neue Umgang mit den Schüler:innen, die Distanz zu ihnen, haben Lina und ihre Mitschüler:innen verunsichert. Von Ausgelassenheit und Freude war nach den Prüfungen keine Spur. Erst als sich die Stufe am »Lehrerparkplatz« traf, war etwas Raum dafür. Ein letz-

tes Gruppenfoto wurde bei dieser Gelegenheit auch noch geschossen. Lina berichtet leicht verschämt, dass der empfohlene Abstand von 1,5 Meter bei diesen Aktivitäten nicht beachtet wurde. Die Stufe habe sich gesagt: »Wir lassen uns jetzt das, was wir hier noch haben, nicht nehmen. Wenn wir jetzt schon keinen Abiball und keinen Abistreich haben, dann machen wir jetzt noch wenigstens das.«
 Die Zeit nach den Abiturprüfungen hatte sich Lina ganz anders vorgestellt. Sie wollten den letzten gemeinsamen Sommer genießen. Sie wollten zusammen Urlaub machen oder »in die Disko fahren«. Einfach frei sein. Zusammen feiern, dass man diesen Abschnitt des Lebens gemeistert hat und voller Erwartung den neuen Herausforderungen entgegenfiebern. Lina fügt hinzu: »Auf die Festivals im Sommer haben wir uns natürlich auch gefreut.« Begeistert und stolz berichtet sie auch darüber, wie ihre Jahrgangsstufe zusammen 20.000 Euro gespart hat, um den Abiball und den Abistreich zu finanzieren. In dieser – wie sie betont – sehr schönen Zeit seien alle eng zusammengewachsen und es wurde gemeinsam auf den Höhepunkt des Schuljahres hingearbeitet und hingefiebert: Die Stufe hatte sich gemeinsam ein Motto überlegt und dazu passende Pullover bedruckt. Ein Kleid für den Abiball hatte sich Lina auch schon ausgesucht. Der Abschluss sollte etwas Besonderes sein. Und dann kam das Virus und nichts von dem, was sie sich erträumt hatten, blieb übrig, außer Ernüchterung und Frust: »So habe ich mir das noch im Januar vorgestellt und jetzt sieht es halt ganz anders aus«, stellt Lina nun ernüchtert fest. Dass diese Mühen »zunichtegemacht wurden« und die ganzen Festlichkeiten nicht stattfinden können, hat viele zunächst sehr wütend und traurig gemacht, auch Lina. Die Übergabe ihres Abschlusszeugnisses, auf das sie so lange hingearbeitet hat, war für sie solch ein trauriger Moment, »dass man einen Kloß im Hals kriegt auf jeden Fall«. Das Zeugnis wurde zusammen mit einer ausgedruckten Rede der stellvertretenden Schulleiterin per Post geschickt – statt einer feierlichen Übergabe also nur ein grauer Umschlag im Briefkasten. Lina berichtet davon mit brüchiger Stimme, fast so als müsste sie gleich weinen. Auf die Absage des Abiballs konnte sie sich hingegen gut einstellen, da es aufgrund der Nachrichtenlage abzusehen war. Den Abiball nachzuholen wäre für sie »auf jeden Fall nicht dasselbe«, schließlich sei die Anspannung jetzt schon abgefallen.
 Trotz all dieser Enttäuschungen findet Lina, dass die Regelungen zur Eindämmung der Pandemie richtig sind. Am Anfang waren sie und ihre Freund:innen genervt und hielten es für übertrieben und »Panikmache«. Sie fühlten sich machtlos gegenüber den Regeln, die »so von oben vorge-

schrieben« wurden. Aber die Bilder aus Italien und die Aufklärung über die Kurvenverläufe gaben ihr eine akzeptable Erklärung für die Maßnahmen. Auch Freunde, die im Gesundheitssektor arbeiten, hätten betont, dass das Virus wirklich ernst zu nehmen ist, »dass es kein Spaß ist«. Die Einhaltung der neuen Regeln bedeutet für Lina deshalb auch, den Menschen, die im Gesundheitssystem arbeiten, Respekt zu zollen. Sie zeigt sich empathisch gegenüber dem Gesundheitspersonal auch in Italien, »die ganze Nächte lang durcharbeiten und halt wirklich überhaupt keine Freizeit mehr haben«. Dementsprechend findet sie es auch gut, dass sie und ihr Freundeskreis die Situation ernst nehmen. Angst davor, das Virus selbst zu bekommen, hat sie aber nicht. Aufgrund ihres jungen Alters fühlt sie sich sehr sicher, weil die schweren Verläufe unwahrscheinlich sind: »Ich habe jetzt nicht das Bedürfnis, einen Mundschutz zu tragen.« Eine Maskenpflicht gab es zu diesem frühen Zeitpunkt noch nicht. Sie hält sich zwar an die empfohlenen Regeln – sie achtet auf Hygiene und Abstände – aber sonst verhält sie sich auf der Straße wie immer.

Was ihr vor allem auffällt, wenn sie draußen ist, sind die leeren Straßen: »Besonders die älteren Leute sind jetzt noch mehr drinnen als eh schon. Was ja auch gut so ist, was ja auch sein soll.« Der Schutz der älteren Bevölkerungsgruppen ist auch aus Linas Perspektive wichtig, gleichzeitig wähnt sie sich selbst auf der sicheren Seite. Auch auf der Arbeit – als Aushilfe in einer Bäckerei – sieht sie sich trotz Kundenkontakt nicht stärker gefährdet, da dort Schutzmaßnahmen – wie etwa Plexiglasscheiben und das Tragen von zwei Paar Handschuhen – getroffen wurden. Vielmehr ist die Arbeit eine willkommene Abwechslung vom eher eintönigen Alltag, »das einzig Schöne«, was man noch hat. Aber auch in der Bäckerei ist die Pandemie das Gesprächsthema Nummer Eins: »Wenn die Kunden zu uns kommen, wird fast immer über Corona geredet. Kommt man fast gar nicht drum herum.«

Die Pandemie trifft Lina in einer Lebensphase ganz unterschiedlicher Unsicherheiten. Nach der Schule stellt sich für sie die Frage, wie es im Leben weitergehen soll. Diese Frage ist ja an sich schon spannend und aufregend, wird nun aber durch die Coronapandemie noch mehr verstärkt: Jetzt ist nicht einmal mehr der Abiball sicher. Lina empfindet die Einschränkungen auch deshalb als sehr belastend, weil nicht abzusehen ist, wie lange sie aufrechterhalten werden müssen, »weil man überhaupt keine Prognose, keinen Ausblick hat«. Die Schulzeit findet keinen richtigen Abschluss und wie es weitergehen soll, weiß auch niemand. Dass die geplanten Abschiedsrituale wegfallen trifft Lina, denn nach dem Sommer werden sich die Wege der

Jahrgangsstufe trennen und bekannte Gesichter werden aus ihrem Leben verschwinden: Einige wollen ins Ausland gehen, andere ein Studium oder eine Ausbildung beginnen. Die Ungewissheit, wann wieder Normalität einkehren wird und welche Pläne noch umsetzbar sind, macht Lina zu schaffen: »Man opfert halt so viel für etwas, wo man noch nicht weiß, ob es das wert ist.« Sie befindet sich in einem Zwiespalt. Sie weiß, warum die neuen Regelungen getroffen werden und findet das grundsätzlich auch richtig. Gleichzeitig fällt es ihr schwer, die Regeln zu akzeptieren. Während das Virus sie in ihren Augen gesundheitlich nicht gefährdet, da sie jung ist, tun es die Beschränkungen sehr deutlich. Gelegenheiten zum Austausch und Zusammensein mit anderen Jugendlichen, um sich auch vom Elternhaus zu emanzipieren, fallen den neuen Auflagen nämlich besonders zum Opfer. Die Bedürfnisse und Träume der Jugendlichen werden von der Gesellschaft nicht ernst genommen, stattdessen fordert sie Solidarität gegenüber Risikogruppen. Lina versucht diesen Erwartungen gerecht zu werden, beschränkt ihre Kontakte und blickt tapfer nach vorne. Leicht fällt ihr das nicht. Denn für Lina ist auch klar, dass sie auf unwiederbringliche Erfahrungen verzichtet. Auch ihre eigenen Zukunftspläne sind offen. Lina hat zwar einen Platz für ein Freiwilliges Soziales Jahr an einer Grundschule, aber aufgrund der Pandemie weiß sie nicht, ob und wann sie diese Stelle antreten kann. Jetzt hofft sie, dass die politischen Maßnahmen Wirkung zeigen, damit möglichst bald wieder Normalität einkehren kann und sie und ihre Freund:innen den Spätsommer vielleicht gemeinsam genießen können.

Interview: Elgen Sauerborn, 07. April 2020

Seiltanzen

»Ich habe nicht das Gefühl, dass wir den Infektionsschutz richtig einhalten.«

Marco Hohmann

Es ist einer der ersten sonnigen Apriltage, an denen die Temperaturen in diesem Jahr über 20 Grad klettern. Johanna hat gerade Urlaub und ist den ganzen Tag draußen unterwegs gewesen. Weil die Cafés, die sie ansonsten gerne besucht, wegen des Lockdowns momentan alle geschlossen sind, ist sie an dem warmen Frühlingstag stattdessen durch die Parks der Stadt geschlendert. Viel mehr ist gerade nicht möglich. Johanna ist Ende Zwanzig, kinderlos und lebt allein. Ihre Zweieinhalb-Zimmer-Wohnung befindet sich ruhig gelegen in einer Großstadt im Westen Deutschlands. Den Abend heute möchte sie mit ihrem Partner gemütlich auf ihrer Dachterrasse ausklingen lassen.

Eigentlich hatte sie gerade erst Urlaub. Aber als sie zur Arbeit zurückkehrte, musste sie umgehend wieder ins »Überstundenfrei«. Auf der hämatologischen Station, auf der Johanna als Assistenzärztin arbeitet, behandeln sie zurzeit nur etwa ein Viertel der Patient:innen. Viele bleiben zu Hause, weil sie Angst vor einer Ansteckung mit dem Coronavirus haben. Und angesichts der derzeitigen Lage muss zudem ein guter Teil der Therapien verschoben werden. Auf der Hämatologie werden zwar vor allem Leukämiebehandlungen durchgeführt – die können nicht verschoben werden, erklärt mir Johanna. Aber alle anderen Behandlungen der krebskranken Patient:innen, die sich irgendwie verschieben lassen, haben sie vorerst in den Frühsommer verlegt. Ein hohes Risiko etwa wäre es, zu diesem Zeitpunkt »Hochdosistherapien« durchzuführen. Diese wirken sich nämlich als schwere Belastung des Immunsystems aus und die ohnehin immungeschwächten Patient:innen gelten als Hochrisikogruppe, sollten sie sich mit dem Coronavirus infizieren. Auch die Leukämieerkrankten, die sich in stationärer Behandlung befinden, dürfen ihr Zimmer nur noch mit einem personalisierten Mundschutz mit Luftfilter verlassen. Zu hoch wäre ihr gesundheitliches Risiko, wenn sie sich mit Covid-19 anstecken. Patient:innen, die kleinste Anzeichen einer Erkältungskrankheit zeigen, werden sofort isoliert, um einer

Ausbreitung des Virus auf der Station vorzubeugen – auch für solche Fälle mussten Zimmer freigeräumt werden, wie Johanna mir erklärt.

Aber auch andere Stationen im Krankenhaus sind darum bemüht, Personal- und Bettenkapazitäten zu schaffen, um die Intensivstationen zu entlasten, falls es zu einem plötzlichen Anstieg der Infektionszahlen kommen sollte. »Alles, was nicht gerade Corona behandelt, steht gerade still«, berichtet Johanna. Auch eine ihrer Freundinnen, die in der Chirurgie arbeitet, wurde unlängst ins Überstundenfrei geschickt, weil es dort zu wenig zu tun gibt: die meisten Operationstermine wurden verschoben. Johanna und ihre Kolleg:innen befinden sich in einem Modus des Abwartens. Der klinische Alltag ist weitestgehend zurückgefahren und keiner weiß genau, wie es jetzt weitergeht. »Ich warte, dass die Urlaubssperre kommt, ich warte darauf, dass mir jeglicher Überstundenausgleich gestrichen wird. Man wartet die ganze Zeit, dass die Katastrophe über einen hereinbricht, aber bis jetzt tut sie das zum Glück nicht.«

Jeden Abend um 18 Uhr stehen die Menschen in Deutschland auf den Balkonen und klatschen Beifall für die Arbeit, die in den Krankenhäusern geleistet wird. Dabei haben Johanna und ihre Kolleg:innen gerade so wenig zu tun wie nie. Viele mussten Urlaub nehmen oder sind, wie Johanna, im Überstundenfrei. Das Lob kommt aus ihrer Sicht zur falschen Zeit. »Es heißt die ganze Zeit ›Wir sind so super-duper wichtig und müssen das System am Laufen halten‹, aber niemand von uns weiß gerade so richtig, was wir da eigentlich am Laufen halten.« Die Fallzahlen seien ja noch relativ niedrig. Ihr Frust rührt aber auch daher, dass Johanna sich von den verantwortlichen Stellen im Krankenhaus schlecht informiert fühlt. Was wirklich gerade vor sich geht, bekommt sie nur inoffiziell mit, über den »Buschfunk« der Kolleg:innen von anderen Stationen.

Der Stillstand, den die Pandemie verursacht, zieht sich auch durch Johannas Privatleben. In ihrem Urlaub konnte sie nicht wie geplant verreisen, stattdessen hat sie sich »total sozial isoliert«. Freunde trifft sie, wenn überhaupt, nur noch zum Spazierengehen. Man umarmt sich nicht mehr zur Begrüßung, winkt sich nur noch zu, anstatt sich die Hand zu geben. Die einzige Ausnahme ist da ihr Partner. In ihrem Freund:innenkreis, der zu einem Großteil aus Mediziner:innen besteht, machen das gerade alle so, »wir sind alle schon eher vorsichtig«. Wenn sie nach dem Urlaub wieder mit Menschen interagieren muss, dann ist sie bestimmt »total überfordert«, erzählt sie mir halb im Scherz.

Johanna kommt es aber nicht komisch vor, dass sie ihren Patient:innen im Augenblick körperlich näher kommen kann als engen Freund:innen. Für sie ist das keine Verkehrung der ›sozialen Nähe‹ zwischen beruflichen und privaten Kontakten. Schließlich gibt es einen guten Grund dafür: Ihren schwerkranken Patient:innen gegenüber will sie sich verantwortungsvoll verhalten. So gilt es in ihrem Umfeld als selbstverständlich, dass die beruflichen Anforderungen und das gesellschaftliche Interesse in der momentanen Situation Vorrang vor dem Privaten haben. Schon vor Wochen, als es noch gar keine Regeln zur Kontaktbeschränkung gab und sich andere noch bedenkenlos trafen, haben Johannas Freund:innen die geplante WG-Party, zu der neben ihr auch einige andere Ärzt:innen eingeladen waren, mit der Begründung abgesagt, man müsste jetzt vorsichtig sein, dass sich nicht alle gegenseitig anstecken. So halten sie sich bereit für das, was möglicherweise in den nächsten Wochen und Monaten noch kommt.

Weil gerade weniger Kolleg:innen als üblich vor Ort sind, kann es jederzeit passieren, dass Johanna auf eine andere Station gerufen wird, wo ihre Arbeitskraft gerade dringender gebraucht wird. Neulich erst wurde sie kurzfristig der Onkologie zugeteilt, obwohl sie dort eigentlich gar nicht richtig eingearbeitet ist. Denn ein anderer Kollege wurde auf eine Coronastation gerufen und musste dringend vertreten werden. »Da wird einfach gerade ganz wild Personal rumgeschoben.« Solche unvorhersehbaren Veränderungen ihrer Arbeitsroutinen empfindet Johanna als »Verunsicherung«. Dass es im Augenblick zusätzlich immer neue Dienst- und Handlungsanweisungen gibt, verstärkt dieses Gefühl noch einmal. So berichtet sie, dass vor etwa drei Wochen, am Freitag vor dem 22. März 2020, an dem der Beschluss der bundesweiten Kontakt- und Ausgangsbeschränkungen der Bundesregierung bekanntgegeben wurde, gefühlt alle zehn Minuten eine E-Mail vom »Pandemieausschuss« der Klinik bei ihr ankam. Die Änderungen und Ankündigungen haben sich »überschlagen« und es hieß, »dass wir uns jetzt auf alles Mögliche einstellen müssen«.

Die neuen Maßnahmen gelten vor allem dem Infektionsschutz. Neben den allgemeinen Abstandsregeln und der Gesichtsmaske, die sie als klinisches Personal ab sofort den gesamten Tag zu tragen haben, sollen nur noch Tätigkeiten stattfinden, die als absolut notwendig für den funktionalen Ablauf auf den Stationen gelten. Auch wichtige Besprechungen dürfen nur noch mit Sicherheitsabstand durchgeführt werden. So allgemein und strikt, wie die Beschlüsse formuliert sind, lassen sie sich aber nicht in den Alltag der Krankenhausstationen übertragen, was zu Widersprüchen und zu einer Verunsicherung des Klinikpersonals führt. »Ich habe nicht das Gefühl, dass wir den Infektionsschutz richtig einhalten«, erklärt Johanna. Allein bei einer Oberarztvisite, so berichtet sie, kann man keine anderthalb Meter Sicherheitsabstand halten, da man dicht an dicht steht, um die Daten und Kurvenverläufe gemeinsam am Klemmbrett zu prüfen.»Oder, wenn man einen Patienten zu zweit abhorcht, dann hängt man schnell total nah zusammen.« Auch kommt es zu der paradoxen Situation, dass sie den Patient:innen zur Begrüßung nicht mehr die Hand geben darf, aber im nächsten Moment schon keinen Sicherheitsabstand mehr wahren kann, wenn es nämlich darum geht, sie zu untersuchen. Erst kürzlich, erzählt Johanna, hatte sie einen schwerhörigen Patienten. Weil sie ihre Maske trug, habe er noch nicht einmal mitbekommen, dass sie mit ihm gesprochen hat. Bis sie endlich zu ihm durchgedrungen war, musste sie zwanzig Zentimeter neben sein Ohr kommen. Effektiver wäre es vielleicht gewesen, wenn sie ihre Maske abgenommen hätte und von weit weg laut gerufen hätte, fügt sie hinzu, »aber man weiß es nicht, das ist einfach Verunsicherung«.

Neben dem Umstand, dass sich viele der Regeln im Klinikalltag aus Johannas Sicht nicht so einhalten lassen, wie sie gefordert sind, findet sie es besonders schwierig, dass auch alle »schönen Dinge«, wie gemeinsame Mittagspausen und Gespräche unter Kolleg:innen entweder entfallen, oder nun unter Bedingungen stattfinden müssen, unter denen man sich kaum noch »nah« fühlt. Die neuen Regeln betreffen aber auch die soziale Nähe gegenüber den Patient:innen. Mehr als auf vielen anderen Stationen im Krankenhaus ist das in der Hämatologie oder auch der Onkologie ein wirkliches Problem, wie Johanna erklärt. Denn dort, wo schwere Krankheitsverläufe und die Konfrontation mit dem Tod zum normalen klinischen Alltag gehören, herrscht auch ein verstärktes Bedürfnis nach Trost. Johanna ärgert sich darüber, dass sie als klinisches Personal überhaupt nicht an den Beschlüssen beteiligt wurden. Hätte man sie gefragt, so hätten sie darüber aufklären können, dass sich nicht alle Anweisungen umsetzen lassen. Und sie hätten auch erklären können, dass Begriffe wie Sorge, Empathie und Anteilnahme vielleicht nicht explizit in den ärztlichen Heilverordnungen erscheinen, im Alltag auf ihrer Station aber als selbstverständlich gelten, weil man sich eben auch nach den konkreten Bedürfnissen der erkrankten Menschen richten muss, die nicht selten völlig aufgelöst vor einem sitzen.

Ihre Arbeit auf der Hämatologie-Station beschränkt sich nicht darauf, die Patient:innen zu untersuchen, Diagnosen zu stellen, Medikamente zu verabreichen. Wenn beispielsweise eine Patientin vor ihr in Tränen ausbricht, fällt es Johanna schwer, Abstand zu halten. Zumal man derselben Patientin körperlich doch genauso nahekommen würde, wenn man sie untersucht. Solche Widersprüche lassen sich den Betroffenen gegenüber nicht sinnvoll vermitteln. Erst recht nicht, wenn diese vor einem stehen und weinen. Und so müssen sich Johanna und ihre Kolleg:innen im Zweifelsfall selbst dafür verantworten, in einer akuten Situation gegen die Beschlüsse des Infektionsschutzes eine Patientin in den Arm genommen zu haben, um sie zu trösten. Was epidemiologisch betrachtet als eine notwendige Maßnahme gegen die Übertragung von Covid-19 erscheint, lässt sich nicht immer mit den Anforderungen des klinischen Alltags im Kampf gegen andere Krankheiten vereinbaren. Hier steht die Medizin der Medizin selbst im Weg und es entsteht ein Konflikt zwischen medizinischen Diagnosesystemen sowie Heilmittelverordnungen auf der einen und den konkreten, im klinischen Alltag vollzogenen Praktiken von Heilung und Pflege auf der anderen Seite.

Johannas Berufsalltag ist seit dem Beginn der Coronapandemie voll von solchen unklaren Situationen und Unsicherheiten über die Frage nach dem »richtigen« Handeln. Etwa haben sie in der Klinik auch die Arbeitsanweisung, mit Schnupfen weiterzuarbeiten. »Das ist schon absurd. Alle sollen mit Erkältungssymptomen zu Hause bleiben, nur wir nicht.« Zwar arbeitet Johanna auch sonst halbkrank weiter, wie alle ihre Kolleg:innen, erklärt sie – »aber jetzt habe ich dabei noch zusätzlich ein schlechtes Gewissen«. Die Unsicherheiten, die im Umgang mit den teils widersprüchlichen und unklaren Arbeitsanweisungen zum Infektionsschutz im Klinikalltag verbunden sind, werden mit einem drückenden schlechten Gewissen des medizinischen Personals bezahlt. Und schließlich kommt in dem Gefühl der »Verunsicherung«, das Johanna beschreibt, auch die Frage zum Ausdruck, wem gegenüber die konkreten Maßnahmen eigentlich zu rechtfertigen sind: gegenüber den Erkrankten, oder gegenüber dem Gesundheitssystem. Als junge Assistenzärztin, die tagtäglich mit schwerkranken Menschen zu tun hat, steht Johanna sprichwörtlich zwischen den Stühlen.

Interview: Marco Hohmann, 07. April 2020

»Mein größter Kampf ist es, jeden Tag neu zu organisieren, jeder Tag ist neu herausfordernd – ein bisschen orientierungslos.«

Sarah Lenz

Den Kontakt zu Ana, einer 39-jährigen Schauspielerin, hat mir meine Freundin Isabel vermittelt. Ana meldete sich bei mir über WhatsApp. Sie sei gerne bereit, unsere Forschungen zu unterstützen. Zweimal mussten wir das Gespräch schon kurzfristig verschieben; einmal, weil ihr Sohn partout nicht einschlafen wollte, ein zweites Mal, weil sie in einem Arbeitsmeeting feststeckte. Nun, um 10 Uhr, mittwochmorgens – Ana hat schon das erste virtuelle Arbeitstreffen hinter sich – sitzen wir beide vor unseren laut eingestellten Handys. Ich bin etwas nervös. Es ist das zweite Telefoninterview, das ich durchführe – ich hoffe, dass die Akkus des Aufnahmegerätes und des Handys durchhalten. Außerdem bin ich gespannt, was auf mich zukommt; man unterhält sich ja eher selten mit Schauspieler:innen. Ana spricht mit einer sehr angenehmen, tiefen Stimme, ihre klare und artikulierte Aussprache fasziniert mich; es entsteht eine Vertrautheit, die ich so – wir sind uns schließlich völlig fremd – nicht erwartet hätte. Ana lebt mit ihrem sechsjährigen Sohn in einer deutschen Metropole, in derselben Straße, in der sie auch aufgewachsen ist. Sie sitzt in ihrer Küche, schaut auf einen der typischen Hinterhöfe, das Licht fällt ins Zimmer. Die Küche ist relativ klein, mit einem Tisch und zwei Stühlen. Es ist noch nicht spät am Tag, aber dennoch ist bei Ana schon viel passiert. Sie und ihr Sohn sind seit 8 Uhr wach und haben, um gemeinsam in den Tag zu starten, ein Hörspiel angehört, das eine Kitamitarbeiterin aufgenommen hat. An ihrer warmen, liebevollen Stimme und der Art, wie sie über diese erste halbe Stunde mit ihrem Sohn an diesem Morgen berichtet, erkenne ich ihre große Zuneigung und ihre gleichzeitige Sorge um das Wohlergehen ihres Jungen in dieser ungewöhnlichen Zeit.

»Ich bin ja Schauspielerin und kann gerade praktisch nicht arbeiten«, antwortet sie auf meine Frage danach, wie ihre Tage während des Lockdowns typischerweise aussehen. Vor Corona war sie mit einer Inszenierung beschäftigt, die aber nun nicht stattfinden kann. Dennoch macht sie sich im Moment noch keine Sorgen um das Finanzielle; ab Mitte März bekommt sie ohnehin ALG I: »das war vorher schon klar«, konstatiert sie ruhig und gelassen. Mehr aus der »Langeweile« und als Produkt des »Nichtstuns«, so drückt sie es aus, hat ein Musiker aus der nun abgesagten Inszenierung ein Video-Clip-Projekt angestoßen, in dem sie als Schauspielerin auftritt. Dafür müsse nun natürlich einiges geplant werden: Wo mache ich das? In welchem Raum meiner Wohnung? Was soll im Bild sein? Wie soll der Bildausschnitt aussehen? Was habe ich an? Wie bin ich geschminkt? All diese Fragen gehen ihr durch den Kopf. Auch andere Projekte, die nun nicht stattfinden können, weil »alles auf null« ist, passt sie pragmatisch und strukturiert an die neue Situation an. Ich erkenne keinerlei Zweifel geschweige denn Verzweiflung; vielmehr sprüht sie vor Tatendrang und kann der Situation sogar etwas Positives abgewinnen. Während des Gesprächs berichtet sie immer wieder von neuen Ideen, die sie umzusetzen plant. Außerdem sagt man, dass es für Schauspieler:innen gerade ein guter Zeitpunkt ist, sich selbst in den Aufmerksamkeitshorizont der Casting-Agenturen zu bringen. Die Produzent:innen haben ja auch »nichts zu tun«, da der ganze Wirtschaftszweig stillsteht. Diese Zeit, in der man nicht dazu gezwungen ist, zu produzieren, nutzen Caster:innen und Produzent:innen, um neue Gesichter zu entdecken, hofft Ana. So gesehen birgt die jetzige Situation auch eine Chance, sich neu aufzustellen oder »sich zu reseten«, indem man Bücher liest, neuen Input aufnimmt, »um in eine andere Form von Kreativität zu kommen.« Insofern begreift Ana den harten ersten Lockdown mit allen seinen Einschränkungen ebenso als eine beruhigende Pause, die es ihr ermöglicht, andere Facetten ihres Berufes und ihrer Profession in den Vordergrund zu stellen. Dadurch ergeben sich aus der Krise zwar Herausforderungen; gleichzeitig schafft sie es, durch Organisation und Anpassung an die gegebenen Umstände neue Möglichkeitsräume für sich zu entdecken und Chancen wahrzunehmen, sich weiterzuentwickeln. War das Gespräch bis hierher heiter, vergnügt und beeindruckend *tough*, so wird sie zunehmend nachdenklicher und betrübt, als sie auf ihren privaten Alltag mit ihrem Sohn zu sprechen kommt. »Am meisten fühle ich mich gestresst alleine mit meinem Kind.« Die Tatsache, dass sie 24 Stunden »gefühlt damit zu tun« hat, sich um ihren Sechsjährigen zu kümmern, empfindet sie als größte Herausforderung. Während sie beruflich versucht, das Beste aus der gegenwärtigen Situation zu machen und neue Wege geht, um als Schauspielerin auch im Lockdown aktiv zu bleiben, stößt sie jedoch in der Vermittlung zwischen Alltag und Beruf an emotionale und körperliche Grenzen. Ein Coronatag ist einfach zu kurz; es macht sie unzufrieden, wenn sie ihren beruflichen Ansprüchen und ihrem Tatendrang trotz Virus nicht gerecht werden kann. Immer wieder wird sie damit konfrontiert, ihre Ziele für den Tag dann doch nicht erfüllen zu können. »Ich muss jeden Tag neu organisieren, jeder Tag ist neu herausfordernd – ein bisschen orientierungslos«, beschreibt sie diesen Zustand.

Zudem macht sie sich große Sorgen um das Wohlergehen ihres Sohnes, den sie als zunehmend unausgeglichener empfindet. Zum Zeitpunkt des Interviews befinden wir uns seit einem Monat im Lockdown: Sie selbst trifft sich zwischendurch mit zwei Freunden zum Spazierengehen – natürlich mit dem nötigen Abstand und Mund-Nasen-Schutz. Ansonsten telefoniert sie nun viel mehr: »Ich muss mich austauschen über die ganze Sache«, sagt sie, »als Vorsorge gegen das Implodieren«. Übertragen auf ihren Sohn sieht sie den fehlenden Kontakt zu anderen Kindern als größtes Problem. Mehrmals kommt sie darauf zurück, dass er niemanden zum Spielen hat, niemanden mit dem er diese einschneidenden Erlebnisse im Spiel verarbeiten kann. »Das Kind als soziales Wesen« muss seine Erfahrungen anders verarbeiten – das geht aber jetzt nicht. Sie als Mutter empfindet sich in dieser Hinsicht als unzureichend. »Unsereins kann ja telefonieren und da geht ja vieles über den Kopf. Das kann er natürlich nicht. Also er hat kein Kind, mit dem er spielt. Niemand. Niemand! Für die Kinder ist es am allerschlimmsten.«

Der Konflikt spitzt sich weiter zu, wenn es um die alltäglichen Besorgungen geht. Sie sieht sich damit konfrontiert, zahlreiche Kompromisse einzugehen, über die sie bisher nicht nachgedacht hat, die sie aber als notwendig empfindet, um ihren Sohn zu schützen. Sie berichtet von dem alltäglichen »Kampf«, wenn sie etwa schnell für zehn Minuten in einen Laden springt, das Nötigste kauft, während der kleine Junge alleine im Hinterhof Fußball spielt. Das hätte sie vor Corona nie gemacht. »Dazu ist er einfach noch zu klein und ich mach mir einfach Sorgen, dass ihm was passiert.«

Ohnehin geht sie nur noch sehr ungern einkaufen. Sie meidet die großen Läden wie Lidl oder Penny, in denen viele Menschen unterwegs sind. Stattdessen kauft sie beim wesentlich teureren Bio-Supermarkt ein, der aber nur halb so weit von ihrer Wohnung entfernt ist. Zu diesen »Riesendingern« will sie nicht mehr. Dort ist alles zu groß, sodass man unnötig länger zum Einkaufen braucht, als man gerade möchte. »Ich bin ja nicht panisch, aber Einkaufen versuche ich schon zu vermeiden«, sagt sie. Ein weiterer Grund, weshalb sie nun vorwiegend in den kleinen vietnamesischen Obst- und Gemüseläden sowie beim Bio-Bäcker nebenan einkauft, ist die steigende Aggressivität und Hysterie zwischen den Supermarktregalen. Hier merkt man die »Panik der Menschen um einen herum nochmal krasser«. So berichtet sie von einer Situation im nahegelegenen Baumarkt, die sich ihr wie ein Stempel ins Gedächtnis eingedrückt hat:

»Ich hatte halt so Sachen gekauft, und dann stand da so eine Frau, irgendwie im Eingang, so eineinhalb Meter weg, und war so ganz hysterisch und rief immer: können sie mir mal helfen, ich brauche diesen Untertopf, und so. Und dann stand sie, und hinter ihr wollte jemand rein in den Laden.

Und dann schrie sie ihn an und sagte: können sie nicht Abstand ... was fällt ihnen ein. Und dann sagte er: ja, ich bin doch eineinhalb Meter hinter ihnen.

Also irgendwie so ein Berliner. Und sie immer: ja, wissen sie, was aus ihrer Gesundheit wird, ist mir scheißegal, aber es geht jetzt um ›mich‹.

Und die war so aggressiv die Frau. Und das war aber so – weiß ich nicht – gutbürgerliche Latte-Macchiato-Mutti. Und ich weiß, wie die Verkäuferin guckte hinter ihrer Scheibe und mit den Augen rollte. Ich schätze, dass sie genau diese Szene ständig erlebt. Und wenn Leute sich anpampen.«

Solche Situationen und die Beobachtung, dass die »Disziplin« einbricht, verunsichern sie sehr. Wenn sie vor zwei Wochen von ihrem Balkon auf die sonst so belebte Straße des Szene-Kiezes geschaut hat, da war da nichts und niemand: kein Auto, keine Fußgänger. Erinnerungen aus der DDR kamen wieder hoch. Diese Stille einer Kleinstadt, die Schlangen vor den Supermärkten, die leeren Regale. Berichte aus anderen – sogenannten ökonomisch schlechter gestellten – Stadtteilen bestätigen dieses Gefühl. Die Tatsache, dass sich gerade in diesen Stadtteilen die Menschen sehr diszipliniert an die neuen Vorschriften halten, führt sie zurück auf die spezifischen Erfahrungen und Praktiken der DDR: »Ja, natürlich, wenn die Ansage von oben kommt, dann haben die alle gelernt zu funktionieren.« Im Gegensatz dazu beobachtet sie in den Parks und den Straßen rund um ihre Wohnung eine stark zunehmende Zügellosigkeit; sie hat das Gefühl, »die Leute [beginnen] wieder [zu] revoltieren«. Da sitzen Frauen zusammen auf Picknickdecken, während die Männer Fußball spielen. Alles scheint, als wäre nichts gewesen. Sogar vor den Läden versammeln sich wieder Menschenmassen, die ihre Speisen nun zwar nicht in den Restaurants, sondern außerhalb, aber ohne jeglichen Abstand verzehren. Sicher sind es Touristen – keine Einheimischen, die da so »super schick angezogen vor den Läden oder Apartments sitzen und Crémant trinken«.

»Wie soll das nur weitergehen?«, fragen wir uns beide. Mit großer Unsicherheit blickt sie in die Zukunft. Bisher kann sie lediglich bis zum Sommer 2020 denken und planen: Ihr Sohn wird eingeschult und bis dahin reicht das Geld. Was danach kommt, weiß sie nicht. Eine große Verunsicherung bedrückt sie. Freund:innen sagen, der »Theatersektor ist der letzte, der wieder aufmacht«. Trotz der Hoffnung auf eine Normalisierung muss sie dennoch einsehen, dass gerade das Theater, in dem ein Spielen auf 1,5 Meter Abstand nicht möglich ist, womöglich nicht systemrelevant genug ist. »Die Berührung, der Körperkontakt, der Speichelfluss. Das geht einfach nicht.« Die Berichte über einen Opernchor von 90 Personen, in dem sich nun 60 Personen mit Covid-19 infiziert haben, lässt den letzten Rest naiver Hoffnung vollends schwinden. Vielleicht, so deutet sie zaghaft an, werde sie kleine Veranstaltungen in Wohnzimmern oder Galerien machen – »mit Hut-Kasse, kleine Dinge ohne Rechnung, ohne Steuer, Cash auf die Hand«. Weiter will sie nicht denken; Gedanken an die Zeit nach dem Sommer will sie nicht zulassen. Fast erleichtert hält sie sich daran fest: »Immerhin haben wir die Sonne. Zum Glück ist es nicht November.«

Interview: Sarah Lenz, 09. April 2020

»Und das hängt alles wie so eine Gewitterwolke über einem.«

Martina Hasenfratz

Fabian ist 30 Jahre alt und lebt gemeinsam mit seinem Lebenspartner Daniel in einem angesagten Viertel einer deutschen Metropole. Er ist Fachkrankenpfleger für Anästhesie und Intensivmedizin in einer Universitätsklinik und zählt damit seit der Coronapandemie zu denjenigen Personen, die einen »systemrelevanten« Beruf ausüben. Fabian weiß um seine besondere gesellschaftliche Bedeutung im Kampf gegen das Virus: Wenn es sich unkontrolliert ausbreitet, wird er im Epizentrum des Geschehens sein.

Für das Skype-Gespräch hat Fabian es sich im Wohnzimmer auf der Couch gemütlich gemacht. Im Hintergrund befinden sich zwei in minimalistisch-stilvoller Manier gemalte, bunte, große Käfer in schwarzen Bilderrahmen, die das Weiß der Wand durchbrechen. Ein warmes Licht erhellt den Raum. Fabian trägt ein weißes T-Shirt und eine schwarze Roundcap, er trinkt ein Glas Rotwein und knabbert Erdnüsse. Für später haben er und sein Partner sich bei einem vietnamesischen Restaurant Essen bestellt. Seinen Tag, es ist Donnerstag und er war im Kinder-OP, möchte sie gemeinsam mit etwas »Schönem« ausklingen lassen, bevor es morgen wieder darum geht, sich auf die »Apokalypse« vorzubereiten. Das habe einer seiner Oberärzte so gesagt.

Trotz dieser apokalyptischen Endzeitstimmung, die sich in seiner Klinik ausbreitet, beschreibt Fabian seinen Arbeitsalltag zu Beginn der Pandemie als sehr ruhig. Jegliche elektiven und damit nicht dringend notwendigen und planbaren Eingriffe wie das Einsetzen von Richtprothesen oder plastische Chirurgie wurden bis auf Weiteres abgesagt. Es ist alles »auf Eis gelegt«, so Fabian. Nur Notfälle und dringende Eingriffe wie Geburten oder Transplantationen werden durchgeführt. Das führe dazu, dass er und seine Arbeitskolleg:innen immer wieder in Situationen kommen, in denen sie nicht so recht wissen, was zu tun ist: »Das ist halt gerade noch irgendwie alles so ein bisschen schwierig. Man weiß dann manchmal nicht so richtig wohin.« In diesen Momenten stürzen sie sich »ganz fleißig« auf organisatorisch-bürokratische Aufgaben wie Qualitätsmanagement; Dinge eben, die während eines »normalen« Arbeitsalltags, sprich: vor Corona, eigentlich immer liegen geblieben sind. So scheinen sie sich den Zustand einer Normalität und Routine schaffen zu wollen, die von dem Dauerzustand des »Hoffen und Bangen« mit Blick auf das, was womöglich alles noch kommen wird und damit vom unsicheren Nichts-Tun, ablenken soll. Die in »anderen« Zeiten wünschenswerten Arbeitsbedingungen in Kliniken fernab von Dauerstress und Fließbandarbeit werden in der Pandemie somit selbst zu einem Auslöser von Unsicherheit und Stress. Zwar versucht Fabian »die Ruhe zu genießen« – gerade das letzte Jahr war für ihn sehr anstrengend, da er seinen Arbeitsplatz wechselte und sich in einer neuen und viel größeren Klinik mit anderen Tätigkeitsbereichen zurechtfinden musste –, allerdings weiß er auch, dass es sich um eine trügerische Ruhe handelt. Die sonst den Klinikalltag bestimmenden ökonomischen Interessen wie die angestrebte dauerhafte Belegung der Intensivbetten von 90 Prozent und die Behandlung von immer mehr Menschen in immer kürzerer Zeit – die totale »Durchökonomisierung«, wie Fabian es nennt – beugt sich in der Pandemie der Vorstellung einer apokalyptischen Zukunft in Gestalt eines kollabierenden Gesundheitssystems. Das neue Ziel lautet: Ressourcen schaffen. Niemand kann den tatsächlichen Verlauf der Pandemie in Deutschland voraussagen, niemand weiß, wie gut oder schlecht die Kliniken tatsächlich gewappnet sind. Alle warten nur darauf, bis der »Angriff« beginnt. Diese Unsicherheit hängt »wie eine Gewitterwolke« über Fabian, ein Zustand, der ihn »mürbe« macht und von dem er sich nur schwer lösen kann. Das Wissen um ein im globalen Maßstab vergleichsweise »sehr, sehr gutes Gesundheitssystem« in Deutschland mit einer besonders hohen Dichte an Intensivbetten pro Einwohner scheint in diesen Situationen eine Art hoffnungsvoller Haltepunkt für ihn zu sein.

Doch wenn sich Fabian in der über ihm hängenden Gewitterwolke verliert, die als Sinnbild für die nahe Zukunft steht, überkommt ihn das tiefe Gefühl der Angst: »Also, keine Ahnung, wenn man halt die Zeitungsmeldungen aus Italien sieht, wie das medizinische Personal heulend am Boden sitzt und dann die Leichenberge. Das ist ein absoluter Horror. Da niemand auch so wirklich weiß, wie sich das alles so entwickelt, habe ich echt große Angst.« Diese Angst versucht er in seinem Alltag so gut es geht zu vergessen. So verzichtet er ganz bewusst auf Internetrecherchen und Nachrichten und schaut sich abends lieber irgendeinen »Bullshit« im Fernsehen an, um den Kopf »ein bisschen auf null« zu schalten. Außerdem legt er sehr großen Wert darauf, etwas für sich und seine Beziehung und damit »was Gutes für die Seele« zu tun. Denn nimmt er sich das nicht ganz bewusst vor, verfolgt ihn die dunkle

Gewitterwolke in die U-Bahn nach Hause, in seinen intimsten Alltag, seine Liebesbeziehung, seinen Schlaf. Denn das Virus ist omnipräsent: Es versteckt sich in S-Bahn Türen, die doch nicht automatisch aufgehen, in mangelndem Abstand zu anderen, auf Fahrstuhl-Knöpfen und Türklinken. Darin sieht Fabian auch einen wesentlichen Unterschied zu anderen Keimen, wie Tuberkulose etwa. Denn eigentlich ist für ihn der Umgang mit Viren und Keimen aufgrund seines Berufs »per se nichts Neues«. SARS-CoV-2 verlässt aber den geschützten, sterilen und sicheren Raum der Kliniken und dringt ein in die privaten Räume eines jeden Menschen. Sichtbar werde dies vor allem auch daran, dass nun alle plötzlich einen Mundschutz tragen, was Fabian misstrauisch macht, denn man wisse schließlich nicht, ob der »aus dem Krankenhaus geklaut worden ist«. Diese sichtbare und unsichtbare Omnipräsenz des Coronavirus, gepaart mit der Informationsflut in seiner Klinik – »Hast du das schon gehört? Hier auf der Station ist einer 21 ...«, führt zu einer explosiven Mischung: aus Quellwolken werden Gewitterwolken, die sich jeden Moment über Deutschland entladen könnten. An eine schöne Zukunft kann Fabian also nur schwerlich oder gar nicht denken. Eigentlich war für April geplant, mit seinem Partner in dessen Heimatland nach Argentinien zu fliegen, doch zu Beginn der Pandemie sieht sich Fabian Mitte April eher in der Klinik als im Urlaub. Denn wenn die Katastrophe eintritt, dann wird es für ihn – so vermutet er – eine Urlaubssperre geben, »dann werden wir auf die Intensivstation müssen«.

Horror, Krieg, Angriff – mit diesen Metaphern versucht Fabian seine erlebte Situation im Umgang mit dem unsichtbaren Feind begrifflich zu fassen. Sinnbildlich hierfür schildert er folgende Szene: Bei der Intubation schwer kranker Covid-19 Patient:innen würde sich laut Erfahrungen aus Wuhan das meiste medizinische Personal anstecken. Als Reaktion darauf bildeten sie in seiner Klinik sogenannte Airway Teams, bestehend aus einem Anästhesisten und einer Anästhesiepflegekraft, wie sie Fabian ist. Um Strategien zu entwickeln, wie so ein Eingriff der Intubation unter größtmöglichem Eigenschutz durchgeführt werden kann, findet ein tägliches Training im Innenhof der Klinik statt. Fabian ist hörbar stolz darauf, Teil dieses »engen« Teams zu sein. Mit behelfsmäßiger Schutzausrüstung aus dem Baumarkt, mit Face Shields, die eigentlich zum Sägen verwendet werden und Maleroveralls, wird der Ausnahmezustand geprobt: »[Wir] müssen dann halt mit unserem ganzen Bimbamborium über den ganzen Campus rennen«. Trotz zum Teil widriger Umstände würden alle gemeinsam versuchen, das Beste aus der Situation zu machen und sich so gut es geht auf das Schlimmste vorzubereiten.

Hier verbirgt sich auch ein ganz positiver Aspekt für Fabian: die gute und solidarische Stimmung im Team. Denn während andere isoliert zu Hause sitzen, wie beispielsweise sein Partner, der sich im Homeoffice befindet und so gut wie keinen physischen Kontakt zu anderen Menschen hat, sind die Arbeitskolleg:innen für Fabian in Zeiten der Pandemie wichtige soziale Kontakte. Der »gute Draht«, den sie zueinander haben, der Zusammenhalt, den es im Team gibt, machen die Arbeit ungeachtet aller Schwierigkeiten zu einem positiven Aspekt und bewahren ihn vor der Gefahr zu vereinsamen. Und so ist es für ihn trotz allem »sehr angenehm auf die Arbeit zu gehen«.

Und auch von Seiten des Arbeitgebers wird laut Fabian versucht, die Angestellten so gut es geht in der Vereinbarung von Systemrelevanz, Pandemie und Familie zu unterstützen. So gebe es die Möglichkeit, in einer »Notunterkunft« – ein blödes Wort, wie Fabian findet – unterzukommen, wenn etwa ein:e Angehörige:r des Haushalts zur sogenannten Risikogruppe zählt. Zudem wurde eine Kindernotbetreuung eingerichtet für alle, die ihre Kinder eigentlich in der Kita oder Schule haben und die nun aufgrund des Lockdowns zu Hause versorgt werden müssten. Außerdem wurde für die Zeit zwischen 22 und 6 Uhr ein Shuttleverkehr eingerichtet, der »nur medizinisches Personal« kostenlos von A nach B bringt. »Also ich muss sagen, die versuchen halt echt Dinge. Man kann sich da halt nicht beschweren.«

Neben all diesen positiven Aspekten eines solidarischen Umgangs unter den Kolleg:innen, des Eigenengagements und der Bemühungen von Seiten des Arbeitgebers, kritisiert Fabian eigentlich nur die mangelnde Schutzausrüstung in deutschen Kliniken. Diese ist dem Fakt geschuldet, dass es in Deutschland bis dato so gut wie keine Eigenproduktion an medizinischer Ausrüstung wie Masken, Schutzanzügen, Desinfektionsmittel und Beatmungsgeräten gibt und man daher, wie viele andere Länder auch, auf Importe aus dem Ausland angewiesen ist. Der Mangel zu Beginn der Pandemie ist so akut, dass Unternehmen etwa aus der Automobilbranche ihre Produktion kurzerhand umstellten und anstelle von Komponenten für das Auto nun Mundschutzmasken produzieren, oder Spirituosen-Konzerne aus Alkohol nicht mehr feine Schnäpse, sondern Desinfektionsmittel herstellten. Dieser erlebte Mangel führt bei Fabian dazu, dass er sich dem Risiko einer Ansteckung schutzlos ausgesetzt sieht. Eine Sorge, die er auch mit nach Hause trägt, in dem Wissen, dass er auch seinen Lebenspartner jederzeit potentiell anstecken könnte. So musste er sich nach einer Notfall-OP, in der er ohne Schutzkleidung assistierte und der Patient aufgrund von Auffälligkeiten der Lunge positiv auf Corona getestet wurde, selbst testen lassen. Die »Angst vor der Quarantäne« und davor, dass er Daniel womöglich auch schon angesteckt haben könnte, waren für ihn ein »krasses« Gefühl, »weil es einfach auch sehr junge Menschen gibt, die daran zu Grunde gehen«. Fabian sieht sich als Fachkraft für Anästhesie und Intensivmedizin also ungeschützt einer erhöhten Gefahr der Ansteckung ausgesetzt. Zugleich beschreibt er sich aber auch selbst als Gefahr für andere und vor allem für seinen Lebenspartner, der sich trotz eines für ihn emotional anstrengenden »social distancings« – es fällt ihm langsam aber sicher »die Decke auf den Kopf« –aufgrund des »riskanten« Berufs von Fabian jederzeit anstecken könnte.

Wenn Fabian die Klinik nach einem durch Ruhelosigkeit und Unsicherheit bestimmten Arbeitstag verlässt und womöglich gerade wieder von einem Patienten auf der Intensivstation gehört hat, der 21 Jahre alt ist und aufgrund von SARS-CoV-2 intubiert werden muss, wünscht er sich klare politische Handhabungen gegen alle jene, die den Ernst der Lage aus seinen Augen noch nicht verstanden haben. Vor allem Menschen, die in Parks sitzen »und zwischen zwei Bäumen einen Slackline aufbauen«, findet Fabian »echt nicht cool«. Er verstehe es zwar einerseits, dass man nach dem langen und grauen Winter in der Großstadt raus ins Grüne und an die frische Frühlingsluft möchte, zieht aber andererseits eine ganz klare Grenze zwischen einem angebrachten und einem unangebrachten Verhalten. Ein Spaziergang draußen, zu zweit etwa, ist natürlich in Ordnung, sich aber mit Menschen zum Vergnügen in Gruppen zu treffen, ist für Fabian unbegreiflich. Hier scheint die apokalyptische Realität, mit der er in der Klinik konfrontiert wird, auf eine heile Welt zu treffen, die es so gerade nicht mehr geben darf. Dieses sorglose »In-Gesellschaft-Sein« sieht er als verantwortungsloses und gleichzeitig vermeidbares Risiko für sich und seine Arbeitskolleg:innen, die sich tagtäglich auf den Ausnahmezustand vorbreiten und durch die Bilder aus Italien in der Angst leben, dieselben Szenarien durchmachen zu müssen. Während Fabian sich aufgrund seines »systemrelevanten« Jobs keinerlei ökonomischem Risiko ausgesetzt sieht und ihn der tägliche Kontakt zu seinen Kolleg:innen sowie das Zusammenleben mit Daniel vor sozialer Vereinsamung bewahrt, sieht er also vor allem im Sozialverhalten anderer ein großes Risiko für sich, für die Klinik, aber auch für den weiteren, kontrollierten Verlauf der Pandemie in Deutschland. Er wünscht sich deshalb einen starken, mithilfe von Bußgeldern durchgreifenden Staat, der ihn vor allem vor dem Risiko überfüllter Kliniken bewahrt. Die »harte Tour« scheint für ihn der Schlüssel zum Erfolg zu sein, denn wenn sich die Deutschen an etwas halten, dann seien das »Schilder und Verbote«.

Interview: Martina Hasenfratz, 02. April 2020

»Es geht uns allen so langsam die Puste aus.«

Martina Hasenfratz

Die 30-jährige Luise lebt gemeinsam mit ihrem Ehemann Marius und ihren drei Kindern in einem kleinen Dorf im Südwesten von Deutschland. Ihr Sohn Lukas ist sechs Jahre alt, Tochter Mariella fünf und Julian drei; der Älteste geht in die Schule, die beiden jüngeren Geschwister besuchen den Kindergarten. Die fünfköpfige Familie, die mit einer Katze und einem Kaninchen auch tierische Mitbewohner:innen hat, wohnt zur Miete in einem sanierten Bauernhaus, mit zwei Stockwerken, einem Keller und Dachboden. Hinter dem Haus gibt es eine große Terrasse, die in eine noch größere Wiese mündet. Luise ist gelernte Industriekauffrau, arbeitet nun aber in Teilzeit in einem großen Supermarkt. Durch die Coronapandemie erfährt Luise eine bisher nicht dagewesene Aufmerksamkeit ihres Tätigkeitsbereichs in der öffentlichen Debatte, denn Supermarktangestellte zählen seit dem Lockdown zu den sogenannten »systemrelevanten« Berufen. Sie selbst fühlt sich gar nicht als »neue Heldin« und ist fast ein wenig überrascht, als ich sie danach frage. Eher beiläufig erzählt sie, dass sie wohl eine Woche vor Ostern Warengutscheine bekommen werden – als kleines Dankeschön –, was sie »schon nett« findet.

Luise hat viel zu tun, weswegen sich die Terminfindung für ein Gespräch schwierig gestaltete. Schließlich telefonieren wir an einem Sonntagabend und damit an ihrem einzigen »freien« Tag in der Woche. Als ich sie anrufe, höre ich im Hintergrund die Stimmen der Kinder. Luise zieht sich ins Schlafzimmer zurück, um einen ruhigen Ort für das Gespräch zu haben und um der lautstarken Diskussion der Kinder zu entkommen: Sie wollen nicht schlafen gehen und scheinen noch hellwach zu sein. Den Tag haben sie draußen verbracht, erzählt Luise. Es war einer der ersten warmen Frühlingstage, »T-Shirt-Wetter« also. Gemeinsam mit Marius hat sie die Terrasse für den Frühling und Sommer hergerichtet, danach haben sie gegrillt und die ersten Sonnenstrahlen in vollen Zügen genossen. Denn »wenigstens ist das Wetter ganz gut, dann können die Kinder in den Garten raus«.

Die vergangene Woche war sehr anstrengend für Luise. Das tägliche »Beschäftigungsprogramm« für die Kinder, die seit dem Lockdown nun alle zu Hause sind – Schulen und Kindergarten wurden zur Eindämmung von SARS-CoV-2 Mitte März geschlossen –, schlaucht sie doch mehr, als sie es sich vielleicht eingestehen mag. Vor allem die unterschiedlichen Bedürfnisse ihrer Kinder unter einen Hut zu bekommen – »es sind ja drei total verschiedene Kinder« – stellt Luise immer wieder vor eine große Herausforderung. Während Lukas als Erstklässler täglich Schulaufgaben zu erledigen hat und dafür Ruhe und Struktur braucht, um sich konzentrieren zu können, möchten Mariella und Julian vor allem toben, spielen, backen und am liebsten jeden Tag etwas Anderes erleben: »Es darf halt nie langweilig werden.« Auch das ist nicht immer leicht für Luise, denn sie ist schließlich »keine Erzieherin«, die aus einem Repertoire von Ideen schöpfen kann. Und so versucht sie jeden Tag aufs Neue den Spagat zwischen konzentrierter Schularbeit und spielerischer Beschäftigung so zu bewältigen, dass keines der drei Kinder den Kürzeren zieht und alle mal auf ihre Kosten kommen: »Da muss halt jeder mal dran und jeder muss mal zurückstecken.« Vor allem die Beschulung von Lukas bereitet ihr immer wieder Sorgen, da seine Motivation von Tag zu Tag schwindet. Er fragt sich: Warum soll ich das jetzt machen, wenn ich es auch später machen kann? Aufgrund dieser Schwierigkeiten ist Luise davon überzeugt, dass es für die Beschulung auf jeden Fall Fachpersonal braucht und dass auch die Kinder auf professionelle Lehrkräfte angewiesen sind, um wirklich etwas zu lernen:

»Die brauchen ausgebildetes Personal, so wie jetzt die Lehrerin genau weiß, wie sie mit den Kindern umgehen muss und was sie machen muss, damit die hinsitzen und lernen und das auch wollen. Ich bin auch überhaupt nicht begeistert von dem, was da immer geredet wird: vielleicht kriegt man jetzt ein paar Ideen für Schule zu Hause. Wenn ich das hätte machen wollen, dann wäre ich Lehrerin geworden.«

Neben der Schule und dem Kindergarten als feste Strukturen fehlen den Kindern ganz besonders der Kontakt zu ihren Freund:innen und ihre unterschiedlichen Hobbys, denen sie eigentlich nachgehen: Ballett, Schwimmen, Fußball. Das ist alles nicht mehr möglich und führt dazu, dass sie abends noch nicht müde sind, sondern »aufgekratzt« und voller Energie. Wenn Marius, der Vollzeit bei einem Unternehmen für Umweltsysteme und Abwasseranlagen arbeitet, von der Arbeit nach Hause kommt, wollen die drei Kinder nicht, wie sonst immer, einfach nur kuscheln, sondern mit Papa

»Blödsinn machen und kämpfen«. Auch Marius merkt, dass die Kinder weniger ausgelastet und auch weniger zufrieden sind als sonst.

Vor dem Ausbruch der Coronapandemie und den massiven Einschränkungen der sozialen Kontakte haben Luise und Marius immer gerne die Hilfe der Großeltern, die beide in Rente sind, in Anspruch genommen. Nun gelten Kinder, auch wenn sie keine Symptome zeigen, als potentielle Gefahr für die Gesundheit der Großeltern, die wegen ihres Alters zur Risikogruppe zählen. Luise möchte dafür keine Verantwortung übernehmen und stellt fest: »Die Entscheidung liegt bei Oma und Opa. Ich sage, meine Kinder sind fit, die haben nichts und es ist alles gut. Mehr kann ich aber nicht sagen.« Da die Großeltern dieses Risiko ernst nehmen und sich Sorgen um ihre Gesundheit machen, ist sie tagsüber also auf sich allein gestellt und erst, wenn ihr Ehemann abends von der Arbeit kommt, hat sie auch mal Zeit für sich. Dann kann sie duschen und zur Ruhe kommen. Sonntag, wenn alle zu Hause sind, bedeutet für Luise deshalb vor allem eins: Ausschlafen.

Neben ihrer Hauptrolle als Mutter und der Rundumbetreuung der Kinder arbeitet sie zusätzlich an drei Tagen in der Woche in einem großen Supermarkt als Kassenaufsicht und ist damit für alle Probleme verantwortlich, die im Umgang mit den Kund:innen auftreten. Zusätzlich kümmert sie sich um den Nachschub an Wechselgeld und ist Ansprechpartnerin für alle Belange und Sorgen der Kassierer:innen. Nur in seltenen Fällen, wenn besonders viel los ist, sitzt sie auch selbst an der Kasse. Am Donnerstagabend arbeitet Luise vier Stunden, Freitagabends fünf und am Samstag können es je nach Ansturm gut sieben Stunden werden. Obwohl das eine zusätzliche Belastung ist und obwohl sie voll und ganz in ihrer Rolle als Mutter aufgeht, ist sie doch sehr froh darüber, dass sie an drei Tagen wenigstens für ein paar Stunden das Haus verlassen kann und Marius sich um die Kinder kümmert. Ohne diese Arbeit würde sie sich sehr einsam fühlen, da die Kolleg:innen derzeit ihre einzigen Kontakte außerhalb der Familie sind. Luise beschreibt sich als eine sehr gesellige Frau, die es liebt, mit Freundinnen »frühstücken« zu gehen oder sich mal auf einen Kaffee zu treffen, sich »auch mit anderen Mamas« auszutauschen. Die Pandemie birgt in ihren Augen deshalb auch eine besondere psychische Gefahr. Erst kürzlich habe sie dazu einen Bericht gesehen und findet, dass »der gar nicht so unrecht hat, mit diesen Depressionen und so«. Der ausschließlich digitale Kontakt über WhatsApp bzw. über das Telefon ist »ganz furchtbar« und bietet auch keinen ausreichenden Ersatz für körperlich präsenten Austausch; Luise ist der Meinung, dass sich die Politik zu wenig um solche Probleme kümmert.

»Alles wird geschlossen. Menschen werden unzufrieden, es wird alles teurer. Die fragen ja dann immer erst hinterher: Warum ist das jetzt alles so? Wie ist es mit uns? Mit unserer Gesundheit, wenn wir dann Monate lang ohne soziale Kontakte, ohne das alles sind? Wie finden die Kinder wieder in ihren Alltag zurück? Über solche Sachen macht sich ja keiner Gedanken.«

Generell ist Luise mit den staatlichen Maßnahmen zur Eindämmung der Pandemie, die sie als Schutz »unserer Wirtschaft« betrachtet, also eher unzufrieden. Besonders frappierend findet sie, dass kleine Unternehmen der Dienstleistungsbranche wie der Friseur um die Ecke, die zahlreichen kleinen Cafés und italienischen Eisdielen alleine gelassen werden. Wenn sie daran denkt, dass diese die Pandemie womöglich nicht überleben und ihre Existenz verlieren, bekommt sie richtig schlechte Laune und Zweifel an der tatsächlichen Ernsthaftigkeit der gesundheitsbedrohenden Lage: »Ich weiß nicht, ich bin kein Mediziner, ich weiß nicht, ob das wirklich alles so dramatisch ist, wie das immer hingestellt wird oder nicht, aber ich weiß, dass die dann Unterstützung kriegen sollten. Die schaffen das nicht bis zu Pfingsten.« Ihren ursprünglichen Optimismus, dass das alles bis Ostern vorbei sei, hat sie inzwischen verloren und glaubt, dass die Einschränkungen auf jeden Fall bis Pfingsten andauern werden. Wütend berichtet sie von Arbeitskolleginnen, deren Ehemänner bereits in Kurzarbeit sind oder ihren Job ganz verloren haben. Niemand würde sich für diese Menschen verantwortlich fühlen und »den Ausfall zahlen«, sie seien ja schließlich unfreiwillig zu Hause. Luise prophezeit, dass »es irgendwann die Gruppe geben [wird], die sagt, so geht das jetzt nicht mehr. Und die stehen dann auf und dann gibt es Ärger. Ich habe manchmal das Gefühl, das ist die Ruhe vor dem Sturm«. Dass die Bundesregierung ein bis dato beispielloses, milliardenschweres Hilfspaket auf den Weg bringen wird und dass es eine diffuse und laute Gruppe von sogenannten »Querdenkern« geben wird, konnte Luise zum Zeitpunkt des Interviews noch nicht wissen.

Im Supermarkt geht es in der Anfangszeit des Lockdowns heiß her: die Hamsterkäufe vieler Kund:innen machen Schlagzeile; Klopapier, Hefe, Mehl und Nudeln sind plötzlich Mangelware. Luise selbst beobachtet, dass es zwei Typen von Kund:innen gibt. Die, die »total Angst haben vor dem Virus« und in ihrer Weltuntergangsstimmung möglichst fünf Packungen Klopapier kaufen wollen und diejenigen, die »irgendwie einen Scheiß darauf geben. Sich aus Corona überhaupt nichts machen und die dann zu uns sagen, wir wären total durchgeknallt mit unseren Sicherheitsvorschriften«. Die Emotionen der Kund:innen prasseln durch Corona also verstärkt auf

Luise ein und sie muss häufiger denn je Streitereien schlichten. Es kommt vor, dass der eine oder die andere »dann auch mal wutentbrannt aus dem Laden rennt«. Aus ihrer Beobachtung leitet sie zwei ans Licht tretenden Tendenzen ab, wie mit SARS-CoV-2 und dessen gesundheitlichen Risiken umgegangen wird: Übertriebene Angst und eine Relativierung der Risiken und Gefahren. Sie selbst verortet sich trotz ihres Asthmas zwischen diesen beiden Extremen: »Also ich bin jetzt eine, die hat nicht so viel Angst vor dem Coronavirus. [...] Ich gehe arbeiten, ich halte mich an die Anweisungen, die Hygieneanweisungen mit Händewaschen und Desinfizieren und so weiter, Abstand halten, Handschuhe tragen.« Diese Vorschriften der Hygiene, die Bereitstellung von Desinfektionsmittel am Arbeitsplatz und die Plexiglasscheiben an der Kasse geben Luise die notwendige Sicherheit im Umgang mit dem unsichtbaren Risiko und stellen eine Distanz zwischen ihr und den Kund:innen als potentielle Gefahrenkörper her. Sie fände es gut, wenn diese Maßnahmen auch nach der Pandemie fortbestehen würden, denn Viren und Bakterien hat es schließlich auch vor Corona schon gegeben; auch danach werden sie nicht verschwinden. Unwillkürlich fällt ihr die Toilettentür im Supermarkt ein und »will gar nicht wissen«, was es dort alles zu finden gibt.

Verantwortungslos findet sie vor allem solche Eltern, die gerade während des Lockdowns das Einkaufen als »Familienausflug« nutzen. Der Besuch im Tierpark oder das Eis essen wird durch den täglichen Gang in den Supermarkt ersetzt, »die kaufen sich dann ihre zwei Sachen und kommen am nächsten Tag wieder«. Damit setzten sie sowohl die Kinder und sich selbst als auch die Mitarbeiter:innen des Supermarkts und die anderen Kund:innen fahrlässig einem erhöhten Infektionsrisiko aus: »Weil Kinder fassen halt auch gerne alles an. Das machen meine ja auch gerne.« Eine von ihrem Arbeitgeber geschaltete Durchsage, möglichst ohne Kinder einkaufen zu gehen, scheinen viele erfolgreich zu ignorieren.

Seit dem Ausbruch von Corona in Deutschland geht Luise viel durch den Kopf: Familie, Beruf, Wirtschaft, Politik, Psyche. Menschen, die in ihrem Umfeld ihren Job verlieren, Cafés, die schließen müssen, Kinder, die nicht in den Kindergarten und in die Schule dürfen, Arbeitskolleg:innen, die sich zu Hauf krankschreiben lassen, Menschen, die vereinsamen. Um etwas zur Ruhe zu kommen und nicht unkontrolliert in die Flut an teilweise sich widersprechenden Informationen und Hiobsbotschaften zu kommen, hat sie inzwischen aufgehört, zu viele Nachrichten über Corona zu lesen. Die Doppelbelastung von Familie und Beruf schlaucht sie, wie auch andere Mütter und Väter: »Es geht uns allen so langsam die Puste aus.« Sollte die

Pandemie und der Ausnahmezustand noch lange andauern, werde es mit den Eltern eine neue Risikogruppe geben, fügt sie mit einem Lachen hinzu.

Interview: Martina Hasenfratz, 05. April 2020

Essay

Heroisierung als Entpolitisierungsstrategie: Die unfreiwilligen Held:innen der Krise

Roman Kiefer und Ruth Manstetten

> »Preise mir jetzt nicht tröstend den Tod, ruhmvoller Odysseus. Lieber möcht ich fürwahr dem unbegüterten Meier, der nur kümmerlich lebt, als Tagelöhner das Feld baun, Als die ganze Schar vermoderter Toten beherrschen.«
>
> Hom. Od. 11, 488–491, etwa 800 v. Chr.

Der tote Achilles, Held von Troja, teilt Odysseus bei dessen Besuch in der Unterwelt mit, dass er die Entscheidung für einen frühen und ruhmreichen Tod bereut. Eine Erkenntnis, die das Ende des Heroismus hätte bedeuten können. Stattdessen wirkt das Problem der Heroisierung bis heute fort. Wer im Frühjahr 2020 nicht mit dem Aufspüren von Viren und Infektionsketten beschäftigt war, begab sich stattdessen – so schien es mit einem Blick in die Medien – auf die Suche nach den neuen Held:innen des Coronazeitalters. Zeitungen[1] erklärten, »warum auch Müllmänner jetzt Corona-Helden sind« (Klemenz 2020), Twitternutzer:innen bedankten sich bei Supermarktmitarbeiter:innen und Angela Merkel (2020) lobte in einer Fernsehansprache den Durchhaltewillen all derjenigen, die »für uns in diesem Kampf in der vordersten Linie« stehen. Vor der Kulisse von Leichentransporten in Armeelastern aus Bergamo, Massengräbern in New York und einem von Kriegsmetaphorik durchtränkten Diskurs, spielte sich eine euphorische Suche nach Held:innen ab. In seltener Einigkeit stimmten Regierung, Medien und breite Teile der Bevölkerung in die Lobeshymnen ein, während den neuen Held:innen erste Denkmäler gesetzt wurden: Künstler:innen von Bansky bis BAP verewigten tapfere Krankenschwestern, Menschen, die »Erstaunliches leisten« (Idowa 2020), erhielten Auszeichnungen und von Fenstern und Balkonen erklang zu verabredeten Zeiten Applaus.

---

1 Die meisten der im Folgenden genannten Quellen stammen aus dem medialen öffentlichen Diskurs, insbesondere aus regionalen und überregionalen deutschen Zeitungen. Die jeweiligen Details zu den Artikeln und Zeitungen stehen im Literaturverzeichnis.

Held:innenfiguren sind immer narrative Konstruktionen, »es gibt keine Helden jenseits dessen, was und wie über sie erzählt wird« (Bröckling 2020a: 19). Die medialen Erzählungen aus dem Jahr 2020 ähnelten dabei in vieler Hinsicht dem klassischen Heldenepos: Heroisiert wurden diejenigen, die sich zum Wohle der Gemeinschaft unkontrollierbaren Gefahren aussetzten und ohne zu murren ihr Leben riskierten. Nur das Bild der typischen Heldenfiguren hatte sich diversifiziert: Klassische Heroen – die sich meist gleichermaßen durch Exzeptionalität, Kampfesgeist und Männlichkeit auszeichnen – wichen in der Coronapandemie alltäglicheren, oft femineren und zudem schlecht bezahlten Erscheinungen, die an den Fronten – Supermarktkassen und Krankenbetten – Überstunden schoben. Vielleicht wäre der maskuline Anstrich des Heroischen erhalten geblieben, ließe sich nur auf das Virus schießen oder es zumindest behandeln. So drängte das unsichtbare Virus diejenigen in den Vordergrund, die durch ihre nun »systemrelevanten« Tätigkeiten eine Ansteckung riskierten wie Krankenpfleger:innen, Kassierer:innen oder LKW-Fahrer:innen.

All das wirft einige Fragen auf: Wie kommt es, dass in Deutschland gerade zu Beginn der Pandemie das Faible für Alltagsheld:innen (wieder)entdeckt wurde? Was hat es mit der Heroisierung bestimmter Berufsgruppen aus dem Care-Bereich und Niedriglohnsektor in einer Zeit auf sich, in der die soziale Ungleichheit weiter zunimmt? Und was haben die Heroisierten von ihrem Ruhm? Diesen Fragen gehen wir im Folgenden in tentativer Absicht nach. Dabei stellen wir vor dem Hintergrund des Zusammenhangs zwischen der Coronapandemie, sozialer Ungleichheit und dem Verlangen nach neuen Held:innen die These auf, dass die Heroisierungen zu Beginn der Pandemie als eine Entpolitisierungsstrategie verstanden werden können, die die Opferung der Coronaheld:innen vorbereitet.

Zieht man Ulrich Becks (1986) *Risikogesellschaft* zurate, scheint diese auf den ersten Blick kein guter Ort für Held:innen zu sein. Schließlich geht es in ihr um das Beherrschbarmachen der Zukunft mithilfe durchrationalisierter Techniken. Der klassische Held neigt hingegen zu Grenzüberschreitungen und verkörpert mit seinem Hang zum Gefährlichen etwas genuin Unkalkulierbares (Bröckling 2020a: 29 f.). Warum also erschallte gerade zu Beginn der Pandemie, einer Zeit erhöhter Risikowahrnehmung, der Ruf nach Held:innenfiguren? Warum fiel der bisherige Höhepunkt des Heroisierungsschubs im April 2020 ausgerechnet mit einer Zeit zusammen, in der im großen Stil Techniken der Risikogesellschaft zum Tragen kamen? Einer Zeit, in der sich das Robert Koch-Institut in täglichen Pressekonferenzen den Fragen widmete, mit denen die pandemischen Gefahren in beherrschbare Risiken verwandelt werden sollten: Steigen oder fallen die Werte? Wie tödlich ist das Virus? Wie viele Beatmungsgeräte sind noch frei? Bei genauerer Betrachtung ist die Parallelität von rituellen Huldigungen einerseits und den rationalisierten Versuchen der Einhegung des Virus andererseits kein Widerspruch: Die neuen Held:innen tauchten im Diskurs auf, als ein Zusammenbrechen der Gesundheitsversorgung als realistisch erschien. Der Wunsch nach ihnen drückte das Scheitern einer umfassenden und kontrollierten Einhegung dieser Gefahr aus. Denn es wird – wie Ulrich Bröckling (ebd.: 193) bemerkt – »nach Helden [...] immer dann gerufen, wenn es darum geht, nicht transferierbare Restrisiken auf sich zu nehmen«. Die neuen Held:innenfiguren können somit als Versuch einer positiven Umdeutung von gesellschaftlichen Ohnmachtsgefühlen in Zeiten der Krise verstanden werden. Mit Bröckling (ebd.: 17) lassen sie sich eher als »ein Symptom der Krise« und nicht »als eine Instanz, die sie löst«, fassen. Das erklärt auch, warum das Krisenereignis, das Becks *Risikogesellschaft* zu einer so breiten Rezeption verhalf, nicht ohne Held:innen auskam: Nach der Katastrophe in Tschernobyl wurden Menschen eingesetzt, deren Aufgabe es war, unmittelbar nach der Explosion im Atomkraftwerk, die Schäden der Havarie einzudämmen. Dafür ehrte man sie mit Denkmälern und Medaillen.

Für die These der Heroisierung als Vorbereitung eines Opfers spielt die Zeitlichkeit eine wichtige Rolle: Als im März 2020 die Heroisierungsmaschine in Deutschland anlief, stand der Höhepunkt der ersten Welle noch bevor. Pfleger:innen wurden also schon beklatscht, als die Krankenhäuser noch nicht überlastet waren. Das legt nahe, dass die Logik der Heroisierung nicht nur auf der Anerkennung bereits erbrachter Taten beruht, sondern ihr ein appellatives Moment anhaftet. Sie forderte Menschen dazu auf, Heroisches zu vollbringen: Die Heroisierten sollten sich in ihrem Arbeitsalltag einem tödlichen Virus aussetzen und über ihre Belastungsgrenzen gehen. Der Grundtenor der Rechtfertigung dieses Opfers lautete, dass »bestimmte Bereiche des öffentlichen Lebens aufrechterhalten werden [müssen]« (Mundt 2020). Sätze aus Tageszeitungen wie »Dabei können sich die Deutschen auf viele Menschen verlassen, auch auf all die, die – buchstäblich – den Laden am Laufen halten« offenbarten die Anforderungen an die Heroisierten: Verlässlichkeit, Durchhaltewillen und permanente Präsenz. Wer die Heroisierung verdienen möchte, verrichte »treu und pflichtbewusst [...] täglich [ihre] Arbeit« (Donath 2020) »ohne groß zu stöhnen« (BAP 2020).

Der Imperativ, der den Heroisierungen innewohnt, offenbarte dabei auch eine Angst: Was, wenn die vielen Menschen aus dem Niedriglohnsektor und Care-Bereich, deren Arbeit bis dahin kaum Anerkennung fand, dem Ruf nicht folgten? Was, wenn sie streikten, kündigten, sich weigerten? Dann, das sickerte schlagartig ins gesellschaftliche Bewusstsein, würden Gesundheitssektor und Lebensmittelversorgung zusammenbrechen. Es wirkte, als realisierten viele Menschen zum ersten Mal, wie sehr das gesellschaftliche Zusammenleben in seiner bekannten Form vom Arbeitsethos, Durchhaltewillen und der Opferbereitschaft ungelernter Arbeiter:innen, Pflegekräfte und Kassierer:innen abhängt. »Ohne sie läuft gerade nichts« (Donath 2020) war immer wieder zu lesen. Die Heroisierungswelle lässt sich so gesehen auch als eine Art flehendes symbolisches Tauschangebot interpretieren: 15 Minuten Ruhm und Applaus für diejenigen, die trotz Pandemie weiterarbeiten.

Die Frage nach dem Zusammenhang von Heroisierungen und sozialer Ungleichheit ist auch vor dem Hintergrund interessant, dass Corona im Frühjahr 2020 als der große »Gleichmacher« beschworen wurde. Das Virus unterscheide nicht nach sozialer Herkunft oder Einkommen hieß es, sondern zeige die Sterblichkeit aller Menschen auf. Zwar machte bereits Friedrich Engels (Marx/Engels 1989: 233) darauf aufmerksam, dass Krankheiten vor Klassengrenzen nicht Halt machen und konstatierte: »Die Kapitalistenherrschaft kann sich nicht ungestraft das Vergnügen erlauben, epidemische Krankheiten unter der Arbeiterklasse zu erzeugen; die Folgen fallen auf sie selbst zurück, und der Würgengel wütet unter den Kapitalisten ebenso rücksichtslos wie unter den Arbeitern.« Allerdings diagnostizierte er mit dieser Erkenntnis keineswegs eine Auflösung von Klassengrenzen. Als Beck (1986: 48) etwa 100 Jahre später ganz ähnlich formulierte »Not ist hierarchisch, Smog ist demokratisch«, ging er hingegen von einem Relevanzverlust von Klasse aus. Eine Annahme, die nun angesichts der Pandemie erneuert wurde. Bakterielle, nukleare oder virologische Verseuchungen scheinen hier bis zu einem gewissen Maß austauschbar. Die Vorstellung einer viralen Bedrohung, die sowohl Arm als auch Reich betreffe, wurde im April 2020 diskursiv durch ein einendes, sich als Gesamtgesellschaft verstehendes »Wir« vermittelt, das gemeinschaftlich und solidarisch gegen das Virus kämpfe. Optimistische Soziolog:innen wie Heinz Bude (2020) sprachen in diesem Zusammenhang von einer neuen »Solidarität aus dem Gefühl der individuellen Verwundbarkeit« heraus, einer »Solidarität wechselseitiger Hilfe, gewissermaßen auf Augenhöhe«.

Doch das einende »Wir« verschleiert Brüche, Spaltungen und Ungleichheiten.[2] Die Betonung eines gemeinsamen Kampfes gegen ein vorurteilsfreies Virus verdeckt die verschiedenen Positionierungen und Bedingungen in diesem Kampf. Die Coronakrise, das bestätigen inzwischen zahlreiche Studien, fungiert nicht als Gleichmacher, sondern verschärft soziale Ungleichheiten (u.a. Hövermann/Kohlrausch 2020). Es wachsen nicht nur die Unterschiede zwischen Arm und Reich, sondern auch das Ansteckungsrisiko ist ungleich verteilt. Menschen, die in beengten Verhältnissen wohnen, im öffentlichen Raum arbeiten oder keine Erwerbsarbeit haben, tragen ein deutlich höheres Risiko einer Covid-19-Erkrankung (Dragano u.a. 2020; Oxfam 2021).

Angesichts dieser Entwicklungen erweist sich die Annahme einer Nivellierung der Klassengrenzen, ob nun durch Viren oder atomare Strahlung, als kaum haltbar. Vielmehr tritt die Relevanz von Klasse in den unterschiedlichen Rollen, die Menschen in der Bewältigung der Pandemie einnehmen, überdeutlich hervor. Während im Frühjahr 2020 die generelle Anforderung an die Bevölkerung lautete, nicht mehr »in-Gesellschaft-zu-sein«, weswegen sich die Mittelklasse im Homeoffice verschanzte und die Oberklasse sich wahlweise auf den Landsitz oder die Yacht zurückzog, schickte man die Pfleger:innen, Paketbot:innen und Kassierer:innen des Landes »an die Front«. Im Modus der Heroisierung verschleiert das »Wir« all diese Ungleichheiten und beruft sich auf seine bindende Kraft: Es proklamiert eine Gemeinschaft, die angesichts der viralen Bedrohung Werte wie Zusammenhalt und Solidarität für sich beansprucht. Die Held:innen sollen sich so sehr mit dieser Gemeinschaft identifizieren, dass sie für deren Fortbestehen zu erkranken bereit sind. Wer sich der Heroisierung entziehen will, die entsprechende Opferbereitschaft nicht aufbringt, droht sich ins moralische Aus zu manövrieren.

Bei einer genaueren Betrachtung des Diskurses fällt auf, dass neben den »Frontkämpfer:innen« noch eine andere Gruppe heroisiert wird. Es

---

2 Von diesem »Wir«, das sich vornehmlich über den Kampf gegen das Virus konstituierte, spalteten sich später sogenannte Coronaleugner:innen ab, die diesen Kampf und sogar das Virus, gegen das er sich richtete, in Frage stellten. Damit wurden sie zum »Anderen« des »Wirs«, die fortan vielen eine Abgrenzungsfolie boten. Zugleich war das »Wir« zu keinem Zeitpunkt tatsächlich das »Wir« all derjenigen, die sich an der Bewältigung der Krise beteiligten. Vielmehr lebten in ihm auch nationale Konstruktionen auf, die sowohl erklären, warum rumänische Spargelstecher:innen und Schlachthofmitarbeiter:innen im Heroisierungsdiskurs keinen Platz fanden, als auch, warum im Moment der pandemischen Bedrohung eine Rückbesinnung auf nationalstaatliche Grenzen stattfand.

handelt sich im weitesten Sinne um ehrenamtlich Engagierte: Studierende, die Einkäufe für Risikogruppen übernehmen, Unternehmer:innen, die versuchen, ihre Betriebe aufrechtzuerhalten, oder Bessergestellte, die etwas abgeben. Dieser zweite diskursive Strang zielt eher auf die Darstellung von Tatkraft ab, die in der Geschichte von Heroisierungen seit jeher zentral ist. Steht bei der ersten Gruppe das Weiterarbeiten unter schwierigeren Bedingungen im Vordergrund, so ist es bei der zweiten die Innovation: »In der Krise entdecken viele Menschen, was ihnen wirklich wichtig ist – und helfen anderen auf völlig neue Weise.« (Albes 2020) Diese Innovationen fußen auf einer spezifischen gesellschaftlichen Stellung, die mit bestimmten Ressourcen verbunden ist. Ob es sich dabei um eine ungenutzte Wohnung handelt: »In Berlin wohne ich in der Nähe der Charité. [...] Ich [bot] über Instagram und Facebook an, dass Klinikmitarbeiter dort vorübergehend kostenlos wohnen können.« (ebd.), oder nur um Zeit: »Wir sind jung, haben Zeit – und helfen gern.« (ebd.) – die Held:innen geben, was sie gerade nicht brauchen. Es handelt sich hierbei um zwei Stränge eines Diskurses, die sich komplementär zueinander verhalten. Steht auf der einen Seite das Opfer im Vordergrund, das die Angestellten erbringen sollen, so ist es auf der anderen Seite die Autonomie, die sich in Tatkraft manifestiert – sie beide gehören zum Narrativ des Heroischen. Doch während in den großen Heldensagen das Heroische meistens mit dem Attribut der »Freiwilligkeit« versehen wird, ist diese nur bei der zweiten Gruppe gegeben. Bei Menschen in Angestelltenverhältnissen ist es durchaus fragwürdig, wie freiwillig sie sich aufopfern. Für sie konkurriert die Bedrohung durch das Virus mit der Gefahr einer Kündigung. Die Heroisierung verdeckt diesen Umstand, indem sie die Krise mit Figuren der Tatkraft ordnet, die sich gerade durch Entscheidungsfreiheit auszeichnen. Fiele dieser Punkt weg, so würden aus Held:innen schnell Opfer werden.

Den ungleichen Voraussetzungen der Heroisierung entsprechend, fallen auch die Zurückweisungen der pathetischen Fremdzuschreibung unterschiedlich aus. Der Gründer einer italienischen Technikfirma verlangte etwa: »Nennt uns nicht, wie manche es getan haben, Helden. Klar, Menschen wären [sonst] gestorben, aber wir haben nur unsere Pflicht getan.« Mit dieser Bescheidenheit offenbarte er sich erst recht als Held und so folgerte die taz: »Wer so etwas sagt, ist meistens genau das, was er dementiert zu sein: ein Held.« (Snethlage 2020) Die selbstlose Zurückweisung hat ihre eigene Funktion in der Distinktionsstrategie der Heroisierung. »Egoismus gilt als Normalfall, deshalb müssen sich die heroischen Ausnahmegestalten davon absetzen.« (Bröckling 2020a: 57) Im heroisierten Gesundheitsbereich ist die Tonlage der Zurückweisung hingegen eine andere. Das zeigen Buchtitel wie zum Beispiel *Euren Applaus könnt ihr euch sonst wohin stecken* von Böhmer (2020), oder die Plakate der Pflegekräfte, die im Herbst 2020 in Berlin streikten. Auch in Onlinediskussionen macht sich bemerkbar, wie wenig einige Protagonist:innen des Heroisierungsdiskurses diesem abgewinnen können. So schrieb *frauschwester_* auf Instagram: »Ich bin keine Heldin. Ich bin Krankenpflegerin. Ich will meinen Job machen und angemessen dafür bezahlt werden. Ich will genügend Ausrüstung, um mich, meine Familie und meine Patient:innen zu schützen. Ich will mehr Kolleg:innen, weil wir dem Arbeitsaufwand schon lange nicht mehr gewachsen sind.« Mit solchen Worten lehnen Krankenhausangestellte die Opferung, die in der Heroisierung angelegt ist, ab. Die zitierte Krankenpflegerin macht ein Entweder-Oder zwischen ihrem Beruf und der Zuschreibung als Heldin auf. Damit zweifelt sie auch an, dass das neue Held:innentum zu einer Verbesserung ihrer Situation beitragen werde.

Doch kann nicht gerade die neue Aufmerksamkeit den Coronaheld:innen dazu verhelfen, ihre politischen Anliegen durchzusetzen? Wie kommt es, dass viele Pfleger:innen, die für bessere Arbeitsbedingungen kämpfen, sich so vehement – teils geradezu patzig – gegen ihre Heroisierung wehren? Die Antwort darauf liegt in der Logik der Heroisierung selbst begründet. Als Held:innen lassen sich diejenigen feiern, die sich Gefahren aussetzen und bereit sind, Opfer zu erbringen: Wer ohne Schutzausrüstung inmitten einer Pandemie Überstunden leistet, bietet gutes Material für Held:innenerzählungen. Wer hingegen unter sicheren Bedingungen seinen Beruf ausübt, lässt sich schwerlich heroisieren. Der Wunsch nach besseren Arbeitsbedingungen steht somit zentralen Elementen des Heroischen entgegen. Held:innen, die solche einfordern, verkörpern demnach nicht nur einen Widerspruch, sondern verraten auch den heroischen Kodex, für die eigenen Taten keine Gegenleistungen zu erwarten. Pfleger:innen wie *frauschwester_* scheinen das entpolitisierende Potential, das vom Heroischen ausgeht, durchschaut zu haben. Auch wenn sie sich mit der Ablehnung der Heroisierung unbeliebt machen, ist ihnen wohl bewusst, dass sie nur als Pflegekräfte politische Forderungen stellen können, während sie als Held:innen schlicht das Opfer zu tragen haben. Hinzu kommt, dass die heroischen Appelle »an ihrem individualistischen Bias [kranken]. Was Ohnmachtsgefühle abbauen und zu couragiertem Einmischen ermutigen soll, verengt die Aufmerksamkeit auf das Wirken Weniger und erschwert so den Aufbau von Gegenmacht«

(Bröckling 2020a: 229 f.). Die Heroisierung kann somit als Gegenstück zur Politisierung fungieren, sie lässt sich gar als Strategie der Entpolitisierung interpretieren.

Das bewies auch das Frühjahr 2020: Auf gesamtgesellschaftlicher Ebene fand eine Politisierung im Sinne eines Bewusstwerdens über die menschengemachte Ordnung statt. Nationale und regionale Regierungen entdeckten ihre politische Handlungsmacht wieder und verabschiedeten Maßnahmen um Maßnahmen und Programme um Programme. Sachzwänge, die angesichts von Klimawandel und Armutskrise als Rechtfertigung für Nicht-Interventionen angeführt wurden, erwiesen sich angesichts der Pandemie plötzlich als weitestgehend obsolet. Für die Beschäftigten im Gesundheitswesen ging die neue Politisierung hingegen in heroischen Appellen unter, die ihren Forderungen entgegenstanden. Diese zeitigten dabei konkrete Folgen für die Heroisierten: Fahr- und Lenkzeiten der Logistikunternehmen wurden erweitert, Personaluntergrenzen in den Kliniken herabgesetzt. Die kurzfristige Aussetzung der arbeitsrechtlichen Regelungen, die zuvor den Arbeitsalltag zumindest erträglicher machen sollten, waren die ersten Opfer, die den Held:innen abverlangt wurden. Auf Forderungen nach mehr Personal, besseren Löhnen und mehr Sicherheit folgten vereinzelte Boni und singuläre Ehrungen. Die Antworten der Politik ignorierten somit strukturelle Probleme im Care-Bereich und Niedriglohnsektor und unterstrichen die Deutung einer Ausnahmesituation, die statt grundlegender Veränderungen kurzzeitig Held:innen erforderte. Viele – etwa ein Großteil der Reinigungskräfte – gingen dabei leer aus. Auch das lässt sich als ein typischer Modus der Heroisierung interpretieren: Die Hervorhebung einzelner Taten, die Tendenz zur Individualisierung, während zugleich strukturelle Probleme bestehen bleiben.

Das mediale Echo auf die Arbeitskämpfe von Coronaheld:innen fiel zwiespältig aus: Während einige Medien skandalisierten, dass »Coronahelden [...] zu den am schlechtesten bezahlten Beschäftigten [zählen]« (Grimm 2020) oder die Forderungen nach besseren Löhnen statt Applaus unterstützten (Andert 2020), blieben viele andere ganz der Logik der Heroisierung verhaftet: Sie machten aus den Held:innen des Frühjahrs, die Forderungen stellten, »Corona-Maulhelden« (Neubauer 2020), die asozial und dreist (Von Altenbockum 2020) bestrebt seien »ein Land zu piesacken, das gerade mühsam versucht, in einen halbwegs normalen Alltag zurückzufinden« (Neubauer 2020). Hier witterte man Verrat am »Wir«; das Moment der »emotionalen Erpressung« (Bröckling 2020a: 231), das dem Heroischen innewohnt, kam an die Oberfläche. Sorge und Wut darüber, dass die Heroisierten den Anrufungen nicht in angedachter Weise folgten, äußerte sich auch im Diskurs über die vermeintliche Weigerungshaltung des Pflegepersonals gegenüber der Coronaimpfung (Gutensohn 2021). Hier schien ein transgressives Moment auf, im Sinne einer Überschreitung gesellschaftlicher Ordnung, das eigentlich zur Figur des Heroischen gehört (Bröckling 2020a: 29 f.). Für die erste Gruppe der Coronaheld:innen – also Angestellte – war ein solches autonomes Verhältnis zur Ordnung trotz Heroisierung allerdings nie vorgesehen: Sie sollten Exzeptionelles leisten, indem sie sich geradezu übereifrig an gesellschaftliche Regeln und Arbeitsverträge hielten. Als einige Pflegekräfte mit Streiks oder Impfverweigerungen eine gewisse Autonomie nach außen trugen, löste in einer diskursiven Einhegung eine Perspektive der Risikowahrnehmung die Held:innenhymne ab. Die einst Heroisierten, die nicht transferierbare Risiken der Pandemie auf sich nehmen sollten, erklärte man nun zur Gefahr für die Gemeinschaft. Aus den Frontkämpfer:innen wurden potentielle Virenschleudern.

All das zeichnet ein eher düsteres Bild davon, was die Coronaheld:innen von ihrem kurzzeitigen Ruhm gehabt haben. Fasst man es mit den Begriffen einer Debatte zwischen Axel Honneth und Nancy Fraser (2017), könnte man die Heroisierung darauf befragen, ob sie eher in der Dimension der »Anerkennung« oder der »Umverteilung« für eine Veränderung im Leben der Hero:innen führt. Zielt Anerkennung auf die Sphären von Liebe, Recht und Solidarität, so macht Umverteilung eine dezidiert ökonomische Perspektive stark (Fraser 2017: 247). Betrachtet man die Konsequenzen, die sich nach der sogenannten ersten Welle abzeichneten, scheint es auf den ersten Blick eher die Anerkennung zu sein, von der die Coronaheld:innen profitierten, reduzierte sich die Umverteilung doch im besten Fall auf einmalige Boni. Die Anerkennung zeigt sich im Heroisierungsdiskurs als positive Aufmerksamkeit, die ganzen Berufsgruppen, die sonst eher von oben herab behandelt werden oder vollkommen im Unsichtbaren bleiben, zuteilwird. Allerdings spielt es bei der Anerkennung, als intersubjektives Verhältnis, eine entscheidende Rolle, wofür einem diese zukommt. In den Positionierungen vieler politisch aktiver Pfleger:innen wird hier ein Graben sichtbar: Die Anerkennung, die sie sich wünschen, bezieht sich auf ihre Arbeit, die sie auch ohne Pandemie alltäglich leisten und für die sie sich bessere Bedingungen wünschen. Die Anerkennung, die sie erhalten, gilt jedoch lediglich ihrer Opferbereitschaft zum Zeitpunkt der Pandemie. Die dargelegten diskursiven Einhegungen zeigen dabei, wie flüchtig diese Form der Anerkennung ist, wenn ihre

Adressat:innen sich nicht erwartungsgemäß verhalten. Insgesamt mündete die Heroisierung als politische Entpolitisierungsstrategie letztlich in einer Fortschreibung lang bekannter Probleme. Bröckling (2020b) resümierte: »Die Kassiererinnen sitzen weiter an der Kasse, Pfleger und Pflegerinnen sind so schlecht bezahlt wie eh und je.« Der Heroisierungsdiskurs hat viel Lärm erzeugt, doch für die Coronaheld:innen wenig bewirkt. Und am Ende hängt die Frage danach, wer das ökonomische Opfer dieser Pandemie zu tragen haben wird, schwer über dem jungen Jahrzehnt. Mit Achilles bleibt jedoch zu hoffen, dass die Geschichte der Heroisierungen zügig zu ihrem Ende kommt.

Literatur

Albes, Andreas (2020): »Alle für alle: Das sind die Helden des Alltags in der Coronazeit«, in: *Der Stern*, 02.04.2020, letzter Zugriff: 01.03.2021, https://www.stern.de/plus/gesundheit-wissenschaft/alle-fuer-alle–das-sind-die-helden-des-alltags-in-der-coronazeit-9194912.html.

Altenbockum, Jasper von (2020): »Streiks und Corona-Ausbreitung: Geht's noch?«, in: *Frankfurter Allgemeine Zeitung*, 29.09.2020, letzter Zugriff: 08.03.2021, https://www.faz.net/aktuell/politik/inland/streiks-und-corona-ausbreitung-geht-s-noch-16977506.html.

Andert, Mareike (2020): »Boni für Systemrelevanz«, in: *Die Tageszeitung*, 07.04.2020, letzter Zugriff: 09.03.2021, https://taz.de/Geld-statt-Applaus-in-der-Corona-Krise/!5676924/.

BAP (2020): *Huh die Jläser, huh die Tasse*, letzter Zugriff: 26.04.2021, https://www.bap.de/songtext/huh-die-jlaeser-huh-die-tasse/.

Beck, Ulrich (1986): *Risikogesellschaft. Auf dem Weg in eine andere Moderne*. Frankfurt a. M.: Suhrkamp.

Böhmer, Nina (2020): »*Euren Applaus könnt ihr euch sonst wohin stecken«. Pflegenotstand, Materialmangel, Zeitnot – was alles in unserem Gesundheitssystem schiefläuft*. Hamburg: Harper-Collins.

Bude, Heinz (2020): »Verwundbarkeit macht solidarisch (Interview mit Christian Schröder)«, in: *Tagesspiegel*, 20.04.2020, letzter Zugriff: 09.03.2021, https://www.tagesspiegel.de/kultur/soziologe-bude-ueber-corona-folgen-fuer-die-gesellschaft-verwundbarkeit-macht-solidarisch/25757924.html.

Bröckling, Ulrich (2020a): *Postheroische Helden. Ein Zeitbild*. Berlin: Suhrkamp.

Bröckling, Ulrich (2020b): »Nachruf auf die Corona-Helden«, in: *Geschichte der Gegenwart*, 12.07.2020, letzter Zugriff: 08.03.2021, https://geschichtedergegenwart.ch/nachruf-auf-die-corona-heldinnen/.

Donath, Nicole (2020): »Helden des Alltags in der Corona-Krise: Diese Menschen sind für uns da«, in: *Haller Kreisblatt*, 24.03.2020, letzter Zugriff: 01.03.2021, https://www.haller-kreisblatt.de/lokal/halle/22732611_Helden-des-Alltags-in-der-Corona-Krise-Diese-Menschen-sind-fuer-uns-da.html.

Dragano, Nico/Rupprecht, Christoph J./Dortmann, Olga/Scheider, Maria/Wahrendorf, Morten (2020): »Higher risk of COVID-19 hospitalization for unemployed: an analysis of 1,298,416 health insured individuals in Germany«, in: *medRxiv*, 19.06.2020, letzter Zugriff: https://www.medrxiv.org/content/10.1101/2020.06.17.20133918v1.

frauschwester_ (2020): »Ich will keine Heldin sein«, in: *Instagram*, letzter Zugriff: 01.03.2021, https://www.instagram.com/p/B-mYiTXlUyl/.

Fraser, Nancy/Honneth, Axel (Hg.) (2017): Umverteilung oder Anerkennung? Eine politisch-philosophische Kontroverse. Frankfurt a. M.: Suhrkamp.

Fraser, Nancy (2017): »Anerkennung bis zur Unkenntlichkeit verzerrt. Eine Erwiderung auf Axel Honneth«, in: Nancy Fraser/Axel Honneth (Hg.): *Umverteilung oder Anerkennung? Eine politisch-philosophische Kontroverse*. Frankfurt a. M.: Suhrkamp, S. 223–270.

Grimm, Christian (2020): »Corona-Helden zählen zu den am schlechtesten bezahlten Beschäftigten«, in: *Augsburger Allgemeine*, 02.9.2020, letzter Zugriff: 08.03.2021, https://www.augsburger-allgemeine.de/politik/Corona-Helden-zaehlen-zu-den-am-schlechtest.

Gutensohn, David (2021): »Ich verstehe nicht, warum Pfleger sich nicht impfen lassen«, in: *Die Zeit*, 12.01.2021, letzter Zugriff: 09.03.2021, https://www.zeit.de/arbeit/2021-01/impfskepsis-pflegekraefte-corona-krankenhaus-protokoll.

Homer: *Odyssee*, nach der Übertragung von Johann Heinrich Voss (1974), München: Goldmann.

Hövermann, Andreas/Kohlrausch, Bettina (2020): »Soziale Ungleichheit und Einkommenseinbußen in der Corona-Krise – Befunde einer Erwerbstätigenbefragung«, in: *WSI* 73(6), S. 485–492.

Idowa (2020): »Helden des Alltags im Landkreis Kelheim gesucht«, in: *Hallertauer Zeitung*, 28.03.2020, letzter Zugriff: 08.03.2021, https://www.idowa.de/inhalt.corona-krise-helden-des-alltags-im-landkreis-kelheim-gesucht.e9963ed8-d996-4fb2-b4d8-a4aa99f89f53.html.

Klemenz, Franziska (2020): »Warum auch Müllmänner jetzt Corona-Helden sind«, in: *Sächsische Zeitung*, 27.04.2020, letzter Zugriff: 08.03.2021, https://www.saechsische.de/corona-helden-die-saubermaenner-dresden-5198183.html.

Marx, Karl/Engels, Friedrich (1989 [1872]): *Marx-Engels-Werke*, Bd. 18. Berlin: Dietz.

Merkel, Angela (2020): *Fernsehansprache der Bundeskanzlerin Angela Merkel am 18.03.2020*, letzter Zugriff: 08.03.2021, https://www.bundesregierung.de/breg-de/aktuelles/fernsehansprache-von-bundeskanzlerin-angela-merkel-1732134.

Mundt, Anna (2020): »Sie sind Helden des Alltags«, in: *Tagesschau*, 25.03.2020, letzter Zugriff: 08.03.2021, https://www.tagesschau.de/inland/helden-des-alltags-corona-101.html.

Neubauer, Alexander (2020): »Die Corona-Maulhelden von Ver.di«, in: *Der Spiegel*, 26.09.2020, letzter Zugriff: 08.03.2021, https://www.spiegel.de/wirtschaft/soziales/

warnstreik-drohung-die-corona-maulhelden-von-ver-di-kolumne-a-00000000-0002-0001-0000-000173216483.

Oxfam (2021): *The Inequality Virus. Bringing together a world torn apart by coronavirus through a fair, just and sustainable economy.* Oxfam Briefing Paper, letzter Zugriff: 08.03.2021, https://www.oxfam.de/system/files/documents/the_inequality_virus_-_english_full_report_-_embargoed_00_01_gmt_25_january_2021.pdf.

Snethlage, Matej (2020): »Heldenhafte Nachahmer«, in: *Die Tageszeitung*, 25.03.2020, letzter Zugriff: 01.03.2021, https://taz.de/Beatmungsventile-fuer-Corona-Patienten/!5670504&s=Corona+Helden/.

Informiert-Sein

»Ich hatte also auch schon Klopapier, als es die Witze über Klopapier noch nicht gab.«

Sören Altstaedt

Es ist Freitagnachmittag und Sabine sitzt in ihrem Arbeitszimmer. Hinter ihr erheben sich Bücheregale, in denen viele bunte Umschläge einen regen Kontrast zu den hohen weißen Stuckwänden bilden. Sie ist Leiterin der Unternehmenskommunikation in einem Logistikunternehmen und lebt zusammen mit ihrem Mann, der in einem großen US-amerikanischen Tech-Konzern arbeitet, in einer Vier-Zimmer-Wohnung in einem ruhigen und wohlhabenden Wohnviertel einer Großstadt nahe der Küste. Vom rauen Klima und der für diese Jahreszeit üblichen stürmischen See ist erstmal nichts zu merken. Die 46-Jährige wirkt entspannt, sie spricht in einem klaren ruhigen Tonfall.

Schon seit drei Wochen ist Sabine nun im Homeoffice, hält es jedoch gut in ihrer geräumigen Wohnung aus, die sich über zwei Etagen erstreckt. Fällt ihr doch einmal die Decke auf den Kopf, kann sie nach draußen in den Garten gehen. Sie ist sich dieser komfortablen Situation bewusst: »Also hier kriegst du so schnell keinen Lagerkoller, wir haben hier keine Not zu leiden.« Die meiste Zeit verbringt sie zu zweit mit ihrem Mann zu Hause. Daran musste sie sich erstmal gewöhnen, da sie beide für gewöhnlich viel unterwegs sind, ihr Mann teilweise vier Tage die Woche geschäftlich außerhalb der Stadt ist. Während sie sonst höchstens mal am Wochenende zusammen kochen, kochen sie nun zweimal am Tag. »Anfangs war das ein bisschen komisch. Wenn du es eigentlich gewohnt bist, hier irgendwie dein Leben zu machen und plötzlich ist hier permanent jemand da.« Nach einer kurzen Gewöhnungsphase haben sie sich jedoch »eingegrooved« und sind »auch froh sich zu haben«.

Sabines Job ist zurzeit recht unverändert. Der einzige Unterschied ist, dass sie jetzt mehr mit den Mitarbeiter:innen aus dem »QHSE-Management« zu tun hat, sagt sie. Als sie mein leichtes Stirnrunzeln bemerkt, was meine Unkenntnis des Begriffs offenbart, stutzt sie kurz. Dann erklärt sie: »Das ist das Quality, Health, Security und eh, noch irgendetwas Management«. Ich nicke und denke mir, dass das »E« für Environment stehen könnte, da es in diese Buzzword-Reihe der sogenannten »corporate responsibility« oder kurz »CR« gut passen würde. Beim späteren Googlen stellt sich heraus, dass ich einen CR-Bingo erzielt hatte.

Abgesehen von den QSHE-Manager:innen, mit denen sie nun häufiger korrespondiert, verläuft Sabines Arbeitstag also nahezu wie zuvor und zudem sehr regelmäßig. Um kurz vor sieben steht sie auf, um die Sieben-Uhr-Nachrichten zu hören. Sie und ihr Mann machen noch Gymnastikübungen, bevor sie an ihre räumlich getrennten Schreibtische gehen. Sabine lacht als sie erzählt, dass dann die »Video-Calls« beginnen. Ihr Arbeitstag ist eine Mischung aus Telefonieren und am Rechner sitzen. Natürlich wird mehr telefoniert als vorher, »weil du sonst ein Büro weitergehen konntest«, um die Kolleg:innen schnell etwas zu fragen oder um sich in einer Sache kurz abzustimmen. »Und irgendwann um 18, 19 Uhr klappe ich den Rechner zu und mache Feierabend.«

Der erste Call jedes Arbeitstages ist der »Krisenstabs-Call«, in dem alle Geschäfts- und Arbeitsbereiche zusammenkommen. Als Leiterin der Unternehmenskommunikation ist Sabine im engen Austausch mit dem Inhaber sowie der Führungsebene des Unternehmens und kommuniziert als eine Art Scharnier im Namen dieser an die rund 500 Mitarbeiter:innen. Mit dieser Rolle ist sie »in die Krisenkommunikation ganz eng eingebunden«. Sie verbreitet die neuesten Informationen aus den Geschäftsbereichen, darüber, ob sie noch arbeitsfähig sind oder welche neuen Regeln es aufgrund von Corona gibt.

Im weiteren Verlauf des Interviews bekomme ich den Eindruck, dass Sabine sich seit dem frühen Beginn der Pandemie eine gewisse Krisenstabsmentalität auch im Privaten angeeignet hat. Sie beobachtet, sie plant, sie organisiert für den äußersten Ernstfall. Sie hat die Krise schon aufmerksam beobachtet, als diese noch als ein ausschließlich chinesisches Problem diskutiert wurde: »Da haben manche im Büro mich noch für bescheuert gehalten und gesagt: ›Jetzt schieb mal hier nicht so eine Panik‹.« Aber für Sabine war es »im Grunde genommen ziemlich absehbar, dass das hier hochschwappt«. Sie beobachtet die Entwicklungen der Pandemie seit Wochen genauestens und erlebt dies als eine »Situation so in Wellen«. Bereits »Wochen vor dem Shutdown« hierzulande hat sie die Bilder aus Italien und Spanien, wie viele andere auch, mit Schrecken gesehen: Überbelegte Krankenzimmer, in denen es chaotisch zugeht; Patient:innen, die teilweise auf dem nackten Boden des Krankenhausflures liegend auf Behandlungen warten; Ärzt:innen, die mal weinend mal wutentbrannt von der strukturellen Überforderung des

Gesundheitssystems berichten. »Und die Bilder aus Italien mit den Militärtransporten, da habe ich dann wirklich angefangen zu heulen, weil ich gedacht habe: Oh Gott, so eine Triage-Medizin willst Du einfach nicht erleben.« Mit der Angst vor diesen Bildern und vor einem medizinischen Zustand, in dem nur noch selektiert werden kann, wer beatmet werden soll und wer nicht – wer also im Zweifelsfall weiterleben kann und wer nicht – mit dieser Angst lebt Sabine schon seit Wochen. Entsprechend ging es ihr zu Beginn des Lockdowns nicht gut, wie sie schildert. Sie hat eine Zeit lang nur noch denken können: »Oh Gott, was rollt da auf uns zu?«

Die Coronakrise, die auch hier »hochschwappen« wird, die in »Wellen« auf »uns zurollt«, die quasi von außen über »uns« hereinbricht – Sabine erlebt, wie viele andere Menschen zurzeit scheinbar auch, die Krise als eine Naturkatastrophe. Spätestens im September 2020 wird auch die deutsche Bundesregierung diese Deutung institutionalisieren, wenn Bundeskanzlerin Merkel vielfach mit genau diesen Worten zitiert wird: »Es handelt sich um eine Naturkatastrophe.« Seit Beginn des Lockdowns finden sich aber auch vereinzelte und verhaltene Diskussionen darüber, inwiefern die Pandemie ein inhärenter Bestandteil der sozialen und politischen Verhältnisse ist, in denen profitgetriebene Ökosystemzerstörung, Wilderei und Wildtierverkäufe nahezu unreguliert stattfinden und Waren sowie (eine Minderheit von) Menschen grenzenlos über maximal beschleunigte globale Verkehrs- und Transportwege zirkulieren. Diese leisen Debattenstränge ändern jedoch nichts an der von vielen erlebten Natürlichkeit der Katastrophe und der damit einhergehenden Alternativlosigkeit, mit der die Krise und zum Teil auch die Gegenmaßnahmen erscheinen.

Auf diese ohne Alternative heranrollende Naturkatastrophe bereitete sich Sabine seit Wochen vor. Ich bin überrascht, wie gelassen sie wirkt, während sie mir von ihren Risikoerwägungen und Vorbereitungen erzählt. Mit norddeutscher Coolness (die von Menschen aus anderen Regionen Deutschlands häufig als emotionslose Distanziertheit wahrgenommen wird) schildert sie, wie sie am 13. März die Prognose des Robert Koch-Instituts vernahm, dass sich 50 Millionen Deutsche »über kurz oder lang anstecken werden«. Hochgerechnet heißt das dann: »5 % werden einen schweren Verlauf haben, es gibt 28.000 Intensivbetten, das reicht jetzt nicht für jeden.« Als ihr das klar wurde, begann sie damit, ihren Haushalt katastrophenfest zu machen. Noch bevor wir Unwissenden von Hamsterkäufen bzw. deren Notwendigkeit hörten, hatte Sabine schon die wichtigsten Vorkehrungen getroffen. Sie hat sich in Ruhe überlegt, was sie macht, wenn sie zwei Wochen in Quarantäne kommen sollte. Dann hat sie eingekauft, »was auch zwei Wochen hält«, sodass sie nicht das Haus verlassen muss oder jemand anderen bitten muss, etwas zu besorgen. »Ich hatte also auch schon Klopapier, als es die Witze über Klopapier noch nicht gab.« Sabine erscheint mir in diesem Moment so rational zielstrebig wie eine Deichgräfin Theodor Storms. Den Naturgewalten trotzend beobachtet sie genauestens jede Lageentwicklung und reagiert – scheinbar noch bevor der große Rest diese Entwicklungen überhaupt wahrnimmt – auf diese.

Neben den Sorgen um die hereinbrechende Katastrophe denkt Sabine viel an die Sanierung und Einrichtung des Hauses, welches ihr Mann und sie letztes Jahr gekauft haben. Sie kümmert sich um den Kontakt zu den Handwerkern, sieht nach den Warenlieferungen und sucht die Wandfarben für die verschiedenen Räume aus. Sabine schmunzelt: Es »rattert« zurzeit viel in ihrem Kopf, aber über den Farbfächern zu hocken, das ist ihre »kleine heile Welt, um mal nicht an die großen Probleme zu denken. Das ist vielleicht auch so ein bisschen meine Insel«. Diese Insel wurde jedoch »von der Krise überrollt, was die Umbauten anging«. Küche und Kleiderschrank hat sie rechtzeitig vor der Schließung der Möbelhäuser bestellt und die Fliesen kamen gerade eben noch an. »Wir waren sozusagen der letzte LKW, der in Italien rausfuhr mit unseren Fliesen.« Ich kann mich nicht dem obszönen Bild verwehren, was vor meinem geistigen Auge auftaucht: Ein italienischer Möbelkurier rast wie besengt an den Militärtransporten aus dem Fernsehen vorbei, um in letzter Minute diese Fliesen über die Grenze nach Deutschland zu bringen; auf der Überholspur entlang des gewaltig langen Konvois in Camouflage, der hunderte Tote, die allein an diesem Tag in der Triage-Medizin gestorben sind, zum Krematorium transportiert.

Sabine betont mehrmals, dass sie das für Luxusprobleme hält, »aber ohne Fliesen hätte man nicht einziehen können, da hängt einfach ein riesen Rattenschwanz dran«. Sie ist froh über den Hauskauf, denn trotz drohender Krisen hat die Familie jetzt »ein Dach über dem Kopf, was unseres ist«. Sabine und ihr Mann haben keinen großen Kredit aufnehmen müssen, da sie über ausreichend Eigenkapital verfügen. Dass das Geld nun nicht mehr auf dem Konto liegt, sondern im Eigenheim angelegt ist, gibt Sabine ein wenig Sicherheit: »Stichwort ›Eurokrise‹ – kann schon kommen, ne? Meine Großmutter hat zwei Inflationen erlebt, das ist nicht lustig.« Das »Häuschen«, wie sie es liebevoll nennt, ist gewissermaßen ein Bollwerk gegen die heranrollende Flut. Hier, in ihren eigenen vier Wänden, fühlt sie sich wohl und sicher aufgehoben vor der nahenden Katastrophe und ihren Folgen.

Nüchtern schildert sie, wie die Eskalationsspirale in ihrer Vorstellung aussieht. Die Gesundheitskrise wird wegen des Lockdowns zur Wirtschaftskrise, die Arbeitslosigkeit wird steigen und es wird viele Unternehmen geben, die das nicht überleben werden. Darauf wird wegen ausfallender Kredite eine Bankenkrise folgen; die anschließenden Rettungspakete führen direkt in die Währungskrise. Das alles klingt in ihren Worten mehr nach einer Feststellung als nach Spekulation und unterstreicht die erlebte Alternativlosigkeit dessen, »was auf uns zurollt«. Sie ist gespannt, »was von unserem Land noch übrig ist, wenn wir hier durch sind«.

Um selbst durchzukommen, geht Sabine kein unnötiges Ansteckungsrisiko ein und begibt sich nur gezielt in die Katastrophenzone vor ihrer Haustür. Einkaufen geht sie zum Beispiel nicht zu »Stoßzeiten«. »Ich habe gestern Nachmittag den Slot zum Einkaufen verpasst und jetzt ist es eigentlich auch schon wieder zu spät.« Es ist ca. 16.30 Uhr und die Läden sind Sabine um diese Uhrzeit »wieder zu voll«. Morgen, am Samstag, möchte sie auch nicht einkaufen. Aber sicher ist, sie »werden übers Wochenende nicht verhungern, ich kann auch Montag einkaufen gehen«. Zudem kommt auch niemand mehr in die Wohnung. Mit Freund:innen spricht sie, wie die meisten zurzeit, nur noch »per Video oder Telefon«, was für sie eine Zeit lang erträgbar ist; sie freut sich aber schon darauf, »wenn es irgendwann mal anders ist«. Auch die Reinigungskraft kommt vorerst nicht mehr. Dieser haben sie für den April frei gegeben, ihr Gehalt zahlen sie dennoch weiter. Denn Sabine wisse ja schließlich nicht, »wo die sonst so herumkriecht und wie sie es hält mit den Regeln« und dementsprechend möchte Sabine für sich nicht das Risiko auf sich nehmen, das Virus in ihr geschütztes Zuhause »reingeschleppt« zu bekommen.

Isolation und Abriegelung werden in Zeiten von Corona für einige, jedoch nicht für alle, zum Garant des Wohlergehens. Sie hat es schon immer zu schätzen gewusst, dass es ihnen gut geht, sagt Sabine. Sie schätzt es »jetzt vielleicht noch etwas mehr«. Zum Schluss unseres Gesprächs erzählt mir Sabine noch von ihrer Hoffnung, dass die Krise »Deutschland in gewissen Punkten auch mal wieder zurechtrücken wird«. Konkret meint sie damit den riesigen Wohlstand dieses Landes, der »auch gewisse Absurditäten zu Tage gefördert hat«: »und wenn das sich mal wieder ein Stück weit zurechtstutzt, dann habe ich da nichts gegen«. Tatsächlich wuchsen jedoch die Vermögen der rund 2.100 Milliardär:innen dieser Welt seit Beginn der Pandemie auf ein gemeinsames Rekordhoch von 10,2 Billionen US-Dollar. Allein der Amazon-Gründer Jeff Bezos steigerte sein Vermögen von Januar bis Oktober 2020 um ca. 74 Milliarden US-Dollar[1]. Für diese Summe hätte ein:e Lagerarbeiter:in bei Amazon Deutschland vor ca. 44 Millionen Jahren anfangen müssen zu arbeiten – als im Eozän die ersten Säugetiere das Antlitz der Erde erblickten. Ich frage mich, ob die Lagerarbeiter:innen bei Amazon glauben, dass ihnen eine Naturkatastrophe Lohn- und Leistungsgerechtigkeit bringen wird.

Interview: Sören Altstaedt, 03. April 2020

---

[1] Bloomberg Billionaire Index 2020, letzter Zugriff: 17.02.2021, https://www.bloomberg.com/billionaires/profiles/jeffrey-p-bezos/.

»Die Menschheit muss mit der Natur und nicht gegen die Natur arbeiten.«

Sarah Lenz

Es ist 13 Uhr an einem Freitagmittag, die Sonne scheint, die Straße vor meinem Haus ist menschenleer. Vom heimischen Schreibtisch aus, der sich während des Lockdowns – ganz untypisch für mich – zunehmend mit Avocado-Kernen in Wassergläsern und Pflanzenstecklingen füllt, wähle ich die Nummer von Hans' Festnetz. Ungewöhnlich lange warte ich auf eine Reaktion. Schließlich, nach kurzem Klappern, als hätte sich das Kabel mit dem Hörer verstrickt, meldet sich Hans. Er sei gerade im Garten gewesen, um etwas altes Gestrüpp für neue Triebe zu schneiden. Neben den Aufgaben, die der Garten und das Haus ständig einfordern, imkert Hans in seiner Freizeit. Seit einigen Tagen bereitet er sich auf die Bienenwanderung vor, die er zu dieser Jahreszeit, in der der Raps in leuchtendem Gelb die Landschaft erstrahlen lässt, gemeinsam mit seinen Freund:innen aus dem Imkerverein anbietet. Deshalb habe er das Telefon so spät erst gehört, sagt er lachend und etwas entschuldigend. Er macht es sich auf dem Sofa gemütlich.

Der mit 63 Jahren kurz vor der Rente stehende Hans ist Krankenpfleger – ein Beruf also, der zu dieser Zeit bereits mit dem Attribut »systemrelevant« versehen ist. Hauptsächlich arbeitet er in der Notaufnahme eines ostwestfälischen kleinstädtischen Krankenhauses. Als seine Schicht heute Morgen um 5 Uhr begann, wusste er nicht, »was auf ihn zukommt«. Ob heute der Ausnahmezustand eintreten würde? Eine für ihn mittlerweile alltäglich gewordene Frage. Sofort kommen mir die Bilder der LKWs von Bergamo in den Sinn; Bilder, mit denen wir alle zu dieser Zeit konfrontiert werden und die beängstigende Prognosen für uns hier in Deutschland mit sich bringen. Die Militärfahrzeuge stehen Schlange vor den Friedhöfen, weil die Kapazitäten der Krematorien ausgereizt sind. Noch unbehaglicher ist allerdings die Tatsache, so Hans, dass man das Virus ja nur aus den Medien kenne – als etwas zwar sehr Gefährliches, aber bis dato nicht Erfahrbares; die alltägliche Realität widerspricht in weiten Teilen der Pandemieentwicklung in anderen Ländern.

So auch in der Notaufnahme des kleinstädtischen Krankenhauses, das sich seit Beginn des Lockdowns in einer »Warteposition« befindet. Zwar werden auch noch »ganz normale Patienten« versorgt, die nichts mit »Coro« zu tun haben. Da wird es dann auch manchmal stressig, aber da hat sich nichts verändert, sagt Hans. Während das restliche Krankenhaus bereits seit einigen Wochen »keinen mehr rein oder raus lässt«, werde der Betrieb in der Notaufnahme so gut es geht aufrechterhalten, auch wenn es sehr ruhig sei. Am Wochenende sei es »praktisch langweilig« gewesen: »Wir hatten nur zwei Patienten.« Um die Zeit zu überbrücken und trotz der Flaute etwas Sinnvolles zu tun, während man auf den »Ernstfall« wartet, hat Hans allerlei Aufräumarbeiten erledigt und die Bestände aufgefüllt – »aber auch das ist begrenzt«, fügt er mit gesenkter Stimme hinzu.

Bis zu diesem Zeitpunkt hat es im Krankenhaus zwei mit SARS-CoV-2 infizierte Personen gegeben, die aber, da es im kleinstädtischen Krankenhaus keine eigens für Corona eingerichtete Isolierstation gibt, postwendend in die Kreisstadt verlegt wurden. Sichtlich gelassen und auch etwas erleichtert wirkend berichtet Hans, dass das tatsächliche Risiko für ihn und seine Kolleg:innen deshalb gar nicht so hoch sei. Und da sie nach dem kreisstädtischen Krankhaus ohnehin erst die »zweite Anlaufstation« sind, sind er und seine Kolleg:innen bisher auch noch nicht real mit der Entscheidung konfrontiert worden, »wer beatmet wird und wer nicht«. Soweit dürfe es unter keinen Umständen kommen: Die heruntergewirtschafteten Versorgungseinrichtungen gelangen schnell an ihre Belastungsgrenze; die Vorstellung, in so einem Zustand Entscheidungen über Leben und Tod treffen zu müssen, besorgt Hans. Es ist eine berechtigte Angst, die er formuliert, waren es doch die Meldungen aus dem französischen Elsass, wonach Covid-19-Erkrankte über 80 Jahre nicht mehr intubiert werden. Stattdessen, so titelt derzeit nahezu jede Tageszeitung, werden ihnen Opiate verabreicht und Sterbebegleitungen angeboten. »Die optimale Vorbereitung« in Deutschland sei nun »von aller höchster Dringlichkeit«, warnen deutsche Ärzt:innen, die ihre Kolleg:innen im französischen Epizentrum der Pandemie besucht hatten. Das einzige, was wir tun können, so auch Hans, ist es, die Infektionsraten so tief wie möglich zu halten.

Die hörbare Gelassenheit im Umgang mit dem Infektionsrisiko, dem er an seinem Arbeitsplatz tagtäglich ausgeliefert ist, resultiert aus dem überaus vorsichtigen, umsichtigen und professionellen Umgang sowohl unter den Kolleg:innen als auch im Umgang mit den Patient:innen. Gleichzeitig nimmt er Menschen, die offensichtlich und absichtlich die Gesundheit anderer gefährden und eine eigene Ansteckung riskieren als »extrem bedrohlich« wahr. Fast machtlos sieht er sich denjenigen gegenüber, die etwa das Tragen der Maske in den Räumlichkeiten des Krankenhauses verweigern. Während er und seine Kolleg:innen ihr Bestes tun, um die Situation angemessen zu »managen«, »ruhig abwarten, was passiert« und sich gewissermaßen einschwören auf das, was noch kommt, sind sie mit Personen konfrontiert, die sich völlig entgegen der Maßnahmen zur Bekämpfung der Pandemie verhalten. Erst kürzlich musste eine Krankenpflegerin einen Patienten mehrfach auffordern, einen Mund- und Nasenschutz zu tragen. Erschreckend aggressiv sei es zugegangen in dieser Situation. Letztlich habe sich der Patient geweigert, den Anweisungen der Pflegekraft und den Vorschriften des Krankenhauses Folge zu leisten. Ähnliche Verhaltensweisen beobachtet er auch in der Öffentlichkeit und in den Medien, wenn etwa davon berichtet wird, dass Polizist:innen angespuckt und Feuerwehrleute angegriffen werden. Diese Personen sind aus seiner Perspektive schlicht verantwortungslos, da sie nicht nur sich selbst, sondern auch alle anderen gefährden: »Solche Leute sollten eigentlich mal für ein paar Tage eingesperrt werden«, platzt es auf einmal hörbar verärgert aus ihm heraus. Was passiere denn, wenn sich das Krankenhauspersonal wegen dieses achtlosen Verhaltens anstecke? Erstens »wollen wir« das Virus auch nicht und zweitens könnten sie dann auch ihre Arbeit nicht mehr ausführen, die aber in der jetzigen Lage lebenswichtig sei. »Wenn die es nicht für sich machen, dann doch wenigsten für uns«, bemerkt er mit gedrungener Stimme.

Hans lebt allein, seine Frau ist vor sechs Jahren verstorben; seine Tochter lebt mit ihrer Familie nicht weit entfernt im selben Ort. Auch Getrud, seine Lebenspartnerin, lebt lediglich vier Kilometer von ihm entfernt. Dennoch können sie sich derzeit kaum sehen, da ihre Zwei-Zimmer-Wohnung seit dem Lockdown zusätzlich von der vierköpfigen Familie ihres Sohnes mitbewohnt wird. Hans hat also weder Kontakt zu ihren Kindern – »höchstens mal miteinander spazieren, mit Abstand natürlich« – noch sehen sie sich als Paar sehr häufig. Das Risiko einer gegenseitigen Ansteckung sei für alle Beteiligten einfach zu hoch, erklärt Hans und fügt mehrmals hinzu, dass sie sehr darauf achten, die Regeln einzuhalten. Mit seinen 63 Jahren gehört Hans zum gefährdeten Personenkreis und ist, durch seine Tätigkeit als Krankenpfleger, gleichzeitig eine besonders große Gefährdung für seine Umwelt. Immerzu geht ihm »im Kopf herum: Steck ich meine Familie an?« Dennoch versuche er zu helfen, wo er kann und sich so gut es geht zu beschäftigen. Zum Glück hat er gerade »im und am Haus« viel zu tun; heute Nachmittag werde er seiner Tochter »ein wenig Freiraum zum Einkaufen verschaffen«, er passe auf die »zwei Dötsen« auf. Denn schließlich mache es ja auch keinen Sinn, »zu Hause zu sitzen und zu heulen«.

Hans fühlt sich zerrissen zwischen einer »Augen-zu-und-durch«-Haltung und der Tatsache, dass sich sein Umfeld Sorgen um seine Gesundheit macht. Jeden Tag dem Virus ausgesetzt zu sein, im Krankenhaus an der »Front« zu arbeiten, beunruhigt vor allem seine Lebenspartnerin Gertrud. Er nehme das alles zu sehr »auf die leichte Schulter« und gefährde damit nicht nur sich selbst, sondern auch andere, hätte sie ihm schon öfter vorgeworfen. Sie könne es nur schwer nachvollziehen, dass er trotz der Gefährdung weiterarbeite. Er hingegen weist diesen Vorwurf von sich, zumal sie nun schon den ganzen langen Arbeitstag die Maske im Krankenhaus tragen und sehr darauf bedacht sind, Abstand zu halten. Das sei Teil seiner Profession und damit selbstverständlich. Es ginge zurzeit nun mal nicht anders; viel wichtiger sei es, den Betrieb aufrecht zu erhalten und positiv zu denken, fügt er hinzu. Mit einer erstaunlichen Gelassenheit sagt er: »Wenn wir den Kopf verlieren, dann haben wir verloren. Wir müssen jetzt einfach immer bei der Stange bleiben.« Er ist der Ansicht, dass man »nicht einfach nur dasitzen darf, sondern einfach weitermachen sollte«. Letztlich müsse man der jetzigen Situation und »dem Virus einfach Rechnung tragen«.

Abgesehen von der Arbeit im Krankenhaus hat er seine sozialen Kontakte auf ein Minimum reduziert. »Das fühlt sich gar nicht gut an«, berichtet er. Dennoch hält er es für »fatal«, über eine Öffnung und eine Rückkehr zur Normalität zu diskutieren. Bis mindestens zum 20. April 2020 sollen Maßnahmen wie das Kontaktverbot, geschlossene Gastronomien und Freizeitstätten noch in Kraft bleiben. Während die Bundeskanzlerin um die Geduld der Bürger:innen bittet, spricht sich FDP-Chef Christian Lindner dafür aus, die beschlossenen Maßnahmen Schritt für Schritt, aber dennoch so schnell wie möglich, zurück zu nehmen. Zwar halte sich ein Großteil der Menschen, die Hans auf der Straße oder in Supermärkten beobachtet, an die Regeln, was Hans als Bestätigung der Richtigkeit der Maßnahmen betrachtet. Auch wenn da manche seien, die sich nicht dranhalten, wird man doch sehr schnell darauf aufmerksam gemacht. Es ist also wichtig, dass zunächst alles getan werde, um die Pandemie aufzuhalten, da »man sich ja auch erstmal an alles gewöhnen muss«. Er wurde sogar selbst einmal darauf hingewiesen, dass er den Abstand im Supermarkt nicht eingehalten habe und somit die Vorschriften missachte – »ich wollte nur nach Mehl gucken und hatte keinen riesigen Einkaufswagen für nur eine Tüte Mehl. Das ist doch komisch«. Aufgrund dieser öffentlichen Bloßstellung habe er seitdem für alle weiteren Einkäufe einen Einkaufswagen benutzt, obgleich es ihm »unsinnig« erscheint. Es sei erstaunlich, wie man sich selbst und alle anderen innerhalb weniger Wochen an diese »neuen Regeln« gewöhnt habe.

Zum Ende unseres Gespräches, das nun auch schon über eine Stunde andauert, wird immer deutlicher, wie sehr Hans – und dies mag mit seiner medizinisch-pflegerischen Profession zusammenhängen – nach rationalen Erklärungen sucht, die ihm seine Lage erträglicher machen. Die Unwägbarkeiten, die mit der Viruspandemie einhergehen, plausibilisiert er subjektiv vor dem Hintergrund des »Menschengemachten«. In einer überzeugenden Darstellung schildert er mir die Entstehungsgeschichte des Virus und seine Verbreitung über das Essen von Wildtieren. Obwohl dies schon lange »bekannt ist, dass diese Art von Viren auf solchen Märkten wie in Wuhan, wo man Fledermäuse und Gürteltiere essen kann«, entstehen und sich auch von dort aus rasant verbreiten, gibt es sie nach wie vor. Diese fragwürdige Praxis müsse man »unterbinden«, schlussfolgert Hans, denn durch den Verkauf und Verzehr von Wildtieren werde »wissentlich die eigene und die Gesundheit anderer gefährdet«. Auch die Bundesregierung habe aus seiner Sicht zu spät reagiert, da es im »Grunde genommen 2012 schon solche Notfallpläne für eine Pandemie gab«. Letztlich sei es mit der Politik und den Medien wie mit der »Umweltgeschichte«: Auch hier schlafen alle; »keiner macht was«.

Seiner Ansicht nach befindet sich die Gesellschaft nun an einem »Scheitelpunkt«, an dem die Menschheit »nur mit der Natur und nicht gegen die Natur arbeiten kann. Die Profitgier macht unvernünftig.« An dieser Stelle wird deutlich, welche Deutung seinen Aussagen und seiner Wahrnehmung der Coronakrise zugrunde liegt. Das biologische Phänomen des Virus und dessen Ausbreitung ist die logische Konsequenz aus dem Umgang des Menschen mit der Natur. Diese Haltung erklärt auch seinen verhältnismäßig rationalen Umgang mit der Pandemie. Das gesellschaftliche Risiko besteht also nicht in dem Virus, die Gesellschaft selbst und die zunehmende Zerstörung natürlicher Lebensräume sind das Risiko. »Wir müssen Methoden entwickeln, damit die Natur sich erholen kann.«

Interview: Sarah Lenz, 10. April 2020

»Was ich bedenklich finde ist, dass es keine Pluralität der Meinungen gibt.«

Paul Weinheimer

Der 26-jährige Robert wohnt normalerweise mit seinem Bruder und einem Freund – alle drei sind durch ein freundschaftliches Verhältnis verbunden – in einer geräumigen Fünf-Zimmer-Wohnung in einem belebten Großstadtviertel mit etlichen Cafés und Bars. Die zentral gelegene Wohnung und die sich überschneidenden Freundeskreise machten die Wohnung einst zu einem Ort der Zusammenkunft, für gemeinsame Partys sowie Sit-Ins. Seitdem die Welt fest im Korsett der Pandemie verharrt, haben sich die Wohnverhältnisse für Robert jedoch grundlegend verändert: Sein Mitbewohner Christoph ist in das Landhaus der Eltern gezogen, um dort ungestört arbeiten zu können. Sein Bruder, der Student ist, verlor durch die Pandemie seinen Job in der Gastronomie und wohnt seither größtenteils bei seiner Freundin. Robert hat sich mit dem Verkauf von Vintage-Kleidung vor vier Jahren selbstständig gemacht. Weil die Pandemie den Ankauf von Neuwaren enorm erschwert, sind mit seinem Laden aktuell große Ängste verknüpft. Er muss sich zwar noch keine existentiellen Sorgen machen, da er genügend Rücklagen hat, spielt aber trotzdem mit dem Gedanken, die Selbstständigkeit für ein sichereres Angestelltenverhältnis aufzugeben.

Als wir im Mai miteinander sprechen, findet sich Robert also in einer völlig veränderten Wohnsituation wieder. Die ansonsten pulsierende Wohngemeinschaft ist nun ungewohnt ruhig und leer – zwei Attribute, die für Robert einen absoluten Ausnahmezustand darstellen. Normalerweise verbringt er viel Zeit mit anderen Menschen. Mit seinen Freund:innen und Bekannten flaniert er sonst gerne durch die abendlichen Straßen und genießt das Nachtleben in vollen Zügen.

Als ich Robert anrufe, dauert es nur wenige Sekunden bis er den Anruf annimmt – es scheint, als hätte er darauf gewartet – seine Stimme klingt ruhig und einladend. Er sitzt an seinem Schreibtisch und trinkt einen Tee. Es ist noch früh am Morgen und ich selbst bin gerade erst dabei, aufzuwachen. Ohne langes Zögern fängt Robert an zu erzählen. Meine Frage, ob es ihm gut gehe, bejaht er entschieden und selbstsicher. Die Coronapandemie und der erzwungene Stillstand bewirken bei Robert keinesfalls Panik oder Angst. Im Gegenteil: Die wegfallenden Leistungsimperative und die »Legitimation für Müßiggang« empfindet er vielmehr als eine Art Befreiung. Nun könne man, ohne ein schlechtes Gewissen zu haben, jederzeit in den Park gehen und sich in die Sonne legen. Als ich mich nach seiner Familie erkundige, kommt er zögernd, schon fast revidierend, auf seine Eltern zu sprechen. Die habe es ja schon »hart getroffen«. Roberts Eltern wohnen in derselben Stadt und besitzen zehn Mode-Einzelhandelsläden, welche durch die ausbleibende Kundschaft in eine finanzielle Schieflage geraten sind. Trotz der staatlichen Soforthilfe können sie lediglich eine Monatsmiete decken. Die schon eingekauften Waren, die »ja saisonal verkauft werden müssen«, stellen sich als großes Minusgeschäft heraus.

Neben den wirtschaftlichen Gefahren, die seine Eltern am eigenen Leib erfahren müssen, nimmt Robert anfänglich auch ein hohes gesundheitliches Risiko durch die Pandemie wahr. Zu dieser Einschätzung kommt er vor allem durch seine eigenen Online-Recherchen zum Thema. Als er anfing sich mit dem Virus SARS-CoV-2 zu beschäftigen, kursierte der Erreger hauptsächlich in China. Er las viel im Internet und insbesondere das Videomaterial auf Leak-Foren zog ihn in seinen Bann. Gerade zu Beginn der ersten Infektionswelle fand er dort viele Aufnahmen von Krankenhäusern, auf denen schwer Erkrankte sowie die katastrophal überfüllten Intensivstationen zu sehen waren. Die Maßnahmen der chinesischen Regierung sowie die Berichte von Betroffenen erzeugten bei Robert ein Gefühl von Angst. Aufgrund dieser erschreckenden Bilder und Geschichten verhielt er sich, als sich das Virus in Deutschland immer mehr ausbreitete, im öffentlichen Raum erst einmal sehr vorsichtig: »Man kann ja eigentlich nicht mehr Bahn fahren, das ist ja eine höchst infektiöse Angelegenheit.« Das Virus trat ihm als unsichtbare Gefahr entgegen, die alles umgibt und ein bedrohliches Gefühl von konstantem Risiko auslöste. Als Reaktion auf diese Bedrohung desinfizierte er regelmäßig die Türklinken in seiner Wohnung und wusch sich oft die Hände. Als seine Mitbewohner noch zu Hause waren, hatten sie sich außerdem darauf geeinigt, keine Freund:innen mehr einzuladen. Seine größte Angst fokussierte sich aber auf seine Eltern, die zur Risikogruppe gehören. Eindringlich hat er deshalb auf seine Brüder eingewirkt: »Passt mal wirklich auf, dass ihr da nicht zu leichtsinnig seid. Das wäre echt gar nicht witzig, wenn wir unsere Eltern anstecken [...]. Sonst bricht alles zusammen.« Er konnte sich durchsetzen und alle Brüder verzichteten darauf, die Eltern zu besuchen. Als sie sich später dann doch persönlich trafen, wurde sehr sorgfältig auf den Sicherheitsabstand und die Einhaltung der Hygieneregeln geachtet. Keine Umarmungen und keine Küsse.

Robert berichtet, dass sich zwei seiner Freunde mit dem Coronavirus infizierten. Dieses Ereignis in seiner unmittelbaren Nähe läutete einen Gesinnungswandel ein. Die beiden Erkrankten durchliefen einen asymptomatischen Verlauf und hatten deshalb keine, bis sehr schwach ausgeprägte Symptome. Robert hatte telefonischen Kontakt zu den beiden, um sich nach deren Wohlbefinden zu erkundigen. Diese Beobachtung – der milde Verlauf von Corona bei seinen Freunden – ist für Robert der Initialzünder; er beginnt, sich kritisch mit dem Thema auseinanderzusetzen. Grundlage seiner Recherchen sind vor allem »alternative Informationsquellen«, wie er sagt. Ab diesem Zeitpunkt ändert sich seine Einstellung gegenüber Corona fundamental: Die größte Gefahr stellen nun nicht mehr Menschenmassen dar, sondern der politische Umgang mit dem Virus, das in Roberts Augen von einem medizinischen zu einem politischen Risiko mutiert ist. Diese neuen Erkenntnisse führen zu einer radikal anderen Einstellung und verändern sein Verhalten in der Öffentlichkeit grundlegend. Er hält zwar immer noch aus Respekt gegenüber anderen Menschen den nötigen Abstand ein, denn es sei ja schließlich das »Recht der anderen Leute«, sich von ihm »fernzuhalten«. Gleichzeitig ist Robert aber längst nicht mehr davon überzeugt, sondern verhält sich im Alltag nur »richtig«, um den Vorstellungen der anderen zu entsprechen. Nicht seine persönliche Überzeugung, sondern gesellschaftlicher Druck lassen ihn die AHA-Regeln befolgen. Während er anfangs penibel darauf geachtet hat, möglicherweise kontaminierte Dinge nicht anzufassen, macht sich nun ein sorgloser Umgang, wie er vor der Pandemie herrschte, breit: »Ich bin mittlerweile schon wieder im Bewusstsein wie vor Corona.« Die Maßnahmen sind seiner Meinung nach nicht mehr zu rechtfertigen, da sie mehr Leid erzeugen als sie verhindern. Robert prognostiziert, dass sie zu einem massiven Anstieg von ökonomischen Krisen, zu Hungersnöten im globalen Süden und zu psychischen Erkrankungen führen werden. Immer wieder verweist er in seinen Ausführungen auf die Aussagen von Virolog:innen, die das Coronavirus als eine ähnlich schwere Erkrankung wie die »normale Grippe« einstufen. Dem widerspricht er auch nicht, denn wäre das Coronavirus wirklich gesundheitsschädlich, dann »müssten doch allgemein viel mehr Menschen sterben«. Stattdessen hält er Corona für eine statistische Verwirrung, was, wie er sagt, auch wissenschaftlich belegbar ist, unter anderem durch die Virologen Prof. Sucharit

Bhakdi[1] und Dr. Wolfgang Wodarg[2]. Letzterer hatte zum Beispiel schon damals bei der Schweinegrippe einen milden Ausgang prognostiziert und recht behalten. Derselbe Virologe wird nun in der Öffentlichkeit und in den Medien als »Spinner« und »Verschwörungstheoretiker« abgehandelt. An dieser falschen Darstellung tragen laut Robert die Leitmedien eine besondere Schuld. Die Gates Foundation lässt beispielsweise der Zeitschrift Der Spiegel oder der Wochenzeitung Die Zeit Spenden zukommen, was »dazu dient, kritische Berichte zu unterdrücken«, mutmaßt er. Insgesamt beobachtet er zurzeit »viele Ungereimtheiten«, die es ihm und anderen als »Verfechter der freien Demokratie« erschweren, sich eine freie Meinung zu bilden. Ohne die Nennung konkreter Namen, zählt er die Indizien auf, die darauf verweisen, dass wichtige Positionen sowie Institutionen unterwandert wurden. Dies und die grundtendenziöse Berichterstattung über das Coronavirus haben schlussendlich zu einem »Riss« in seinem »Weltbild« geführt.

Der »Samen des Zweifels«, wie Robert ihn selbst nennt, wurde gepflanzt und wächst mit weiteren Recherchen zusehends: Statistiken zu den Coronatoten oder zur Häufigkeit von falsch-positiven Ergebnissen durch PCR-Tests schüren seine Zweifel immer mehr. Hinzu kommen diejenigen Menschen, die zwar mit Corona infiziert waren, aber nicht daran gestorben sind, sondern daran, dass sie »von der Leiter gefallen sind«. Dies alles führe zu einer massiven Verfälschung der Datenlage.

Roberts schlimmste Befürchtung ist, dass hinter all diesen Beobachtungen ein größerer Plan steckt. Er vermutet, dass es verschiedene Dinge gibt, »die das Volk nicht wissen soll«. Ein großes Misstrauen schürt dabei die Pharmaindustrie und ihr Einfluss auf die Politik. Es könnte zu einer »Impforgie der Pharmakonzerne«, wie er es betitelt, kommen. Diese Vorstellung ist nur ein Element seiner apokalyptischen Endzeitstimmung, in die er sich nun immer weiter verstrickt. Es wird sogar so weit kommen, dass Corona zum Sündenbock gesellschaftlicher Missstände gemacht wird, obwohl die Virus-Erkrankung nichts damit zu tun hat. Letztlich geht es nur darum, das »Volk« zu besänftigen und ein politisches Aufbegehren zu verhindern, während die Menschen gleichzeitig ihrer Grundrechte beschnitten werden. Es heiße im Zweifel dann nur: »Es ist Corona, wir müssen jetzt alle zusam-

---

1 Prof. Sucharit Bhakdi ist emeritierter Professor für Mikrobiologie an der Universität Mainz. Zu Beginn der Pandemie fällt er immer wieder durch Statements auf, welche die Coronamaßnahmen als sinnlos und selbstzerstörerisch darstellen.

2 Dr. Wolfgang Wodarg, der Arzt und ehemaliger Politiker ist, empfindet den Umgang mit dem Covid-19-Virus als überzogen und spricht öffentlich von einer Panikmache.

menhalten, da kann keiner was für.« Trotz der offensichtlichen Nähe zu kursierenden Verschwörungstheorien, sieht er sich diesen nicht zugehörig; er selbst sei vielmehr der »kritische Denker«, da er nur die Meinung von wirklichen Expert:innen rezitiert: »Das sind jetzt keine Dinge, die ich mir ausdenke. Das sind hoch dekorierte Leute, die diese Statements von sich geben.« Roberts Weltbild ist nicht eindeutig einzuordnen. Seine Ideen wirken fragmentiert. Seine ausführlichen Recherchen scheinen ein Versuch zu sein, den konfusen Zustand der Pandemie kontrollierbar zu machen. Dennoch bleiben einige Aspekte des gegenwärtigen Geschehens ungreifbar und weiterhin angsteinflößend. Trotz dieser dystopischen Endzeitstimmung denkt er auch daran, eine neue Halle für den Verkauf seiner Vintage-Kleidung zu suchen, doch schon holt ihn der Pessimismus wieder ein: Ob man überhaupt Umsatz macht? Wenn Robert über das neue Lager seines Versandhandels sinniert, wirkt es für eine kurze Zeit so, als ob diese Planbarkeit die Ruhe im Sturm einer bedrohlichen Zukunft sei.

Interview: Paul Weinheimer, 13. Mai 2020

»Ich habe eine Informationslage, die andere Leute nicht haben.«

Marco Hohmann

»Ziemlich gut« war sein Tag, schwärmt Patrick zu Beginn unseres Gesprächs. Während mein Samstag nach mitteleuropäischer Zeit gerade erst beginnt, hat Patrick seinen Tag am Strand von Shimoda genossen, einer Hafenstadt, die auf der Izu-Halbinsel rund 200 Kilometer südlich von Tokio liegt. Er hat den Surfer:innen im Wasser zugeschaut, vorzüglich gegessen, Sonne getankt. Jetzt, als wir telefonieren, befindet er sich im Schnellzug zurück nach Tokio, seinem aktuellen Wohnort. Kurzerhand hat er seine Arbeit der letzten Woche ins »Beach Office« verlegt, scherzt er. In Tokio ist ihm bereits nach einer Woche im Homeoffice die Decke seiner kleinen Einzimmerwohnung auf den Kopf gefallen. Patrick ist Anfang 30 und lebt allein in einem der teureren und angesagten Wohnviertel Tokios. Er arbeitet als *Global Head of Strategy* am japanischen Standort eines deutschen Consulting-Unternehmens, das seine Dienstleistungen global an mehr als 50 Standorten anbietet.

Eigentlich hatte ihn sein Chef von Deutschland aus bereits vor vier Wochen angewiesen, ins Homeoffice zu wechseln. Die deutschen Kolleg:innen hatte man zu diesem Zeitpunkt, wie in vielen anderen Unternehmen in Deutschland, schon an die heimischen Arbeitsplätze geschickt und die Unternehmensführung bemühte sich angesichts der global aufziehenden Krise darum, dass nun auch die anderen Standorte mitziehen. Patrick und seine japanischen Kolleg:innen schätzten die Situation vor Ort zu dieser Zeit aber als weniger brenzlig ein, als in Europa oder den USA. Entgegen der Anweisung von oben, entschied Patrick in Absprache mit seinem Team-Kollegen in Tokio daher, dass es »nicht angebracht« wäre, wenn sie als Manager als einzige aus dem Team von zu Hause aus arbeiteten. Erst zwei Wochen später, als die Gouverneurin Yuriko Koike die offizielle Warnung herausgab, wonach sich nun auch in Tokio die Krankheitsfälle von Covid-19 häuften, entschieden sie sich für ein schnelles Handeln und setzten sofort eine E-Mail auf – alle Beschäftigten, die keine dringenden Arbeiten in der

Firma zu erledigen hatten, sollten ab sofort ausschließlich aus den eigenen vier Wänden arbeiten. Angesichts der Herausforderungen einer globalen Koordination in der neuartigen Situation der Pandemie war man sich in der Consulting-Firma schnell einig, dass ein globales Krisenmanagement eingerichtet werden muss. Bei mehr als 50 Standorten weltweit brauchte es ein genaues Handlungsprotokoll. Wenn es zu einem Ausbruch des Virus in einem der Büros kommen sollte, sollten alle »Locations« wissen, was zu tun ist. Ein einheitliches Vorgehen, einheitliche Desinfektionsroutinen und eine globale Beschaffungslogistik für Schutzequipment werden beschlossen. Patrick wird zum Team des Coronakrisenmanagements seiner Firma als »globaler Koordinator« hinzugezogen. Ein »riesen Koordinationsaufwand« ist das, erklärt er mir. In den letzten beiden Wochen konnte er keine seiner anderen Aufgaben im Unternehmen wahrnehmen, weil ihn die neue Rolle vollständig in Beschlag genommen hat.

Ein zusätzlicher Aufwand ist auch dadurch entstanden, dass keine Möglichkeit mehr besteht, kleinere Absprachen über informelle Kommunikationskanäle abzuwickeln. Auch für Dinge, die Patrick normalerweise in einem Gespräch auf dem Flur klärt, muss er nun extra einen Termin zur Besprechung anfragen. Die Situation im Homeoffice erfordert ein deutlich strukturierteres Arbeiten und genauere Absprachen. Die Mehrarbeit, die durch die ungewohnten Abläufe zustande kommt, kommentiert Patrick mit der Anekdote eines chinesischen Kollegen: Das von der Xi-Jinping-Regierung beworbene Arbeitsmodell von »966« – neun Uhr morgens bis sechs Uhr abends, sechs Tage die Woche – habe für seinen chinesischen Kollegen im Homeoffice keine Geltung mehr. Sein neues Arbeitsstundenmodell sei nun »007« – also null Uhr nachts, bis null Uhr nachts, sieben Tage die Woche. Patrick lacht und gibt seinem Kollegen recht. Die Zeit, die er selbst einspart, weil er nicht mehr zur Arbeit fahren muss, investiert er nun zusätzlich in seine Arbeit. Berufliches und Privates lassen sich in seinem Alltag nicht mehr richtig trennen, erklärt er mir. Dort, wo das »In-Gesellschaft-Sein« im Büro auch eine Kontroll- bzw. Schutzfunktion erfüllt, birgt das »Nicht-Im-Büro-Sein« oder das »Nicht-Unter-Kollegen-Sein«, für Patrick das Risiko, mehr zu arbeiten. »Du kannst eben jederzeit nochmal schnell was machen, und das mache ich dann auch.« Der Berg an Arbeit wächst und wächst und der ohnehin schon knapp bemessene Wohnraum seiner Tokioter Wohnung macht sich plötzlich schmerzlich bemerkbar.

Dass sein Ein-Zimmer-Wohnraum mit der kleinen Küchenzeile für deutsche Verhältnisse bescheiden anmuten muss, kümmert Patrick eigentlich wenig. In Tokio ist es keine Seltenheit, dass ein Apartment dieser Größe von einer ganzen Familie bewohnt wird. Sein Leben findet normalerweise draußen statt, wo er die Vorzüge der pulsierenden Mega-City in vollen Zügen genießt: die große Menge erstklassiger Restaurants, Ausstellungen und Museen, angesagte Bars und Clubs, gute Fitnessstudios, überhaupt das dichte Gedränge an den schönen Ecken der Stadt und die ganzen Community-Treffpunkte. All das gibt es aber auf einen Schlag nicht mehr, was ihn und die Angehörigen seiner Altersgruppe, die Anfang-Dreißigjährigen, in Tokio wohl gerade am stärksten treffen muss. In Tokio, so versichert er mir, sind aktuell nur die Hälfte der Leute auf der Straße zu sehen. »Es ist wirklich nicht Normalbetrieb. Und es ist ja gerade Kirschblüte. Da ist normalerweise richtig Halligalli, Rambazamba, hier auf den *blue sheets*, auf den blauen Planen, unter den Kirschbäumen.« Eigentlich würde sich Patrick in dieser Zeit gerne mit seinen Freund:innen im Park treffen, jeder würde Snacks und Getränke für das Buffet mitbringen, das sie sich dann unter den Kirschbäumen aufbauen würden – man würde ausgelassen feiern, sich mit Bier und Shōchū betrinken und diese besondere Zeit genießen. Weil das alles gerade nicht möglich ist und seine Freund:innen sich entweder alleine oder mit ihren Familien zu Hause isolieren, fühlt sich Patrick »eingesperrt«. Für ihn gibt es gerade keinen Vorteil mehr, in der Metropole zu sein.

Nach einer Woche im Homeoffice packt er daher kurzentschlossen seinen Laptop und die Arbeitsunterlagen ein und verlegt sein Büro nach Shimoda. Dass er zum Arbeiten gerade nicht ins Büro muss, ermöglicht es Patrick, seiner neuen Rolle als Coronakrisenmanager der Consulting-Firma auch aus dem Urlaubsgebiet südlich der japanischen Hauptstadt gerecht zu werden. »In Shimoda ist noch alles normal«, erklärt er mir, da konnte er »einfach frei sein«. Ich bekomme den Eindruck, dass seine Woche im ›Beach Office‹, die für mich bis eben noch nach einem aufregenden Kurzurlaub klang, für Patrick vielmehr die Flucht in eine Normalität und einen Alltag darstellt, den es für ihn in Tokio zu diesem Zeitpunkt schon nicht mehr gibt.

Mit dem Ausbruch der Pandemie ist die Auftragslage der Consulting-Firma rapide eingebrochen. Als Sparmaßnahmen wurden entbehrliche Stellen schon frühzeitig gekürzt und ein großer Teil der Kolleg:innen wurde in Kurzarbeit geschickt. Dass seine neue Rolle als Krisenmanager mit mehr Arbeit verknüpft ist, hat für Patrick daher nicht nur Nachteile – denn so gewinnt er Zeit, bis wieder Aufträge eingehen. Zudem übernimmt er mit dieser Tätigkeit eine aktuell wichtige Funktion für das Unternehmen. Solange die Pandemie anhält, bedeutet das für Patrick eine sichere Legitimation seiner Arbeitskraft in der Firma. Prinzipiell kann zwar auch seine Stelle aufgrund der schwächeren Arbeitnehmer:innenrechte in Japan jederzeit gekündigt werden, allerdings ist das, wie Patrick halb im Scherz einräumt, doch eher unwahrscheinlich. Schließlich gehört er selbst dem Management an »und das Management entlässt sich ja nur ungern selbst«. Nüchtern schildert er mir, wie es wäre, wenn es für ihn dennoch zu einer Kündigung kommt. Da Patrick keine Familie zu versorgen hat und ansonsten auch wenig »finanzielle Obligationen«, muss er nur sehen, dass er seine Miete bezahlen kann. Für ihn ist das kein Problem: »Ich habe genug in der Bank, auch wenn ich meinen Job verliere.« »Verhungern« wird er nicht, er kann auch ohne sein aktuelles Einkommen über einen längeren Zeitraum noch gut leben. Außerdem ist er sich sicher, dass er im Fall der Kündigung schnell wieder einen guten neuen Job im Management einer anderen Firma finden wird. Anfragen von Headhuntern bekommt er schließlich regelmäßig und sein berufliches Netzwerk hat er in dieser Hinsicht über die letzten Jahre gut ausgebaut. Es klingt nicht danach, als würde er besonders an seinem Job hängen – der scheint für ihn eher eine weitere Station der zahlreichen Einträge in seiner Vita zu sein als ein wichtiger biografischer Anker in seinem Leben.

Patrick genießt nicht nur das Privileg einer weitgehenden finanziellen Unabhängigkeit, sondern hat auch Zugang zu exakten Informationen über die finanzielle Lage seines Unternehmens und den genauen Ablauf bestimmter Entscheidungsfindungen. Er kennt alle relevanten internen ökonomischen Kennziffern und verfügt über das Know-How, diese Zahlen zu interpretieren und zu bewerten. »Ich habe eine Informationslage, die andere Leute nicht haben.« Die Leute in seinem und anderen Unternehmen, die keinen Zugang zu solchen KPI's, den *key performance indicators* ihrer Firma haben, die weder »die wirtschaftlichen Ausdrücke« kennen noch ein tiefergehendes Verständnis über die Bedeutung solcher Kennziffern haben, sind aus seiner Sicht diejenigen, die jetzt verunsichert sind und um ihren Job bangen. »Warum ich mir nicht wirklich Sorgen mache ist, weil ich die ganzen Hintergründe dafür habe. Also ich habe komplette Transparenz – ich kann objektiv sagen ›So sieht es aus‹.«

Was Patrick beschreibt, klingt für mich kalkuliert und genau bemessen. Hier spricht einer, der in Zahlen zu denken gelernt hat, der nichts beschönigen möchte und seine eigenen Optionen gerne nüchtern und »realistisch«

beurteilt. Risiko ist für Patrick ein mathematisch und finanziell genau zu beziffernder Wert. »Im Accounting«, so erklärt er mir, »heißt es immer Cash ist King in so einer Zeit. Du musst nur gucken, dass du deinen Cashflow aufrechterhältst. Du musst halt dann sehr dynamisch deine Kosten anpassen können.« Die Sprache des Accountings, so scheint es mir, weiß Patrick ohne Probleme in seine private Lebensführung zu übersetzen.

Weil er sich »jung und fit« fühlt, hat Patrick auch keine Angst davor, sich mit dem Coronavirus anzustecken. Und weil er an der Schutzwirkung der Gesichtsmasken zweifelt, die ihm sein Unternehmen schon vor mehreren Wochen zur Verfügung gestellt hat, trägt er auch keine solche Maske, wenn er sich in der Öffentlichkeit bewegt. Wozu auch, wenn die Maske ihn nicht schützt? Nun aber, da er das so konkret benennt, erscheint ihm das doch als etwas egoistisch. So eine Überlegung sei eigentlich »typisch deutsch«, was ihm merklich unangenehm ist. Vielleicht sollte er ja doch eine Maske tragen – in Japan ist das im Winter, zur Grippesaison, schließlich gang und gäbe. »Die Japaner«, erklärt er, haben weniger Angst davor, sich anzustecken, als dass sie anderen Gesellschaftsmitgliedern zu einem gesundheitlichen Risiko werden. Diese Sichtweise gefällt ihm irgendwie besser – diese Art von Rücksichtnahme. Andere anstecken will auch er nicht. »Das ist die einzige Überlegung, die ich habe. Die ist vielleicht ein bisschen ›japanischer‹.« Da fällt ihm zum Abschluss unseres Telefonats »noch so ein Phänomen der japanischen Kultur« ein: Anfang des Jahres, als er selbst gerade geschäftlich in Deutschland war, hat ihm ein Freund aus Japan über das Smartphone Fotos aus einem Supermarkt geschickt, in dem es kein Toilettenpapier mehr zu kaufen gab. Kurz darauf wurde in den japanischen Medien dann die Botschaft verbreitet, dass solche »Hamsterkäufe« schädlich für die Gesellschaft sind. Nur ein paar Tage später schickte derselbe Freund ihm dann Bilder, »wie einer auf allen Briefkästen in seiner Nachbarschaft Toilettenpapier verteilt hat, weil er zu viel gekauft hat«. Patrick ist sich sicher, dass das in Deutschland niemand machen würde, um sich bei seinen Nachbar:innen für sein exzessives Einkaufsverhalten zu entschuldigen.

Interview: Marco Hohmann, 04. April 2020

»Ich will ja, dass man da so gut wie möglich drüber hinwegkommt.«

Nina Sökefeld

Nicole ist Ende 40, arbeitet als Lehrerin an einer Mittelschule und lebt mit ihren drei Söhnen – einer ist vor wenigen Wochen volljährig geworden, die anderen beiden sind im Teenageralter – in einem Reihenhaus eines Nürnberger Vororts. Gerade sind Osterferien, sodass auch die beiden jüngeren Söhne, die noch zur Schule gehen, so gut wie keine Schulaufgaben erledigen müssen. Daher können sie viel Zeit zusammen im Freien verbringen. Frische Luft und Bewegung zu bekommen ist im Moment schließlich besonders wichtig; davon ist Nicole überzeugt. Außerdem sind sie alle sehr sportlich und machen Radtouren, spielen Fußball oder suchen nach Gras und anderem Grünzeug, mit dem sie die Meerschweinchen im Garten füttern können. Als ehemalige Leistungssportlerin fällt es Nicole überhaupt nicht schwer, sich an Regeln zu halten, die ihr von anderen vorgegeben werden. Trainingspläne, Ernährungsvorgaben, ein streng getakteter Tagesablauf: All das begleitete sie als jugendliche Leichtathletin jahrelang in ihrem Alltag. Jetzt, in der Pandemie, profitiert sie davon, mit solchen Strukturen umgehen zu können. Insofern sind die Kontakt- und Reisebeschränkungen für sie kein Problem.

Andere in ihrem Umfeld beschäftigen diese Beschränkungen und Verhaltensvorgaben dagegen sehr wohl, beobachtet Nicole. Das wundert sie nicht, »ich glaube, dass das auch an den Deutschen liegt, die Deutschen haben immer wahnsinnige Probleme mit Einschränkungen«, stellt sie fest. Ihr selbst geht es anders, sie hat damit keine Schwierigkeiten. Sie kann sich beschäftigen, die Kinder sind da und natürlich hat man immer etwas im Haushalt zu tun. Sie liest außerdem viel, geht joggen, macht Yoga oder Gymnastik und achtet auch wieder mehr auf die Ernährung. Im Sommer fährt sie mit ihren Söhnen schon seit vielen Jahren ausschließlich mit dem Wohnwagen in den Urlaub. Das ist zum einen günstiger und erweist sich jetzt, im Nachhinein, sogar als eine Art Vorbereitung auf die Einschränkungen in der Pandemie. So sieht Nicole viele Parallelen zwischen dem Leben auf dem Campingplatz und dem, was im Coronaalltag wichtig ist. Sie nennt etwa die Fähigkeiten,

»mit dem auszukommen, was einem zur Verfügung steht«, weitestgehend auf »sich allein gestellt zu sein« oder den Tag »selbst zu strukturieren«. Von diesen Erfahrungen profitiert sie nun. So gesehen ist der Alltag in der Pandemie eben kein All Inclusive Urlaub im Luxushotel. Er ist vielmehr mit dem Aufenthalt auf dem Campingplatz vergleichbar, wo man mit dem zurechtkommt, was man hat, wenn man sich darauf einlässt.

Früher, beim Sport, war auch vieles vorgegeben. Wenn sie am nächsten Tag einen Wettkampf hatte, durfte Nicole am Samstagabend nicht ausgehen. Dieser früh eingeübten Disziplin entsprechend, setzt sie sich heute auch eine Maske auf, wenn es von ihr verlangt wird und wenn es bei der Eindämmung der Pandemie hilft. Sogar zum jetzigen Zeitpunkt, an dem noch keine staatlich angeordnete Maskenpflicht besteht, denkt Nicole darüber nach, beim Einkaufen eine Maske zu tragen, einfach »um ein Zeichen zu setzen«. Auch in anderer Hinsicht demonstriert sie Vorbildlichkeit, wenn sie sich zum Beispiel, für die Umstehenden gut hörbar, beim Supermarktpersonal bedankt. So möchte sie darauf aufmerksam machen, was die Angestellten dort in dieser angsteinflößenden Ausnahmesituation und trotz aller Gefahren leisten.

Es fällt nicht allen so leicht, sich auf die neuen Lebensumstände einzustellen, dessen ist sie sich bewusst. Eine ihrer besten Freundinnen lebt allein in einer kleinen Wohnung und obwohl sie nicht darüber klagt, spürt Nicole am Telefon dennoch, wie sehr die Situation sie belastet. Das einzige, was Nicole nun tun kann, ist ihrer Freundin beizustehen und sie häufiger als sonst anzurufen. Neben der sportlich antrainierten Disziplin ist eine solche Form der Unterstützung für Nicole selbstverständlich. Gerade jetzt findet sie es überaus wichtig, Menschen in ihrer direkten Umgebung zu unterstützen, anstatt nur »in die große Welt zu schauen«. Dies versucht sie auch ihren Söhnen zu vermitteln, die neuerdings sogar für eine ältere Nachbarin einkaufen gehen. In der jetzigen Situation muss eben jeder etwas zur Eindämmung der Pandemie beitragen – das ist ganz klar. Was sie allerdings gar nicht nachvollziehen kann, ist das »riskante Verhalten« ihrer 80-jährigen Mutter, die allein in Niederbayern lebt und weiterhin – sogar öfter als nötig – selbst einkaufen geht. Auch dort würden sich sicher junge Menschen finden, die solche Botengänge für sie erledigen könnten. Aber sie will zumindest beim Einkaufen mit anderen Menschen in Kontakt kommen. In gewisser Weise kann Nicole das auch nachvollziehen, dennoch schimpft sie am Telefon mit ihr. Verbieten kann sie ihrer Mutter das Einkaufen aber auch nicht.

Seit einigen Jahren ist Nicole in der Flüchtlingshilfe im Ort aktiv und betreut in diesem Rahmen eine Sportgruppe für Jugendliche. Ein paar von ihnen gehen in Schulklassen, die Nicole in Deutsch als Zweitsprache unterrichtet. Seit der Schulschließung erkundigt sie sich hin und wieder auf WhatsApp danach, wie es ihnen geht und versucht so, den Kontakt aufrechtzuerhalten. Aus deren Statusaktualisierungen weiß sie, dass manche der Jungen sich immer noch in der Stadt herumtreiben und sich in Gruppen treffen. Für Nicole ist dieses Verhalten nicht nur wegen einer möglichen Ansteckung ein Grund zur Sorge, sondern auch wegen des Risikos, bei einem Verstoß gegen die Kontaktbeschränkungen von der Polizei aufgegriffen zu werden. Einige der Jugendlichen sind schon früher aufgefallen und würden nun, so befürchtet Nicole, nicht mehr mit einer Verwarnung davonkommen, sondern direkt mit einem Akteneintrag sanktioniert werden. Sie hat schon oft mehr Nachsicht im Umgang mit ihnen gefordert – es handelt sich schließlich noch um Teenager – doch damit ist sie bisher nicht auf Gehör gestoßen. Ganz im Gegenteil, die Polizei behält diese Jungen nach wie vor besonders im Auge: »Ich sag immer, lasst sie sich doch noch ein bisschen entwickeln, lasst sie noch ein bisschen größer werden, aber wenn die jetzt nochmal irgendwo auftauchen, hat die Polizei überhaupt kein Mitleid, gar nicht.« Die spätere Arbeitssuche wird durch einen Aktenvermerk noch schwieriger, als sie für geflüchtete Jugendliche ohnehin schon ist. Besonders große Sorgen macht Nicole sich um einen Jungen, dessen Patenschaft sie übernommen hat. Sie hat zwei Jahre lang beim Landratsamt darum gekämpft, auch ohne anerkanntes Asyl eine Ausbildungsgenehmigung für ihn zu bekommen. Da er bisher nicht arbeiten durfte, hat er vor allem »auf der Straße rumgehangen«. Jetzt, da er die Genehmigung und ab Herbst auch einen Ausbildungsplatz hat, kommt es umso mehr darauf an, dass er sich »zusammenreißt«. Nicole hat ihn angerufen, um ihm ins Gewissen zu reden, wie sie es auch bei ihrer Mutter getan hat. Mehr, als ihm die Dringlichkeit der Lage verständlich zu machen, kann sie aber erst einmal nicht tun.

Auch jetzt, in den Ferien, muss die Schule eine Notbetreuung anbieten, weshalb sie ein, zweimal die Woche ein paar Stunden dort verbringt. Sie bietet Aktivitäten für diejenigen Schüler:innen an, deren Eltern in systemrelevanten Berufen arbeiten oder räumt ein wenig auf. Es gibt an der Schule nur wenige Kinder, die Anspruch auf Notbetreuung haben. Manchmal kommt kein einziges. Vor allem die Situation derjenigen, die vorher schon Probleme hatten, wird sich durch die Pandemie noch verschlimmern, befürchtet Nicole. Vom Kultusministerium kam die generelle Anweisung, weiterhin in

Kontakt mit Schüler:innen aus »schwierigen Verhältnissen« zu bleiben. Nicole spricht sie an, wenn sie ihr beim Einkaufen oder auf der Straße begegnen. An der Schule gibt es »viele, die klauen, mit Drogen und das ganze Zeug [zu tun haben], die auch Schwierigkeiten daheim haben. Also dass das jetzt besser wird, glaub ich nicht«. Auch in Bezug auf die eigenständige Erarbeitung der Unterrichtsinhalte zu Hause ist sie pessimistisch. Die meisten ihrer Schüler:innen beschäftigen sich im Moment wenig oder gar nicht mit dem Lernstoff, vermutet Nicole. Sie sind auf die Förderung im Schulumfeld angewiesen, um die Anforderungen des Bildungssystems erfüllen zu können. Man wird bei vielen »von Null« anfangen müssen, wenn sich alles wieder normalisiert. Manche werden sogar ein weiteres Jahr an der Schule bleiben müssen, um ihren Abschluss zu schaffen, erwartet Nicole. Sie ist sich sicher, dass es nach der Pandemie erforderlich sein wird, einen Schritt zurückzutreten, genau hinzusehen und auch mit der Benotung anders umzugehen. Sicherlich ist das immer ein Abwägen, aber gerade die Kolleg:innen, die selbst keine Kinder haben, haben oft gar kein Gespür dafür, welcher Umgang angemessen ist. Das alles zu entscheiden, wird harte Arbeit werden.

Natürlich wünscht Nicole sich, wieder regulär arbeiten zu können. Hin und wieder geht sie in ihr Klassenzimmer und fragt sich, wann sie hier wieder unterrichten wird. Keine Kinder da, das Schulhaus und der Hof leer, der Rektor verhält sich komisch, weil er auch nicht weiß, was noch kommt. Mit dieser Unsicherheit umzugehen ist für Nicole eine starke emotionale Belastung, was auch mit ihrem Sinn fürs langfristige Planen zusammenhängt, das gerade einfach nicht möglich ist. Dennoch ist sie dankbar dafür, wie gut es ihr in der momentanen Lage noch geht. Zumindest die Sachen, die man noch machen kann, macht sie weiterhin ganz normal, auch, um ihren Kindern einen strukturierten Tagesablauf vorzuleben. Sie möchte vor ihnen nicht die ganze Zeit ängstlich sein. Der Alltag ist zwar eingeschränkt, aber sie möchte verhindern, »dass man dann auch im Kopf so eingeschränkt ist«.

Nachrichten darf sie allerdings nicht zu viel anschauen, denn das hinterlässt ein komisches Gefühl bei ihr. Auch früher hat es sie schon mitgenommen, zu spät noch Nachrichten anzusehen, aber jetzt wacht sie danach in der Nacht immer wieder auf oder träumt seltsame Dinge. Ein paar Mal hatte sie am Morgen das Gefühl, kaum geschlafen zu haben. Seit sie darauf achtet, ihren Nachrichtenkonsum einzuschränken, kann sie auch wieder besser schlafen. Sie hat durchaus immer noch den Drang, sich zu informieren, aber da geht es eher um spezifische Unklarheiten, weniger ums große Ganze. Wenn ihr plötzlich eine bestimmte Frage zum Virus in den Sinn kommt, sucht sie gezielt nach Berichten, in denen es genau um ihre Fragestellung geht. Auch wenn den ganzen Tag Talkshows und Nachrichtensendungen laufen – zu viel ist es in Nicoles Empfinden, wenn ihre Gedanken dadurch pessimistischer werden, als es ihrem Wohlergehen zuträglich ist. Das möchte sie vermeiden: »Ich will ja, dass man da eigentlich so gut wie möglich drüber hinwegkommt.«

Sie beobachtet natürlich, was die Regierung und vor allem »der Herr Söder« da so machen, und findet das Vorgehen alles in allem ganz gut. Die nun beginnenden Diskussionen darüber, welche Maßnahmen die richtigen sind und in denen sich alle gegenseitig kritisieren, nerven sie. »Das raubt so viel Energie.« Sie ist der Ansicht, man solle sich jetzt mehr auf das Wesentliche konzentrieren, auf die Unterstützung von Selbstständigen und die Erhaltung von deren Existenzen, auf die Pflegekräfte, das Supermarktpersonal, statt sich gegenseitig schlecht zu machen und mit dem »Herumdiskutieren« Zeit zu verschwenden.

Ob in Bezug auf die Politik oder auf ihren eigenen Alltag: Für Nicole ist es in der aktuellen Situation ausschlaggebend, die richtigen Prioritäten zu setzen. Für sie bedeutet das, sich an die notwendigen Verhaltensvorgaben zu halten und im Rahmen der Beschränkungen die täglichen Abläufe möglichst angenehm zu gestalten. Die Eindämmung der Pandemie steht dabei zwar an erster Stelle. Fast genauso wichtig erscheint ihr aber, sich trotz der Einschränkungen und der abstrakten Bedrohung durch das Virus so einzurichten, dass einem das Leben nicht entgleitet. Die Normalität, die es im Moment noch gibt, ist vor allem die, die man imstande ist, selbst aufrechtzuerhalten. Diese Fähigkeit ist für Nicole zweifellos von essenzieller Bedeutung.

Interview: Nina Sökefeld, 08. April 2020

»Aber ich hatte auch ohne Corona gelegentlich Angst um mein Kind.«

Natalia Besedovsky

Melinas lang ersehnter Urlaub ist ganz anders ausgefallen als geplant. Sie war nur im Sanitätshaus und einkaufen – genauer gesagt hat sie mit den Kindern auf ihren Mann vor dem Supermarkt gewartet, weil man diesen zurzeit nur einzeln betreten darf. Ansonsten »das übliche: Essen kochen, Kinder bespaßen, bisschen Fernseh' geguckt, Kinder ins Bett gebracht«. Jetzt sitzt sie für das Interview auf dem Sofa in ihrer modernen offenen Wohnküche ihres Einfamilienhauses und hat ihre Beine hochgelegt.

Ohne Corona würde ihre Familie den Urlaub in einer Kurzzeit-Pflegeeinrichtung verbringen, die den achtjährigen Sohn Leon betreut, während die Eltern sich vermehrt mit dem kleinen Bruder Elias beschäftigen könnten. Leon ist ein achtjähriges schwerstbehindertes Kind, das Atemschwierigkeiten hat und für das jede Erkältung eine Lungenentzündung und sogar ein Todesurteil bedeuten kann. Da er rund um die Uhr von seinen Eltern gepflegt werden muss, hatte sich vor allem der ein Jahr jüngere Sohn Elias auf die Auszeit aus dem Familienalltag in der Pflegeeinrichtung gefreut. Allerdings gab die Einrichtung Mitte März Bescheid, dass sie aufgrund der gesetzlichen Auflagen vorübergehend schließen müssten. Melina und ihr Mann hatten im Vorhinein selbst mit der Frage gerungen, ob sie als Vorsichtsmaßnahme absagen sollten und waren erleichtert, die Entscheidung nicht mehr selbst treffen zu müssen. So wird der Urlaub also zu Hause verbracht, in einem der beliebten Pendlerstädtchen für Menschen, die in Frankfurt arbeiten.

Die Krankheit des älteren Sohnes ist degenerativ und basiert auf einem seltenen Gendefekt. Obwohl er sich in den ersten acht Lebensjahren gut entwickelt hat und sogar zu laufen lernte, bedeutete die plötzlich eintretende Epilepsie – typisch für den Krankheitsverlauf – ein »stetiges bergab«. Seit einiger Zeit sitzt er in einem speziell angefertigten Rollstuhl und muss wegen seiner schwachen Muskeln und der zunehmend schlechter belüfteten Lungen nahezu jederzeit eine Nasensonde tragen. Auch vor der Coronapandemie waren Leons Atemwege ständig angeschlagen. Allein 2019 hatte er fünf Lungenentzündungen und überlebte 2018 eine Grippeinfektion nur knapp.

Damit gehört er zur besonders gefährdeten Gruppe – der sogenannten Risikogruppe. Trotz dieser außergewöhnlichen Belastung klingt Melina erstaunlich entspannt. Sie redet mit einer für diese Zeit ungewöhnlichen Ruhe und Klarheit und spricht immer wieder Themen an, die mit ihrem Sohn gar nichts zu tun haben, zum Beispiel den jüngeren Sohn, ihre Arbeitssituation – und das alles mit einer Gelassenheit in der Stimme, die eine ungewohnte Normalität vermittelt. Das Gespräch mit ihr ist vor allem eins: beeindruckend. Während zu der Zeit in Deutschland über Hamsterkäufe für Toilettenpapier diskutiert wird, spricht sie davon, dass sie jetzt wohl »da auch ein bisschen aufpassen sollten«.

Wie sieht dieses »ein bisschen aufpassen« konkret aus? Das ist insbesondere durch den jüngeren Sohn Elias, »der mit der Situation überhaupt nicht einverstanden ist«, nur eingeschränkt möglich. Melina versucht, ihrem Sohn beizubringen, nach dem Spielen im Freien die Hände zu waschen und seinen älteren Bruder nicht direkt zu umarmen oder zu kuscheln. »Man kann halt aufpassen, wie man will, aber einen Siebenjährigen an Hygienestandards zu halten ist halt begrenzt nur möglich«, sagt sie lachend. Natürlich versucht sie, Einkaufstouren mit Leon zu vermeiden oder in Menschenmassen zu geraten. Dennoch »drehen wir aber auch nicht total am Rad«. Man müsse sich bei ihnen nicht mit Mundschutz und allem »verkleiden«, falls doch mal jemand an der Tür klingelt.

Ansonsten hat sich das Familienleben durch die Pandemie kaum geändert. Durch die Betreuung Leons sind Melina und ihr Mann ohnehin ein eingespieltes Team, das auch in »gesunden Zeiten«, wie sie es nennt, alles zu zweit macht, sich abspricht und den Alltag streng organisiert. Melina arbeitet im Backoffice einer Großbank in Frankfurt und hat eine 35 Stundenwoche, während ihr Ehemann in Teilzeit in einem Unternehmen für Informationstechnik tätig ist. Schon vor Corona hatte der Arbeitgeber die Infrastruktur für Homeffice bereitgestellt – sogenanntes »digital working« – und insbesondere Mütter damit ausgestattet. Nun erlaubt der Konzern noch mehr Flexibilität, etwa, dass die Arbeitszeit gestückelt und Teilzeit flexibel auf die Woche aufgeteilt werden kann. Auch wurde das Arbeiten zunächst bis 20 Uhr, später sogar bis 22.30 Uhr erlaubt, solange man elf Stunden Pause einhält. Wie Melina berichtet, kontrolliert das zwar niemand, aber es falle schon auf, wenn man um 22.30 Uhr und am nächsten Tag schon wieder um 6 Uhr Emails schreibe. Der Arbeitgeber sei allerdings froh, wenn die Leute überhaupt arbeiten könnten. Schon vor der Pandemie arbeitete Melina zwei Tage im Homeoffice. Nun ist sie permanent zu Hause. Sie steht häufig um sechs oder halb sieben auf, um zwei Stunden zu arbeiten, bevor die Kinder wach werden. Zwischendurch arbeitet sie dann gestückelt – wenn die Kinder spielen, wenn sie es schafft, sie anderweitig zu beschäftigen, oder, wenn ihr Mann sie nachmittags übernimmt. Nachdem die Kinder im Bett sind, setzt sie sich dann wieder ein bis zwei Stunden an den Schreibtisch. Natürlich sei die Definition von Pause im Homeoffice eine andere als im Büro. Statt mit den Kolleg:innen bei einem Kaffee ein Pläuschchen zu halten, wird Zuhause in der Pause aufgeräumt oder geputzt.

Während sich zur Zeit des Interviews viele Unternehmen und Einrichtungen wie Schulen oder Universitäten mit der Anpassung an die Pandemie schwertun, ist Melinas Bank bestens auf ein solches Szenario vorbereitet. Schon seit dem 11. September 2001 haben alle großen Banken einen sogenannten Business Continuity Plan, der dafür sorgen soll, dass im Katastrophenfall die Geschäfte weiterlaufen können. Nicht nur, dass die Bank einen Vorrat an Schutzmasken bereithält, es gibt auch ein Ausweichgebäude für verschiedene Notfälle – etwa bei den Demonstrationen gegen die EZB im Jahr 2015. Um die Bürobesetzung zu entzerren, wird dieses Gebäude auch jetzt während der Corona Pandemie eingesetzt. Den Mitarbeiter:innen wird die Entscheidung zwischen Präsenzarbeit im ursprünglichen Büro, im Ausweichgebäude oder eben das Arbeiten von zu Hause freigestellt. Ihr Chef hat dabei vollstes Verständnis, dass Melina sich für die Variante Homeoffice entschieden hat. Bei einem Risikopatienten in der Familie sei es nicht vertretbar, dass sie mit dem Zug ins Ballungsgebiet fahre, um in einem Großraumbüro zu arbeiten. Aber auch viele Mütter von gesunden Kindern nutzen jetzt das Homeoffice. Bei Meetings höre man ab und zu auch Kindergeschrei von der anderen Seite, oder kurze Gesprächsunterbrechungen, wenn die Kinder etwas brauchen. Melina empfindet dabei ein Gefühl von Solidarität, weil niemand etwas sagt, wenn so etwas passiert.

Viele Ängste, die für die meisten Menschen seit der Pandemie ganz neu sind, bedeuten für Melina und ihre Familie Routine. Etwa die Angst vor Hamsterkäufen und Lieferengpässen bei Medikamenten: Bei einigen der Medikamente, die ihr Sohn braucht, gibt es schon immer gelegentlich Knappheit, weshalb sie stets darauf achtet, sobald die letzte Packung angebrochen wird, schon das nächste Rezept zu organisieren. Anders sieht es beim Risiko der Überlastung des Gesundheitssystems und der Gefahr der Triage aus:

»Wenn natürlich so Ausmaße wie in Italien kommen, oder, wie das immer so schön heißt, dass die Ärzte Gott spielen müssen, und entscheiden müssen, wem welche Hilfe zusteht, dann ist natürlich schon die Überlegung, dass wir da hinten runterfallen werden. Weil, da wird zuerst denen geholfen, die, sag ich mal, keine Grunderkrankung haben, oder die, die die bessere Lebenserwartung haben.«

Ungeachtet dieser Sorgen betrachtet sie die Coronamaßnahmen mit gemischten Gefühlen:

»Es ist einfach nicht so viel passiert bisher in Deutschland, sag ich mal. Also von Todesfällen her oder Infizierten. Wenn man das so mit anderen Ländern vergleicht, also wenn man hört, in USA, oder in New York, da sterben täglich 1.000 Leute, das ist ja eine andere Hausnummer, als wenn hier zehn weitere in Hessen gestorben sind, die mit allergrößter Wahrscheinlichkeit eh in den nächsten zwei Jahren gestorben wären [...]. Deswegen bin ich da immer etwas hin und her gerissen, weil ich überleg halt ›ok, muss das alles sein‹ und dann guckst du da halt nach Italien, USA und – ja, es muss wohl sein, weil wenn nicht, scheint ja echt böse zu eskalieren.«

Ihr ganzes Leben ist geprägt von Entscheidungen, die einer bewussten Risikoabwägung bedürfen. Etwa beim geplanten Krankenhausaufenthalt des Sohnes, zu dem sie sagt, es sei wohl gerade gefährlicher einzukaufen als ins Krankenhaus zu gehen, obwohl dieses auch 19 Covid-19-Patient:innen in der Intensivstation behandeln würde. Dieser bewusste Umgang mit Risiken wird auch dadurch verdeutlicht, dass sie nicht nur extrem gut über den Verlauf der Pandemie informiert ist, sondern auch verschiedenste Zahlen präsent hat: Neben der genauen Anzahl der Covid-19-Patient:innen im Krankenhaus kennt sie die aktuellen Coronainfektionen in Deutschland, Hessen und Frankfurt und hat auch die Anzahl der Grippetoten im Kopf, um den Vergleich ziehen zu können. Dieses Bewusstsein für Risiken ist wohl auch das, was Ihre Gelassenheit ausmacht.

»Man kann halt nicht mehr machen als versuchen, es soweit wie möglich fernzuhalten, aber ich glaub gänzlich, eine gänzliche Sicherheit. Also, ich glaube man kann sich gar nicht so akkurat schützen, dass es überhaupt kein Risiko gibt für eine Ansteckung. Ich glaube, das kann man nicht als Privatperson. Mit Maske vielleicht einkaufen. Aber du kannst das Risiko nicht komplett abfangen.«

Man könnte meinen, dass Melinas besondere Umstände sie auch äußerst vorsichtig oder besorgt handeln lassen. Aber im Gegenteil, ihre Erfahrungen mit einem chronischen individuellen Bedrohungsszenario hat sie auch in gewisser Weise auf eine akute globale Pandemie vorbereitet. Ihre Besonnenheit und ihr Pragmatismus erscheinen als eine Art »trainierte Resilienz«.

Diese kommt schlussendlich auch aus einem bewussteren Umgang mit dem Tod:

»Klar ist so ein bisschen die Angst dabei. Aber ich hatte auch ohne Corona gelegentlich Angst um mein Kind [...]. Ich meine, dadurch, dass es degenerativ und lebenslimitierend ist, was er hat, ist das ja eh ein Thema, mit dem wir uns alle Nase lang mal auseinandersetzen müssen oder mal drüber nachdenken. Ich meine, wir wissen auch, dass er auch ohne Corona jetzt nicht mehr ewig leben wird. Hört sich jetzt krass an, ich bin da auch nicht so entspannt wie sich das vielleicht gerade anhört, aber ja, wir setzen uns da halt viel häufiger mit dem Thema auseinander, auch ohne Corona.«

Interview: Natalia Besedovsky, 07. April 2020

Essays

Katastrophenzeit

Sighard Neckel

Die Coronapandemie und der darauffolgende Einbruch der globalen Ökonomie, die unaufhörlich ansteigende Erderwärmung, das Artensterben und die weltweite Bedrohung der Demokratie dokumentieren, dass wir längst nicht mehr in einer Zeit bloßer »Krisen« leben. Vielmehr haben wir offenbar eine Katastrophenzeit erreicht, in der eine Verheerung auf die andere folgt und ein Kollaps der ökologischen, ökonomischen und gesellschaftlichen Systeme nicht unwahrscheinlich erscheint. Der englische Soziologe John Urry (2016) hat vor einigen Jahren bereits vom »Katastrophismus« des 21. Jahrhunderts gesprochen. Damit meinte er das Ende der optimistischen Verheißungen auf eine bessere Zukunft in der langen Nachkriegszeit und den Ausbruch einer Kette schwerster Krisen nach dem Millennium. Tatsächlich reiht sich seit zwanzig Jahren eine Erschütterung an die nächste: der 11. September 2001 und die folgenden Kriege in Afghanistan und im Irak, die globale Finanzkrise 2008, die Nuklearkatastrophe von Fukushima 2011, die islamistischen Terroranschläge, die Flüchtlingswelle 2015, der Absturz zahlreicher Demokratien in die Abgründe autoritärer Herrschaft, die schnelle Folge neu auftretender weltweiter Infektionskrankheiten wie Ebola, Vogelgrippe, SARS und jetzt Covid-19 und schließlich der Klimawandel, dessen jüngste Fanale die Flächenbrände in Australien und Sibirien, extreme Hitzeperioden und das rasante Abschmelzen des arktischen Eisschildes sind.

Gewiss hat auch die zweite Hälfte des 20. Jahrhunderts Krisen und existentielle Bedrohungen gekannt: Kalter Krieg, militärische Konfrontationen vom Nahen Osten bis nach Vietnam, weltweite Hungersnöte, die Ölkrise, Aids oder der Reaktorunfall von Tschernobyl stehen hierfür. Doch stellte sich mit dem Zerfall der Sowjetunion und dem Triumph der globalen Märkte noch einmal die Hoffnung auf ein grenzenloses Wachstum von Wohlstand, Demokratie und Sicherheit ein. Dass wir heute diese Hoffnungen vielfach begraben, hat nicht zuletzt mit einem Formwandel gesellschaftlicher Veränderungen zu tun. Wo der Zukunftsoptimismus des Millenniums noch auf einen stetigen Wandel hin zum Besseren setzte, stehen wir nunmehr in Zeitgenossenschaft zu plötzlich einsetzenden Geschehnissen, jenseits derer die gesellschaftlichen Zustände und der Zustand der Welt nicht mehr dieselben sind (Neckel 2021).

Das Schlüsselwort dieser Schockmomente, die unseren Glauben an einen normalen Fortgang der Dinge erschüttern, ist der »Tipping Point«, wie wir ihn aus der Klimaforschung kennen: Kipp-Punkte einer Entwicklung, die nicht mehr aufzuhalten ist; eskalierende Sprünge in sozialen oder natürlichen Prozessen mit eigendynamischen Zuspitzungen und unzähligen Dominoeffekten (Leggewie/Welzer 2011; Horn 2020). Das Paradebeispiel hierfür ist die Zerstörung des planetaren Ökosystems. Sie hat Schwellenwerte erreicht, bei denen irreversible Umweltveränderungen bis hin zu einem Zusammenbruch des Erdsystems drohen. Wenn etwa die sibirischen Permafrostböden auftauen und Methangase den Treibhauseffekt soweit zusätzlich anheizen, dass sich der Jet Stream verlegt und permanent Warmluft nach Grönland führt, dann wird ein ansteigender Meeresspiegel weltweit Küstenregionen versenken und zugleich eine Hitzezeit mit einer Erderwärmung um bis zu vier Grad ausbrechen. Halbe Kontinente würden sich in ökologische und zivilisatorische Wüsten verwandeln. Globale Klimakonflikte, zusammenbrechende Ökonomien, soziale Entropien und zerfallende Staaten wären die Folge.

Tipping Points kennen wir auch bei der Covid-19-Pandemie. Hier sind Kipp-Punkte dann erreicht, wenn die Infektionszahlen exponentiell ansteigen, sich also in immer kürzerer Zeit verdoppeln und die Rückverfolgung der Ansteckung chancenlos ist. Die Pandemie gerät dann vollkommen aus der Kontrolle. Der Unterschied zu den Kipp-Punkten des Klimawandels ist, dass der Umschlag in eine Eskalation bei Covid-19 gleich zu Beginn des Infektionsgeschehens einsetzt, sofern die Ansteckungsketten nicht unterbrochen werden. Das Virus hat eine kurze Latenzzeit, um sich dann rasend schnell zu verbreiten. Wuhan, Bergamo und New York waren die Orte, an denen sich dieses grausame Schauspiel in den ersten Wochen von Covid-19 vollzog.

Demgegenüber geht dem Klimawandel eine schleichende Entwicklung mit einer langen Latenzzeit voraus. Die Tipping Points, an denen das Erdsystem möglicherweise kollabiert, stellen sich erst am Ende der Naturzerstörungen ein. Auch ist der Klimawandel viel komplexer als eine Viruspandemie. Da er von zahllosen Faktoren abhängig ist, sich in entfernten Regionen der Erde am stärksten bemerkbar macht, von seinen Ursachen her auf eine planetare Größenordnung bezogen wird und sich zeitlich auf Jahrzehnte erstreckt, scheint für jeden einzelnen das individuelle Verhalten relativ belang-

KATASTROPHENZEIT 183

	Covid-19	Klimawandel
Disruption	Kritische Ereignisse / Schockmomente und Brüche / systemische Instabilitäten	
	Katastrophe als singuläres Ereignis mit Anfang und EndePandemische SelbstregulierungWiederholtes Auftreten vergleichbarer Viruspandemien	»Katastrophe ohne Ereignis« mit unbekannter Dauer und unabsehbaren Folgen (Kollaps des Erdsystems)Gefahr unkontrollierbarer Eskalationen
Tipping Points	Schnell eskalierender Prozess mit kurzer Latenzzeit, ausgelöst durch Tipping Point am Beginn (»exponentielle Steigerung«)	Schleichende Entwicklung mit langer Latenzzeit und multiplen Tipping Points am Ende (Arktisches Eisschild, Permafrostböden, Jet-Stream etc.)
Skalierung	Geringe Skalierungseffekte: individuelles Verhalten ist hochgradig relevant	Hohe Skalierungseffekte: individuelles Verhalten erscheint relativ unbedeutend
	Covid-19	Klimawandel
Anthropozän	Pandemie kein reines »Naturphänomen«: begünstigt durch Globalisierung, Störung von Ökosystemen, Artensterben, Massentierhaltung, Eingriffe in natürliche Lebensräume (Zoonosen)	Anthropogener Prozess, hervorgerufen durch hohe Emissionen aus fossiler Energienutzung und eskalierendem Ressourcenverbrauch
Globalität	Globale Unausweichlichkeit bei Differenzierung nach Verbreitungsdichte, Soziallage, Gegenmaßnahmen, ResilienzCovid-19 als Risiko	Globale Unausweichlichkeit bei Differenzierung nach Kontinenten (Nord/Süd), Wohlstandsniveau, ResilienzKlimawandel als Gefahr

Tab. 1: Covid-19 und Klimawandel: Einheit und Differenz

los zu sein. Was bedeutet schon der eigene ökologische Fußabdruck, wenn Milliarden Menschen ihn ebenfalls auf der Erde hinterlassen? Covid-19 hingegen stellt eine direkte und akute individuelle Gefahr dar. Die Ansteckung kann in jedem Moment mit so kurzfristigen wie schwerwiegenden Folgen geschehen. Dass das individuelle Verhalten hochgradig relevant ist, leuchtet daher unmittelbar ein. Dieser geringere »Skalierungseffekt«, wie es in der Forschung heißt (also die Zuordnung eines Geschehens auf eine bestimmte Größe), verführt uns womöglich dazu, die Pandemie für das viel schwerwiegendere Ereignis zu halten als den Klimawandel und die Zerstörung des Ökosystems. Tatsächlich jedoch hat die Gefährdung durch eine Pandemie selbst dann ihre Grenzen, wenn es auf absehbare Zeit keine Impfung gegeben hätte. Seuchen sind Ereignisse mit Anfang und Ende. Im schlimmsten Fall würde die pandemische Selbstregulation dafür sorgen, dass die Infektionsketten einbrechen, wenn ein hoher Durchseuchungsgrad die Verbreitungswahrscheinlichkeit des Virus minimiert. Die Erderwärmung und die Naturzerstörung sind demgegenüber Katastrophen von unbestimmter Dauer, deren existentielle Folgen sich nicht eingrenzen lassen.

Ausgelöst sind beide Prozesse durch menschliches Handeln, durch gesellschaftliche Wirtschafts- und Lebensweisen. Auch Covid-19 ist kein reines »Naturphänomen« (WWF 2020). Die Coronapandemie wurde begünstigt durch die Störung von Ökosystemen, durch Eingriffe in natürliche Lebensräume und das Artensterben, wodurch Zoonosen – das Überspringen von tierischen Erregern auf Menschen – wahrscheinlicher wurden. Seit den 1980er Jahren haben sich die Ausbrüche neu aufgetretener Infektionskrankheiten alle zehn Jahre mehr als verdreifacht, wie die epidemiologische Forschung festgestellt hat (Smith u.a. 2014). Die Globalisierung hat in den letzten Jahrzehnten für die schnelle Verbreitung von Viren über die Kontinente hinweg gesorgt. So dauerte es in der Coronapandemie nur ganze sechs Wochen, bis – einmalig in der bisherigen menschlichen Seuchengeschichte – SARS-CoV-2 überall auf dem Erdball grassierte.

Dass der Klimawandel ein anthropogener Prozess ist, bestreiten heute nur noch die politische Rechte und die Interessenvertretungen der fossilen Industrie. Hervorgerufen wurde er durch hohe Emissionen aus fossiler Energienutzung und einem seit Jahrzehnten eskalierenden Ressourcenverbrauch (McNeill/Engelke 2016). Die Erderwärmung, die Vergiftung von Luft, Wasser und Böden, der Verlust an Biodiversität und die damit einhergehenden ökologischen Gefahren gehören zu den größten Herausforderungen des 21. Jahrhunderts, wenn nicht der Menschheitsgeschichte. Vollkommen ungewiss ist, ob zivilisierte Gesellschaften die Folgen einer ungebremsten Erwärmung ohne schwerste Schäden überhaupt überstehen. Statistische Wahrscheinlichkeiten geben Auskunft darüber, was eintreten könnte, wenn sich die Erde in den nächsten Dekaden um zwei, drei, vier oder mehr Grad erwärmt (Steffen u.a. 2015). Schon ist die Rede von einer »unbewohnbaren

Erde« (Wallace-Wells 2019), sollte der Katastrophismus des 21. Jahrhunderts die Menschheit mit Hitzewellen, Überflutungen, versauerten Ozeanen, Flächenbränden und wiederkehrenden Seuchen überziehen.

Wie eine zwangsläufige Konsequenz im Selbstverständnis unserer Zeit muss es wirken, dass in der Wissenschaft die Denkrichtung der »Kollapsologie« (Servigne/Stevens 2020) international an Anhängern gewinnt. Insbesondere in den Erdsystemwissenschaften wächst die Zahl derjenigen, die sich auf einen globalen Zusammenbruch einrichten. Die Wahrscheinlichkeit, dass das ökologisch desaströse System des fossilen Kapitalismus kollabiert, erscheint größer, als dass es noch rechtzeitig umgebaut werden könnte. Die Utopie scheint die Seiten gewechselt zu haben: Es ist der Utopismus des Bestehenden, der glaubt, dass alles so weitergehen kann, während der Realismus des Kollapses seine Energien dafür verwendet, die Welt nach ihrem Zusammenbruch neu zu denken.

Doch welche Chancen bestehen, die Katastrophenzeit zu beenden, Widerstandsfähigkeit gegen Pandemien zu entwickeln, das Erdsystem vor einem Kollaps zu schützen? Wie tiefgreifend muss der gesellschaftliche Wandel sein? Die Coronapandemie und die ökologischen Notstände unserer Zeit haben gemeinsame Ursachen – lassen sich auch gemeinsame Lösungen finden?

Tatsächlich können wir im Wesentlichen zwei Strategien identifizieren, Katastrophen wie dem Klimawandel oder der Coronapandemie zu begegnen. Kurzgefasst sind dies Modernisierung und Kontrolle (Adloff/Neckel 2019). Die Modernisierung von Institutionen und dem Wirtschaftssystem baut auf wissenschaftliche Forschung, technologische Innovation und ökonomische Anreize, um Nachhaltigkeitsziele zu realisieren. Zur Eindämmung des Klimawandels sollen Wirtschaftswachstum, Emissionen und hoher Ressourcenverbrauch durch technischen Fortschritt entkoppelt und der CO_2-Ausstoß durch seine Bepreisung unrentabel werden. Bei der Bekämpfung einer Pandemie wie Covid-19 gebietet die Modernisierungsstrategie, neue Impfstoffe und Medikamente zu finden, Infektionstests zu perfektionieren, Techniken des Digital Health (Lenz 2020) wie etwa Tracing-Apps einzusetzen.

Im Vergleich dazu ist die Kontrollstrategie autoritativ ausgerichtet. Sie setzt auf einen Maßnahme-Staat, um Seuchen und ökologische Notstände zu bewältigen. In der Coronapandemie lernen wir dies als die Anordnung von Kontaktbeschränkungen, Isolation von Infektionsgebieten, Lockdown des öffentlichen Lebens, Grenzschließungen und die zeitweilige Aussetzung von Grundrechten wie Versammlungsrecht und Freizügigkeit kennen. Die Suspendierung von Grundrechten und mehr noch der Demokratie in der Bekämpfung ökologischer Katastrophen ist als »Blue Print« auch in der Klimakrise ein Thema. Nicht wenige aus der Umweltbewegung und dem Klimaschutz geben nichts mehr auf Parlamente und Parteienwettbewerb, wenn es gilt, die Erde zu retten. Und vielleicht werden jene Regierungen am schnellsten zu einer ökologischen Notstandsgesetzgebung greifen, die heute noch die hartnäckigsten Klimaleugner in sich versammeln.

Solange es nur die Alternativen von Modernisierung und Kontrolle gibt, stecken wir in einem Dilemma. Die Bekämpfung einer Pandemie wie Covid-19 erzwingt ein erfolgreiches Gegenhandeln in rasender Geschwindigkeit, während ihre Ursachen – so auch beim Klimawandel – langfristig sind. Ein Infektionsschutz, der allein auf das Instrumentarium einer Innovation von Impfstoffen, Medikamenten und Techniken der Nachverfolgung setzt, gerät damit leicht in die Situation, in immer kürzerer Folge auf jeweils neu auftretende Pandemien wirksame Gegenmittel finden zu müssen. Daraus könnte die Zwangslage resultieren, dass Fehlschläge in den Strategien der medizinisch-technischen Innovation, die mit dem zahlreicheren Auftreten neuer Pandemien wahrscheinlicher werden, keine andere Möglichkeit lassen, als zum Zweck der Infektionskontrolle einen autoritativen Maßnahme-Staat wirken zu lassen. Dieser mag zwar kurzfristig handlungsfähig sein, muss dafür aber immer aufs Neue Demokratie und Rechtsstaatlichkeit schleifen, ohne einen wirklich nachhaltigen Infektionsschutz bereitstellen zu können.

Ähnliches lässt sich über den Klimawandel sagen, da die Strategien der ökologischen Modernisierung auf die tatsächliche Wirksamkeit technologischer Neuerungen und die Gewinnträchtigkeit »grüner« Investitionen angewiesen sind. Sowohl der Schutz vor Pandemien als auch die Begrenzung der Erderwärmung bedürfen daher einer weiteren Alternative. Notwendig ist ein grundlegender Umbau von Wirtschaft und Gesellschaft, sollen bei Pandemien wie Covid-19 und ebenso in der Klimakrise nicht Gesundheit und Nachhaltigkeit als auch die Demokratie auf der Strecke bleiben. Die beunruhigende Frage ist allerdings, ob uns die Katastrophenzeit des 21. Jahrhunderts für die Wirksamkeit tiefgreifender gesellschaftlicher Veränderungen überhaupt noch ausreichend Zeit lässt. Darauf gibt es nur eine Antwort, die das praktische Handeln geben kann: entschlossen dafür zu streiten, dass für gesellschaftlichen Wohlstand nicht länger mehr der Preis der Naturzerstörung zu zahlen ist.

Literatur

Adloff, Frank/Neckel, Sighard (2019): »Modernisierung, Transformation oder Kontrolle? Die Zukünfte der Nachhaltigkeit«, in: Klaus Dörre u.a. (Hg.), *Große Transformation? Zur Zukunft moderner Gesellschaften*. Sonderband des Berliner Journals für Soziologie. Wiesbaden: Springer VS, S. 167–180.

Horn, Eva (2020): »Tipping Points: Das Anthropozän und Corona«, in: Frank Adloff u.a. (Hg.), *Imaginationen von Nachhaltigkeit. Katastrophe. Krise. Normalisierung*, Frankfurt a. M./New York: Campus, S. 123–150.

Leggewie, Claus/Welzer, Harald (2011): *Das Ende der Welt, wie wir sie kannten. Klima, Zukunft und die Chancen der Demokratie*. Frankfurt a. M.: S. Fischer.

Lenz, Sarah (2021): »›More like a support tool‹. Ambivalences in the digitization of healthcare systems. Institutional logics between market and profession«, in: *Big Data and Society* 8(1), S. 1–13.

McNeill, John Robert/Engelke, Peter (2016): *The Great Acceleration. An Environmental History of the Anthropocene since 1945*. Cambridge: Belknap Press of Harvard University Press.

Neckel, Sighard (2021): »Der Zerfall von Ordnungen«, in: Rainer Forst/Klaus Günther (Hg.), *Normative Ordnungen*. Berlin: Suhrkamp, S. 633–648.

Servigne, Pablo/Stevens, Raphaël (2020): *How Everything Can Collapse. A Manual for Our Times*. Cambridge: Polity Press.

Smith, Katherine F. u.a. (2014): »Global Rise in Human Infectious Disease Outbreaks«, in: *Interface. Journal of the Royal Society* 11, 20140950.

Steffen, Will u.a. (2015): »Planetary Boundaries: Guiding Human Development on a Changing Planet«, in: *Science* 347, S. 736–748.

Urry, John (2016): *What is the Future?* Cambridge (UK): Polity Press.

Wallace-Wells, David (2019): *Die unbewohnbare Erde. Leben nach der Erderwärmung*. München: Ludwig.

World Wide Fund for Nature (WWF) (2020): *The Loss of Nature and the Rise of Pandemics. Protecting Human and Planetary Health*. Gland: WWF International.

Die Familie im Coronadiskurs

Viola Dombrowski, Marc Hannappel, Lukas Schmelzeisen, Oul Han und Matthias Kullbach

Die Covid-19-Pandemie ist seit gut einem Jahr unbestrittener Fokus gesellschaftlicher Debatten. Von Beginn an geht es dabei um mehr als nur die epidemiologische Ausbreitung des Virus; im Zentrum stehen auch die vielschichtigen gesellschaftlichen, wirtschaftlichen und politischen Folgen. Die massenmediale Aufbereitung dieser Themen ist durch eine besondere Diskursdynamik charakterisiert, die sich vor dem Hintergrund sogenannter »Risiko-Katastrophen« – oder allgemeiner »Risikoereignisse« – (Keller 2011: 297 f.) verstehen lässt. Im Mittelpunkt finden sich hier jene Ereignisse, die alltägliche Routinen und Selbstverständlichkeiten durchbrechen und soziale Gruppen oder mitunter ganze Gesellschaften bedrohen. In diesem Kontext nimmt die mediale Berichterstattung die Rolle der Risikovermittlung ein und hat somit einen entscheidenden Einfluss auf die individuelle Wahrnehmung kollektiver Risikoereignisse. Gleichzeitig sind der Effekt und die Prägnanz solcher Vermittlungsweisen abhängig von der Art des Ereignisses, also davon, ob sie als »Zeitlupenereignisse« oder »Zeitraffereignisse« auftreten. Bei Zeitlupenereignissen handelt es sich um Ereignisse, die sich langsam, oft über Jahrzehnte hinweg, anbahnen und über deren Risikobewertung noch keine Einigkeit besteht wie etwa über Ursachen und Folgen (oder gar die Existenz) des Klimawandels. Demgegenüber steht das Zeitraffereignis, das plötzlich auftritt und mit unausweichlichen Folgen für die betroffenen Kollektive verbunden ist. Diese werden bereits in relativ kurzer zeitlicher Distanz zum Ereignisauftritt sichtbar. Der daran anschließende öffentliche Diskurs beschäftigt sich also nicht mit der Infragestellung des Ereignisses per se, sondern mit dem institutionellen Umgang, zum Beispiel in Form von (verpassten) Präventionsmaßnahmen, Folgeabmilderungen oder Verantwortungsübernahmen. Beide Ereignistypen sind allerdings durch einen hohen Grad an Mehrdeutigkeit charakterisiert, was nicht selten zu »Interpretationskonflikte[n]« (Keller 2011: 299) führt. Deshalb kommt Wissenschaftler:innen und Expert:innen eine große Bedeutung zu: Ihre Aufgabe ist es, auf der Basis wissenschaftlicher Erkenntnisse eine Sachlage darzustellen und Kausalbeziehungen offenzulegen. Dabei wird schnell deutlich, dass die sogenannte Sachlage vielmehr her- als dargestellt werden muss, da sie selbst nur Ergebnis von (wissenschaftlich informierten) Interpretationsleistungen sein kann. Wissenschaftliche Ergebnisse können zudem keine politischen Entscheidungsprozesse ersetzen, sondern lediglich anregen. Daher bietet wissenschaftliches Wissen zwar Orientierungspunkte für öffentliche Risikodiskurse, es führt aber nicht dazu, »diskursive Kontroversen« (Keller 2011: 286) zu beenden. Ganz im Gegenteil: Da diese Expert:innenmeinungen für die meisten Bürger:innen ausschließlich über die Massenmedien, dem Hauptaustragungsort solcher Risikodiskurse, zugänglich sind, nehmen sie die Form einer Filterfunktion an, die die Aufmerksamkeit der Bürger:innen »auf die relevanten und entscheidungsbedürftigen Themen lenken« (Habermas 2020: 109).

Wie die meisten Leser:innen, so haben auch wir diesen öffentlichen Diskurs über die Eigenschaften des Virus, das Infektionsgeschehen, die Maßnahmen und die öffentlichen Reaktionen darauf in den Medien verfolgt. Es fällt auf, dass eine Beurteilung der Lage von vielen (wissenschaftlichen und gesellschaftspolitischen) Perspektiven abhängig ist. Folgt man beispielsweise alleinig einer virologischen Expertise, so fällt die Bewertung der Situation anders aus, als wenn man etwa die Perspektiven von Soziolog:innen, Ökonom:innen oder Psycholog:innen integriert. Spätestens seit der »Ankunft« des Virus in Deutschland ist der »Coronadiskurs« in den traditionellen Medien von solchen immer komplexer werdenden Deutungskonflikten geprägt. Am Beispiel der Familien geht dieser Beitrag daher der Frage nach, wie sich die Pandemie aus medialer Perspektive verstehen lässt und wie sich Deutungskonflikte in den verschiedenen Diskurssträngen niederschlagen.

Für unsere Analyse[1] haben wir alle Online-Artikel aus den deutschen Tageszeitungen »Bild«, »Süddeutsche Zeitung« und »Frankfurter Allgemeine Zeitung« erhoben, die das Stichwort »corona« enthalten und seit dem 31.12.2019 erschienen sind (bis zum 01.08.2020 über 50.000 Artikel). Für eine thematische Selektion (z. B. alle Artikel zum Thema Familie) entwi-

---

1 Die Ergebnisse des Beitrags basieren auf ersten Analysen, die im Rahmen eines interdisziplinären Forschungsprojekts durchgeführt wurden, an dem Kolleg:innen der Fachrichtungen Soziologie, Informatik und Politikwissenschaft beteiligt sind. Ziel dieses Projektes ist die Systematisierung und Analyse der öffentlichen Berichterstattung über die Folgen der Coronapandemie.

ckelten wir ein manuelles Verfahren zur standardisierten Identifikation von thematischen Schwerpunkten der Berichterstattung (Topics oder Themen).[2] Für eine Systematisierung des Diskurses und der Medienaktivität vor und während der ersten Welle teilten wir die Entwicklung der Pandemie und die daran geknüpfte Medienberichterstattung in vier Phasen ein: Die erste Phase geht vom 1. Januar bis ungefähr 20. Februar 2020 und umfasst den Zeitraum, als das Infektionsgeschehen hauptsächlich in China zu beobachten war und es in Deutschland nur wenige Fälle gab. Auch die Anzahl täglicher Berichte war in dieser Zeit eher gering und der Fokus lag vor allem auf der Situation in China. Zusätzlich wurde über mögliche Auswirkungen spekuliert, die das Virus in Europa haben könnte. Die zweite Phase beginnt mit dem rasanten Anstieg des Infektionsgeschehens in der zweiten Februarhälfte in Italien, in dessen Folge sich das Virus in ganz Europa ausbreitete und schlussendlich eine zentrale Rolle in der Deklaration zur Pandemie einnahm. Die dritte Phase markiert in Deutschland die Phase des »Lockdowns«, also die Zeit, in der von Seiten der Politik zum ersten Mal weitreichende Restriktionen (Kontaktverbote, Geschäftsschließungen, Maskenpflicht im öffentlichen Raum) beschlossen wurden (22. März bis 20. April 2020). Gleichzeitig ist dies auch die Phase des größten Infektionsgeschehens. Phase vier umfasst den »Post-Lockdown« ab Mitte April und markiert den Zeitraum ab den ersten Lockerungen, die für viele eine sukzessive »Rückkehr in die Normalität« bedeutete.

Diese nach Infektionsgeschehen und politischen Maßnahmen ausgerichteten Phasen sind in Abbildung 1 vor allem in Verbindung mit der Medienberichterstattung (Zeitungsartikel pro Tag) und der Entwicklung der täglichen Neuinfektionen in Deutschland zu sehen. Zusätzlich sind einige aus unserer Sicht besonders markanten Ereignisse vermerkt, die entweder wichtige Wendepunkte im Infektionsgeschehen darstellen oder anderweitig einschneidende Entwicklungen der Pandemie markieren (z. B. erste Fälle in Europa und Deutschland, Börsencrash, Ansprache der Bundeskanzlerin).

Es ist zunächst erkennbar, dass sich die Berichterstattung mal mehr mal weniger in Anlehnung an die Infektionszahlen entwickelt. Während sie in Phase drei recht nah an den Infektionszahlen ist, weicht sie in Phase zwei und vier von diesen ab. In der zweiten Phase, in der es in Deutschland noch relativ wenige Fälle gab, nimmt die Berichterstattung in kurzer Zeit stark zu

---

2 Da die Zahl der Artikel über »Familien« eine für qualitative Analysen zu große Fallzahl aufwies, haben wir aus dem generierten Thema ein Sample von 100 Artikeln gezogen.

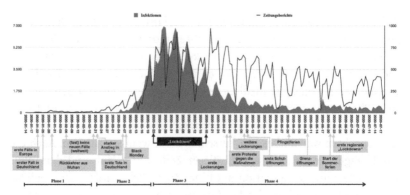

Abbildung 1: Verteilung der täglichen Infektionszahlen und Anzahl täglicher Zeitungsberichte in den Onlineauftritten von *FAZ*, *SZ* und *Bild*-Zeitung.
Quelle: Tägliche Infektionszahlen des Situation Report der WHO, letzter Zugriff: 17.05.2021, https://www.who.int/emergencies/diseases/novel-coronavirus-2019/situation-reports. Daten zu Zeitungsberichten: eigene Erhebung und Analyse.

und erreicht über 200 Artikel pro Tag. In Phase vier (Post-Lockdown), in der die Zahl der Neuinfektionen immer stärker sank, bleibt die Zahl der täglichen Berichte jedoch auf einem hohen Level. Diese Entwicklung lässt vermuten, dass sich über Phase drei hinweg die Berichterstattung inhaltlich verändert: Während in den ersten Phasen die Zahl der Neuinfektionen im Fokus der Berichterstattung steht, konzentriert sich die Debatte in den darauffolgenden Phasen mehr auf die Auswirkungen und die Eindämmung der Pandemie im Sinne ihrer gesellschaftlichen Konsequenzen.

Richtet man den Blick nun auf die Berichterstattung über die Folgen der Pandemie für Familien, so werden drei Themen besonders evident: »Bildungs- und Familienpolitik«, »zentrale Konfliktlinien« und »soziale Ungleichheit«, die darüber hinaus durch eine Hierarchisierung charakterisiert sind. Bildungs- und familienpolitische Artikel berichten über direkte Konsequenzen des Lockdowns, wie zum Beispiel die Durchführung von Abiturprüfungen und Schulschließungen bzw. -öffnungen. Die daraus entstehenden Probleme und Herausforderungen auf Familienebene sind als »zentrale Konfliktlinien« in Familien zu lesen, wie etwa neu (oder erneut) zu denkende (Un-)Vereinbarkeiten von Familie und Beruf. Das Thema »soziale Ungleichheit« kann schlussendlich als eine Art Meta-Ebene im Diskurs verstanden werden. Sie ist einerseits mit den beiden vorherigen Themen verwoben und beinhaltet zugleich immer auch die Ebene gesamtgesellschaftlicher Missstände.

Unbestreitbar im Mittelpunkt der familien- und bildungspolitischen Debatte standen während des ersten Lockdowns und auch in den angrenzenden Zeiträumen die Schließungen und später Wiedereröffnungen von Schulen und Kinderbetreuungseinrichtungen. Während die Familien zumeist mit den Schließungen zu kämpfen hatten, stand die Bildungspolitik vor der Herausforderung, die Wiedereröffnung der Schulen zu planen bzw. für die Länder, die hier die Entscheidungshoheit haben, sichere Entscheidungsgrundlagen zu schaffen. Verstärkt wurde der Druck durch die nicht unproblematische Handhabung der Schulschließungen während der Phase des akuten Lockdowns und die dadurch resultierenden Probleme bisheriger bildungspolitischer Entscheidungen. In die Kritik gerieten dabei zunehmend die wenig fortgeschrittene Digitalisierung und die schlechte materielle Ausstattung von Schulen, welche sich unter anderem in Forderungen einer materiellen, aber auch konzeptionellen Unterstützung des digitalen Unterrichtes ausdrückte. Neben dieser Kritik an der massiven Unterfinanzierung von Schulen, die sich auf die Umsetzung des »Homeschoolings« auswirke, nahmen auch der Bedarf an und die Bemühungen um einen Nachteilsausgleich für »unterprivilegierte« Schüler:innen einen großen Raum in der Debatte ein. Diskutiert wurden hier unter anderem die Bereitstellung von entleihbaren Ressourcen (Tablets oder Laptops), die es überhaupt erst ermöglichen, am Distanzunterricht teilzunehmen. Angesichts dieser vielschichtigen Problemstellungen sprach die Süddeutsche Zeitung im April 2020 sogar von den »lausigen Krisenmanager[n] der Bildungspolitik« (Roßbach 2020).

In der Wiedereröffnungsdebatte standen sich dann vor allem zwei Konzepte gegenüber: Zum einen die eher epidemiologisch begründete Überlegung, Kindergartenkinder und Grundschüler:innen zuerst zurückkehren zu lassen, da hier ein geringeres Ansteckungsrisiko bestehe. Zum anderen die Konzeption, zuerst die Abschlussklassen in die Schulen zurückzuholen, welche sich letztendlich durchsetzte. Damit ging die Annahme einher, dass Jugendliche eher in der Lage seien, Hygienemaßnahmen einzuhalten. Kritisiert wurde diese Entscheidung vor allem aufgrund fehlender einheitlicher Vorgaben zur Maskenpflicht oder zur sicheren Gestaltung des Schulweges, »die Schulen in Virenschleudern verwand[le]« (Schröder 2020).

In der Berichterstattung über die Schließung der Kindertageseinrichtungen hingegen standen die Situation innerhalb der Familien stark im Fokus. Hier ging es also weniger darum, sie möglichst schnell und sicher wieder zu öffnen, sondern um die Einrichtung einer Notbetreuung für diejenigen, die nicht ins Homeoffice gehen konnten. Interessanterweise spielte die Verfügbarkeit »systemrelevanten« Personals, wie so oft debattiert, keine große Rolle. Vielmehr ging es um eine Ausweitung, die dem Schutz von Kindern aus sogenannten »besonders belasteten Familien« (dpd-Newskanal 2020) dienen sollte, denen im Elternhaus eine Kindeswohlgefährdung drohen könnte. Hier schließt sich ein weiterer Debattenstrang um die Schließung der Betreuungseinrichtungen an: Die Bedarfe von Kindern werden der virologischen Risikobewertung gegenübergestellt. Dazu wurden Expert:innen oder Eltern zitiert, die sich kritisch zum fehlenden Kontakt zu anderen Kindern sowie zur mangelnden Bewegung im Freien äußern (Burghardt 2020). Neben einer Verbesserung des Kindeswohls zielt dies auch auf eine Entlastung der Eltern ab, die neben den neuen Anforderungen des Homeoffice nun auch den gesteigerten Bedürfnissen ihrer Kinder gerecht werden mussten.

Insbesondere Familien ohne Auto, eigenen Garten oder niedrigschwelligen Zugang zu »Freiraum« wurden bei der Erfüllung dieser Bedarfe mit erheblichen Herausforderungen konfrontiert. Aber nicht nur die Freizeitgestaltung, sondern auch die Beschulung der Kinder zu Hause wurde als Problem in diesen »besonders belasteten Familien« als problematisch beschrieben, da die grundlegende Ausstattung wie Tablets, PCs, Drucker oder aber ein Platz zum Erledigen der Schularbeiten häufig fehlte. Insgesamt war die Berichterstattung über das Homeschooling somit stark von der Frage nach adäquaten Lehrkonzepten sowie einem – davon nicht zu trennenden – Nachteilsausgleich für benachteiligte Schüler:innen geprägt. Aber auch die »Vereinbarkeitsorgie« (Haaf 2020) von Homeoffice und Homeschooling bzw. anderweitigen Betreuungsaufgaben wurde immer wieder kritisch angeführt.

Darüber hinaus verdeutlichte die Berichterstattung über Einkommenseinbußen bestimmter Sektoren sowie die gestiegenen Arbeitslosenzahlen, dass sich das Arbeiten im Homeoffice auch als Privileg verstehen lässt. Denn selbst wenn hier Beschreibungen wie »emotionaler Härtetest« (Burghardt 2020) verwendet und die Konfliktpotentiale der Heimarbeit für Partner- und Elternschaft immer wieder thematisiert wurden, stellen die aus Arbeitslosigkeit resultierenden finanziellen Sorgen einen weitaus größeren Risikofaktor für den befürchteten Anstieg von häuslicher Gewalt gegen Frauen und Kinder dar (SZ 07.06.2020).

Treten wir einen Schritt zurück und schauen uns die Berichterstattung zur »Familie in Zeiten von Corona« als Ganzes an, dann fallen innerhalb der Debatten zwei übergeordnete Probleme auf, die von unterschiedlichen Seiten beleuchtet wurden. Einerseits handelt es sich um die an das Homeschooling gekoppelte Frage nach der Bildungsungerechtigkeit; andererseits wurde die Sorge um mentale und physische Gefährdungen der Kinder zunehmend präsenter (SZ 28.05.2020). Diese Probleme wurden immer wieder mit verschiedenen Formen von Ressourcenmangel (materiell, persönlich und räumlich) verknüpft. So wurde zum Beispiel auch der Wegfall der täglichen Versorgung von Kindern und Jugendlichen mit mindestens einer Mahlzeit als Problem identifiziert. Daran zeigt sich, dass die schon vor der Pandemie bestandenen sozioökonomische Benachteiligungen, die ansonsten zumindest teilweise über das Bildungssystem abgefedert werden konnten, durch Corona verstärkt werden. Häufig wurde in diesem Kontext auf den notwendigen Einsatz »persönlicher Ressourcen« wie Konfliktkompetenz verwiesen. Der Diskurs deutet hier auf die Gefahr zunehmender innerfamiliärer Konflikte bis hin zu Aggressivität und Gewalt zwischen Partner:innen aber auch zwischen Eltern und Kindern hin. Im Fokus standen Familien mit Kindern, die Verhaltensauffälligkeiten oder emotionale Probleme zeigen. Häufig wurde zudem der niedrige Bildungsstand der Eltern betont, weshalb diese nicht dazu in der Lage seien, die notwendige Unterstützung, etwa bei den Hausaufgaben, zu geben. In der Summe führe dies zu einer Verminderung des Lernerfolgs. Im Kontrast zu Schlagzeilen, die von »Corona-Ferien« (Küchemann 2020) berichteten oder von Stars, die Corona als »große[n] Gleichmacher« interpretierten (Bild 23.03.2020), scheint in Familien, die bereits vor der Pandemie »besonders belastet« oder »gefährdet« waren, gegenteiliges der Fall zu sein.

Die Betrachtung des Themas Familie als Ausschnitt des Coronadiskurses zeigt, dass das Virus und die von ihm ausgelöste Krankheit nicht das alleinige Risiko der Pandemie darstellen. Vielmehr werden Maßnahmen der Risikobekämpfung unter bestimmten Umständen selbst zum Risiko, wenn sie neue Probleme hervorrufen oder bestehende Probleme verstärken. Diese situative Verlagerung des Risikos vom Virus auf die Bewältigungsversuche des selbigen führt auch dazu, dass die Covid-19 Pandemie nicht eindeutig den Idealtypen Zeitraffer- oder Zeitlupenereignis zugeordnet werden kann; vielmehr handelt es sich um ein dynamisches Hybrid-Risikoereignis.

Mit Blick auf die oben beschriebenen Phasen der Medienberichterstattung lässt sich feststellen, dass die erste Phase am ehesten die Merkmale eines Zeitlupenereignisses aufweist. Im Vordergrund stehen Fragen nach der Ereignisqualität, also ob und mit welchem Risiko wir es überhaupt zu tun haben. Dementsprechend ist der Diskurs von Expert:innenmeinungen, meist Virolog:innen und anderen Naturwissenschaftler:innen, und der Frage geprägt, wie individuelle Ansteckungen verhindert werden können. Über die Frage, ob das Virus Deutschland überhaupt erreichen würde, herrschte zu diesem Zeitpunkt noch keine Einigkeit. Anknüpfend an Keller (2011: 299) lässt sich auch in der Coronapandemie beobachten, dass sich mit dem »Näherrücken« des Virus (Bild 26.02.2020) auch die Qualität des Risikodiskurses verändert. Die Katastrophe wurde wenig später, am 11. März, von Angela Merkel als »angekommen« bestätigt (Herrmann 2020). Damit stand ein schnelles Regieren im Vordergrund, um die Effekte des »Aufpralls« zu lindern. Erst das verhältnismäßige Ausbleiben der Katastrophe in Deutschland provozierte vermehrt kritische Stimmen, die die gesellschaftlichen Auswirkungen des Lockdowns hervorhoben.

In dieser Phase, in der die Bedenken sich von der Gefahr des Virus auf den Lockdown als politische Maßnahme verschieben, scheint sich eine Art neues Zeitlupenereignis zu formieren, bei dem zentrale Merkmale des Zeitrafferereignisses bestehen bleiben. Die für das Zeitlupenereignis typischen Interpretationskonflikte werden also nicht lediglich durch Handlungskonflikte abgelöst, sondern vielmehr durch diese ergänzt. Das lässt sich dadurch erklären, dass auch das Virus an sich noch viele Unklarheiten mit sich bringt und demnach weiter erforscht wird. Gleichzeitig brechen immer wieder »ereignisbezogene« Handlungskonflikte in Bezug zur Virusbewältigung aus. »In der Risikogesellschaft entsteht so in kleinen und in großen Schüben [...] das politische Potential von Katastrophen.« (Beck 1986: 31)

Der »Coronadiskurs« ist also insgesamt als hybrider Risikodiskurs zu verstehen: Durch die vielen verschiedenen Diskursstränge richtet sich der Fokus auf unterschiedliche Ereignisse, ohne jedoch jemals das auslösende Risikoereignis des Virusausbruches aus dem Blick zu verlieren; durch diese Verwobenheit des Virus entstehen unterschiedliche Diskurstypen. Die Diskussion über den Einfluss der Pandemie auf die Gesundheit und auf das Gesundheitssystem wird dann durch solche Perspektiven ergänzt, die etwa die sozialen Auswirkungen von familien- und bildungspolitischen Maßnahmen beleuchten. Im Diskursfragment Familie zeigt sich diese Entwicklung vor allem daran, dass es mit Fortschreiten des Diskurses weniger darum geht, Kinder und Familien vor Ansteckung zu schützen, sondern mehr und mehr darum, keine Benachteiligungen für Kinder und Jugendliche zu erzeugen bzw. bestehende gar zu verschärfen. Somit entsteht ein Deutungskonflikt, in dem zwischen dem materiellen und psychischen Wohlergehen von Familien einerseits und der Eindämmung des Virus andererseits abgewogen werden muss.

Aus einer Pandemie, die die Gesundheit der Menschen massiv gefährdet, wurde ein Risikoereignis, welches darüber hinaus auch das ökonomische und soziale System bedroht. Es sind also die Folgen des Lockdowns – oder die Nebenfolgen der Nebenfolgen (ebd.) –, die nun immer mehr ins Zentrum der medialen Berichterstattung rücken und – bei aller gesellschaftlichen Akzeptanz der Maßnahmen – selbst den Status eines Risikoereignisses erhalten.

Literatur

Beck, Ulrich (1986): *Risikogesellschaft. Auf dem Weg in eine andere Moderne*, Frankfurt a. M.: Suhrkamp.

Burghardt, Peter (2020): »Kinderbetreuung in der Krise, ›Mama, wann ist Corona endlich zu Ende?‹«, in: *Süddeutsche Zeitung*, 17.04.2020, letzter Zugriff: 08.04.2021, www.sueddeutsche.de/politik/corona-kita-kindergarten-betreuung-1.4880018.

dpa-Newskanal (2020): »Bildungsverbände fordern mehr Tempo bei Digitalisierung«, in: *Süddeutsche Zeitung*, 24.04.2020, letzter Zugriff: 08.04.2021, https://www.sueddeutsche.de/bildung/bildung-neuenstein-bildungsverbaende-fordern-mehr-tempo-bei-digitalisierung-dpa.urn-newsml-dpa-com-20090101-200427-99-848941.

Günther, Anna (2020): »Das ist kein verlorener Jahrgang«, in: *Süddeutsche Zeitung*, 30.03.2020, letzter Zugriff: 08.04.2021, https://www.sueddeutsche.de/bayern/coronavirus-schule-homeschooling-1.4861129.

Haaf, Meredith (2020): »Wenn nicht alle mitmachen, bleibt eine Dumme übrig«, in: *Süddeutsche Zeitung*, 12.05.2020, letzter Zugriff: 08.04.2021, https://www.sueddeutsche.de/politik/corona-elterngeld-gleichberechtigung-elternzeit-beruf-familie-vereinbarkeit-1.4901377?reduced=true.

Habermas, Jürgen (2020): »Warum nicht lesen?«, in: Katharina Raabe/Frank Wegner (Hg.), *Warum nicht Lesen. Mindestens 24 Gründe*. Berlin: Suhrkamp, S. 99–123.

Herrmann, Boris (2020): »Merkel: Wir müssen Zeit gewinnen«, in: *Süddeutsche Zeitung*, 11.03.2020, letzter Zugriff: 08.04.2021, https://www.sueddeutsche.de/politik/coronavirus-merkel-wir-muessen-zeit-gewinnen-1.4840925.

Keller, Reiner (2011): *Wissenssoziologische Diskursanalyse*. Wiesbaden: Springer VS.

Küchemann, Fridtjof (2020): »Ob jetzt Corona-Ferien kommen«, in: *Frankfurt Allgemeine Zeitung*, 06.03.2020, letzter Zugriff: 08.04.2021, https://www.faz.net/podcasts/wie-erklaere-ich-s-meinem-kind/kindern-erklaert-schulschliessung-wegen-des-coronavirus-16665277.html.

Roßbach, Henrike (2020): »Die lausigen Krisenmanager der Bildungspolitik«, in: *Süddeutsche Zeitung*, 17.04.2020, letzter Zugriff: 08.04.2021, https://www.sueddeutsche.de/bildung/coronavirus-bildungspolitik-schule-kita-komentar-1.4879635.

Schröder, Thilo (2020): »Schulen als ›Virusschleudern‹«, in: *Süddeutsche Zeitung*, 17.04.2020, letzter Zugriff 08.04.2021, https://www.sueddeutsche.de/muenchen/freising/kritik-aus-freising-schulen-als-virenschleudern-1.4880579.

»Forscher warnt vor Ausbreitung des China-Virus in Deutschland«, in: *Bild*, 21.01.2020, letzter Zugriff: 08.04.2021, https://www.bild.de/news/2020/news/coronavirus-auschina-charit-arzt-warnt-vor-verbreitung-in-deutschland-67467954.bild.html.

»Wir haben die Corona-Lage unter Kontrolle«, in: *Bild*, 26.02.2020, letzter Zugriff: 08.04.2021, https://www.bild.de/politik/inland/politik-inland/cdu-kandidat-und-nrw-chef-laschet-wir-haben-die-corona-lage-unter-kontrolle-69050882.bild.html.

»Das Großartige: Corona macht uns alle gleich«, in: *Bild*, 23.03.2020, letzter Zugriff: 08.04.2021, https://www.bild.de/unterhaltung/leute/leute/madonnas-nackt-video-aus-der-badewanne-corona-macht-uns-alle-gleich-69565872.bild.html.

»Rauscher fordert mehr Hilfen für Eltern«, in: *Süddeutsche Zeitung*, 24.04.2020, letzter Zugriff: 08.04.2021, https://www.sueddeutsche.de/muenchen/ebersberg/ebersberg-muenchen-rauscher-fordert-mehr-hilfe-fuer-eltern-1.4888290.

»Streit über Tempo bei Schul- und Kitaöffnungen«, in: *Süddeutsche Zeitung*, 28.05.2020, letzter Zugriff: 08.04.2021, https://www.sueddeutsche.de/bildung/schulen-streit-ueber-tempo-bei-schul-und-kitaoeffnungen-dpa.urn-newsml-dpa-com-20090101-200528-99-222386.

»Maskenpflicht auch im Unterricht? Debatte über Schulöffnungen«, in: *Süddeutsche Zeitung*, 07.06.2020, letzter Zugriff: 08.04.2021, https://www.sueddeutsche.de/bildung/bildung-maskenpflicht-auch-im-unterricht-debatte-ueber-schuloeffnung-dpa.urn-newsml-dpa-com-20090101-200607-99-337160.

In Sorge

»Ich persönlich habe da eine ganz andere Meinung zu diesem Virus.«

Nadine Maser

Der Vormittag ist schon fortgeschritten, als wir unser Gespräch aufnehmen. Olga ist zu Hause. Das ist ungewöhnlich in diesen Tagen, sagt sie. Die 41-Jährige arbeitet als pharmazeutisch-technische Assistentin in einer Apotheke, eine der wenigen Einrichtungen, die von den Schließungen durch die bundesweiten Ausgangs- und Kontaktbeschränkungen nicht betroffen sind. Heute war sie jedoch bereits anderweitig im Dienst. Auf selbstständiger Basis betreibt Olga nebenberuflich kosmetische Fußpflege. Am Morgen wurde sie von ihrem Nachbarn zur Hilfe gerufen, um sich die Füße seiner bettlägerigen Mutter anzusehen, weil deren behandelnder Arzt in Quarantäne ist. Wirklich viel konnte sie für die ältere Frau aber nicht tun, schließlich sollte sie sich dort nicht allzu lange aufhalten, so ganz ohne Schutzausrüstung.

Allerdings ist »die« momentan Mangelware. Das gilt für Einwegmasken, Handschuhe, Desinfektionsmittel: »Nächstmöglicher Liefertermin: nicht vorhanden«, kommentiert Olga den Umstand sarkastisch. In der Apotheke macht sich dieser Engpass besonders bemerkbar. Bis im Verkaufsraum Plexiglasscheiben installiert wurden, improvisierten Olga und ihre Kolleginnen mit verschiedenen Masken, bisweilen auch mit selbstgenähten, um einen Mindestschutz für Kund:innen und die eigene Belegschaft zu gewährleisten. Dabei hatten sie die Lage zunächst nicht wirklich ernst genommen. Wollte man denn überhaupt Einwegmasken, die vor allem in China hergestellt werden, wenn dort der Ursprung der Pandemie vermutet wird? Über die Vorstellung amüsierten sie sich in der Apotheke anfangs. Inzwischen sei daran aber nichts mehr zum Lachen. Denn die Versorgung mit Hygieneprodukten ist zu diesem Zeitpunkt immer noch nicht sichergestellt und eine Rückkehr zur Normalität nicht absehbar.

Vor allem die vergangenen zwei Wochen waren »heftig«. Zusätzlich zur regulären Stammkundschaft chronisch Erkrankter beziehungsweise deren Angehörigen kamen immer mehr Menschen, die nur Toilettenpapier oder andere Kleinigkeiten kaufen wollten. Wegen dieses erhöhten Publikumsverkehrs stapelten sich im Labor Untersuchungen und Arzneimittelbestellungen für Salben und Tropfen, die vor Ort hergestellt werden. Dabei kamen sie kaum hinterher, weil Mitarbeiterinnen krank wurden oder wegen Kinderbetreuung ausfielen. Denn natürlich griff man hierfür – gerade am Anfang der Pandemie – nicht wie gewohnt auf die Großeltern zurück. Also mussten die Kolleginnen einspringen: »Die ersten zwei Wochen sind wir kaum nach Hause gekommen. Das war ein richtiger Marathonlauf«. Als sei das nicht genug, sorgt die undurchsichtige Faktenlage für Aufruhr. Einerseits wollten viele der Bewohner:innen der Hochhaussiedlung, in der die Apotheke liegt, die Situation nicht so recht ernst nehmen und hielten die Einschränkungen für unnötige Panikmache oder für politisch motiviert. Andererseits standen plötzlich alle in der Apotheke Schlange und wollten sich mit Paracetamol eindecken. Dem vorausgegangen war die Meldung, dass durch den Wirkstoff Ibuprofen schwere Verläufe von Covid-19 zu befürchten sind und man daher gut beraten sei, auf andere schmerzstillende Mittel zurückzugreifen. Inzwischen hat sich das allgemeine Geschehen ein wenig beruhigt, »aber wirklich nur etwas«. Denn für alle bleibt weiterhin viel zu tun. Die meisten ihrer Kolleginnen gehen wie Olga noch einer weiteren Tätigkeit nach. Einige haben ihre Hauptbeschäftigung in anderen Apotheken und sind dazu angehalten, nur noch dort zu arbeiten. Deshalb fehlt es weiterhin an Arbeitskräften.

Bei der Kinderbetreuung gibt es in Olgas Fall trotz Schulschließung keine Probleme. Ihre beiden Kinder sind elf und 18. Da Olgas Mann in Kurzarbeit und deshalb selbst zu Hause ist, kümmert er sich um die beiden. Mit 140 Quadratmetern und Garten bietet ihr Zuhause auch genug Platz, die Ausgangs- und Kontaktbeschränkungen auszuhalten, findet Olga. Diese Tatsache ändert aber nichts daran, dass sich langsam Langeweile einschleicht. Dass Olga sich selbst für ein Ansteckungsrisiko hält, wirkt sich auch auf den Rest der Familie aus. Ihr Mann hat die Besuche bei seiner Mutter so weit wie möglich reduziert, Nachbarskinder werden unter keinen Umständen mehr zum Spielen eingeladen, was andernorts durchaus noch der Fall ist. Aber gerade deshalb macht sich Olga große Sorgen um ihren jüngeren Sohn. Für Erwachsene gestaltet sich die Lage anders, meint sie. Im Haus findet sich immer etwas zu tun, die Baumärkte sind offen und aufzuräumen oder auszumisten gibt es schließlich stets genug. Natürlich kann man auch gemeinsam mit der Familie Spiele spielen, aber das ersetzt den Kontakt zu Gleichaltrigen nicht. Das hält Olga für problematisch. Außerdem hat sie das Gefühl, dass ihre Kinder ohne festen Tagesrhythmus unausgelastet sind. »Die kriegst du abends nicht ins Bett, und morgens nicht aus dem Bett raus.« Während Olga sich am Abend erschöpft schlafen legt, hört sie, dass die beiden noch wach sind. Die Ältere bereitet sich auf die anstehenden Abiturprüfungen vor, der Jüngere spielt noch auf seinem Handy. Um das zu kontrollieren, ist Olga aber meist zu müde, obwohl sie die erhöhte Bildschirmzeit ihres Sohnes bedenklich findet. Von der Schule bekommen die Kinder eigentlich genug Aufgaben, räumt sie ein. Auch das Klavierspielen klappt trotz Fernunterricht einigermaßen. Aber so richtig erfüllen lässt sich das reguläre Pensum nicht. Dass ihre Tochter in dieser ungewöhnlichen Zeit kurz vor den Abiturprüfungen steht, birgt eine ganz eigene Dramatik. Weil die Prüfungen auf spätere Termine verlegt werden müssen, gerät der vorgesehene Zeitplan durcheinander. Welche Auswirkungen das auf die Zukunft ihrer Tochter haben wird, weiß Olga nicht. Denn die Planung ihres Studiums ist zu diesem Zeitpunkt eigentlich bereits in vollem Gange. Das beschäftigt nicht nur ihre Tochter, sondern auch Olga selbst, der die Leistungsentwicklung ihrer Kinder sehr wichtig ist. Mit einem großen Seufzer gibt sie außerdem zu bedenken, dass die gesamten Feierlichkeiten, die im Zusammenhang mit dem Abitur stehen, wegfallen – keine Abschlussreise, auch kein Abischerz als *rites de passage*. Sie hatten gehofft, dass wenigstens der Abiball veranstaltet werden kann, aber auch der wird nicht stattfinden. Das Kleid hatten sie bereits gekauft, doch alles wurde abgesagt; das Catering abbestellt, der Festsaal ist nicht verfügbar. Auch hier ist kein neuer Termin vorhanden. Ihr Sarkasmus von vorhin ist verflogen. Ich habe das Gefühl, dass Olga genauso traurig darüber ist wie ihre Tochter.

Aber natürlich sind die Maßnahmen zur Kontaktbeschränkung wichtig und haben ihre Berechtigung, »auch wenn da alles noch nicht so recht ausgearbeitet ist«, lautet ihre Einschätzung. Auch den Vorwurf der Panikmache und die Skepsis vieler Menschen findet sie unangebracht. Die Krankheit Covid-19 selbst zweifelt sie in ihren Auswirkungen nicht an. Wogegen sich bei ihr Widerstand regt, sind die Darstellungen über den Ursprung und die Ausbreitung des Virus. In der Zeitung hat sie ein Interview mit zwei Kinderärzten gelesen. Diese gehen davon aus, dass Kinder bis zu einem Alter von etwa 19 Jahren wesentlich seltener an Corona erkranken; konkret nur zwei von zehn. Warum, ist unklar, denn Forschungsergebnisse hierzu gibt es keine. Olga erkennt jedoch Ungereimtheiten. »Ich persönlich habe da eine ganz andere Meinung zu diesem Virus.« Ihre Gedanken auszuformulieren ist ihr unangenehm. Sie stockt, sucht nach den richtigen Worten: »Versteh' mich nicht falsch, meine Kinder sind geimpft. Ich bin kein Impfgegner.« Aber sie beschleicht die Vermutung, dass Impfungen möglicherweise Teil des Problems sind. Sie hat eine der vielen Sendungen über die Spanische Grippe gesehen, die in diesen Tagen über die Bildschirme der Republik flimmern. In vielen dieser Beiträge werden Parallelen zwischen der Influenzapandemie von 1918 und der Situation von heute gezogen, auf der Suche nach Mustern und Ähnlichkeiten. Eine Information ist Olga dabei besonders hängengeblieben: Gerüchteweise haben Impfungen gegen Typhus oder Pocken, die damals vorgenommen wurden, zur Ausbreitung der Spanischen Grippe geführt.[1] Welchen Zusammenhang genau sie hier herstellt, leuchtet mir zunächst nicht ein. Das Gespräch wird derweil aufgeregter. Auch die schnelle Medikamentenentwicklung ist ihr nicht geheuer. Tabletten aus Japan, die aktuell gegen Corona angeboten werden, würde sie niemals nehmen. »Wir wissen doch gar nicht, was wir da einnehmen würden. Das ist doch auch alles mit Risiken verbunden, oder sehe ich das falsch?« Natürlich gibt es keine hundertprozentige Garantie, das ist ihr klar. Aber bestimmte gesundheitliche Risiken, so verstehe ich ihre Ausführungen, sind demnach hausgemacht. Und dann ist da ja noch die jährliche Impfung gegen das Influenzavirus. Die saisonale Grippeimpfung in Kombination mit dem Wirkstoff gegen Pneumokokken ist schließlich ein sicheres Geschäft. Wieder ist es ihr unangenehm, auszusprechen, was sie meint: »Also... ich traue dem nicht so ganz, muss ich ehrlich sagen. Wirklich, ich denke mir, die Pharmaunternehmen machen Geld damit.« Der gegenwärtige Versorgungsengpass beim Impfstoff gegen Lungenentzündung nährt ihre Skepsis. »Und ein Liefertermin ist auch nicht vorhanden.« Hält der US-Pharmakonzern die Mittel gegen Pneumokokken zurück, weil dort Auffälligkeiten entdeckt wurden? Ist es nicht denkbar, dass die Impfungen für den Ausbruch der Coronapandemie verantwortlich sein könnten? Man kann ja nicht wissen, ob die Krankheit Covid-19 nicht in Wirklichkeit eine Reaktion auf diesen Impfstoff ist, so, wie es im Fall der Spanischen Grippe behauptet wird. Denn in Bergamo, wo zum Zeitpunkt des Interviews hohe Opferzahlen zu beklagen sind, wurden die Verstorbenen schließlich nicht obduziert. Woher weiß man, ob sie nicht mit dem Mittel gegen Pneumokokken geimpft wurden? Sie weiß es ja auch nicht, betont sie nun immer häufiger. »Natürlich kann man das nur vermuten. Aber irgendwas muss da dran sein.«

Dabei sichert Olga sich zunehmend bei mir ab, wenn sie ihre Ausführungen mit »oder etwa nicht?« und »weißt du, was ich meine?« abschließt. Sie wählt ihre Worte mit Bedacht, vergewissert sich, dass ich sie mit ihren Gedanken nicht in eine unseriöse Ecke stelle und fordert mich auf, selbst im

---

[1] https://dpa-factchecking.com/germany/201006-99-846761/, letzter Zugriff: 26.04.2021.

Internet zu den von ihr genannten Punkten zu recherchieren. Bereits zu Beginn des Interviews hatte sich gezeigt, dass sie ein Gespräch über die Faktenlage zur Pandemie gegenüber Fragen zu ihrer persönlichen emotionalen Verfassung vorzieht. Unser Gespräch ist generell von der Bemühung um eine fachgerecht informierte Unterhaltung über die medizinisch-pharmazeutische Lage gekennzeichnet. »Ist das interessant für eure Forschung?«, fragt sie mich mehrfach und entschuldigt sich an anderer Stelle dafür, dass sie sich im Deutschen nicht so gewählt ausdrücken kann und ihr das Vokabular fehlt. Mir scheint, als sei sie in ihrer Vorstellung wegen ihres beruflichen Hintergrunds als Expertin für das Interview ausgewählt worden und nicht als Privatperson.

Vermehrt bekomme ich jedoch den Eindruck, dass es weniger darum geht, mich auf den neuesten Wissensstand zu bringen, als ihre eigenen Einschätzungen anerkannt zu bekommen. Olgas Ausführungen verweisen dabei nicht auf einen generellen Wertekonflikt. Die politischen Entscheidungen zum Schutz der Gesundheit zweifelt sie in ihrer Verhältnismäßigkeit nicht an. Eher zeigt sich ein Konflikt um die richtige Deutung der Ereignisse. Auf diese Weise lassen sich für Olga möglicherweise schlüssige Zusammenhänge herstellen, die den Umgang mit den immer neuen Unsicherheiten erleichtern, die aus der unklaren Informationslage über das neuartige Coronavirus resultieren. Denn vieles ist im Moment der Kontrolle entzogen, und die Unsicherheiten bringen neue Risiken hervor. Das betrifft die schulische Entwicklung ihrer Kinder oder die Gesundheitsrisiken im Zusammenhang mit der Medikamentenproduktion gleichermaßen. Welche Konsequenzen daraus zu ziehen sind, bleibt in unserem Gespräch allerdings offen.

Interview: Nadine Maser, 01. April 2020

»Wenn man jetzt noch jemandem die Hand gibt, dann fühlt sich das so an wie ungeschützter Geschlechtsverkehr mit einer wildfremden Person.«

Marco Hohmann

Nina klingt erleichtert. Nach einem langen Tag hat sie es sich auf der Wohnzimmercouch bequem gemacht, die sie als den Ort gewählt hat, an dem wir die nächste Stunde miteinander telefonieren werden. Durch die geschlossene Tür dringen Geräusche, die verraten, dass in der Küche gekocht wird. Wegen der aktuellen Situation ist der Freund ihrer Mitbewohnerin in die Wohngemeinschaft eingezogen und die beiden managen gerade den Haushalt. Nina ist die Einzige, die zum Arbeiten noch die Wohnung verlässt. Die beiden anderen arbeiten freiberuflich in der Theaterszene und haben schon früh nach Ausbruch der Pandemie ihre Engagements verloren. Wenn Nina abends heimkommt, steht dann oft schon das Essen auf dem Tisch. Man verbringt mehr Zeit miteinander als sonst, ist zu Hause etwas enger zusammengerückt – im gemeinsamen Wohnen hat sich noch mehr Gemeinschaft ergeben. Die Abendstunden verbringen die drei gern bei einem Glas Wein draußen auf ihrer Terrasse. »Die Terrasse« – eines der nennenswerten Privilegien im Großstadtleben während des Lockdowns, nun, im April, da es wärmer wird, man aber in der Stadt kaum etwas unternehmen kann.

Die 30-Jährige arbeitet als Psychologin in einer psychiatrischen Reha-Einrichtung. Der Ausnahmezustand reflektiert sich in allen Facetten ihrer Arbeit. Wie ein normaler Tag aussieht? Den gibt es gerade nicht. »Heute beispielsweise habe ich mehr als eine Stunde damit verbracht, Möglichkeiten zu finden, dass wir im Team über Video miteinander sprechen können.« Da ihre Reha-Einrichtung an einen der größeren deutschen Klinikbetreiber angegliedert ist, waren die formalen Hürden recht groß. So findet sich Nina plötzlich in einer veränderten Rolle wieder. Nicht nur muss sie ungewöhnliche IT-Aufgaben übernehmen, auch ihren Patient:innen gegenüber muss sie in ein anderes Kontaktverhältnis treten.

Im Team haben sie sich darauf geeinigt, dass vorerst nur noch diejenigen Kolleg:innen in die Einrichtung kommen, die die Klinik bequem mit dem Rad erreichen können. Der öffentliche Nahverkehr gilt zurzeit als ein unnötiges Ansteckungsrisiko. So kam es, dass Nina heute, anstatt wie üblich im Team zu elft, mit nur einer weiteren Kollegin die alltäglichen Aufgaben in der Klinik bestreiten musste: »Ein Teil ist im Homeoffice, andere sind krank, wieder andere haben sich Urlaub genommen.« Normalerweise gibt es viele gruppentherapeutische Angebote in ihrer Einrichtung. Wegen der Coronapandemie und den Maßnahmen zum Infektionsschutz ist davon kaum noch etwas umsetzbar. Schon im Einzelkontakt mit den Patient:innen ist es in den beengten Räumlichkeiten ihrer Einrichtung kaum möglich, die Abstandsregeln einzuhalten, berichtet Nina. Um dieses Problem zu lösen, versucht sie die Termine außer Haus, etwa auf einen Spaziergang an der frischen Luft, zu verlegen. Hauptsächlich läuft der Kontakt aber telefonisch. So entsteht ein enger täglicher Austausch – nicht zuletzt deshalb, weil auch in anderen Institutionen die gewohnten Abläufe nicht mehr funktionieren. »Ich bin aktuell die Schnittstelle zu allen«, fasst Nina es zusammen; ob es um den Kontakt zu psychiatrischen Fachärzten, zum Sozialdienst oder zu anderen Stellen geht, bei denen sie normalerweise einfach einen Termin für ihre Patient:innen ausmacht – alles läuft jetzt über Nina. »Ich kann nichts auslagern, das ist ein bisschen anstrengend.« Spätestens an diesem Punkt ist die Leichtigkeit in Ninas Stimme verschwunden.

»Beim Telefonieren«, so erklärt sie mir, »bin ich sehr nah dran an den Patienten«. Mit diesen Menschen, die teilweise in sehr beengten Wohnverhältnissen leben, teilt und verbringt sie deren Alltag. Weil oftmals Rückzugsmöglichkeiten fehlen, um ungestört zu telefonieren, rückt sie dem Leben ihrer Patient:innen in solchen Gesprächen auf paradoxe Weise »näher«, als wenn sie sie in einer Therapiesitzung trifft: »Die können nicht einfach mal die Tür zu machen und sich zurückziehen«, erklärt sie. So ist Nina dabei beim Wäschewaschen und Kochen oder wird zur stillen Dritten eines Zwiegesprächs, wenn eine andere Person »plötzlich reinplatzt«. Erst heute ist sie in einem Telefonat in einen Streit zwischen ihrer Patientin und deren Partner geraten. So kommt es dazu, dass sich Ninas Rolle als Therapeutin bis zu einem gewissen Grad verkehrt: Ist sie normalerweise diejenige, die solche Geschehnisse retrospektiv mit den Betroffenen bearbeitet, findet sie sich nun selbst inmitten jener Lebensrealitäten wieder, die nicht selten von Gewalt und schweren Auseinandersetzungen geprägt sind. Die Abstandsgebote zum Infektionsschutz gegen das Coronavirus führen in ihrem Fall weniger zu einer Distanzierung der Patient:innen von der Therapeutin, sondern vielmehr dazu, dass die Therapeutin ein direkter und unmittelbarer Bestandteil des privaten Lebensalltags wird.

Zielt ihre Arbeit in der Reha üblicherweise darauf ab, chronisch psychisch erkrankte Menschen auf ihrem Weg zu begleiten, wieder »Fuß in der Gesellschaft zu fassen und sich im Außen zu verwurzeln«, so besteht Ninas Arbeit im Augenblick darin, Menschen in ihrer Isolation und im Üben sozialer Distanz zu stabilisieren. Anstatt ihren Patient:innen konfrontativ zu begegnen und problematische Verhaltensmuster kritisch und reflexiv zu betrachten, ist ihre Aufgabe nun, Halt zu geben und zu unterstützen: »Jetzt geht es viel um Krisenintervention, Stabilisierung, den Mut nicht verlieren, Spannungen aushalten, weitermachen und sich beschäftigen. Für die Psyche ist der Rückzug während des Lockdowns eine sehr herausfordernde und gefährliche Situation.« So gerät die Psychotherapeutin in die paradoxe Doppelrolle, mit der Isolation ein Verhalten zu unterstützen, das sie eigentlich als einen »Nährboden für psychische Erkrankungen« betrachtet.

Viele ihrer Patient:innen haben sich bereits in eine depressive Resignation über die aktuellen Umstände begeben. Innerhalb kürzester Zeit, so Nina, »ist es super eskaliert: Die Hilfesysteme sind weggefallen, ambulante Hilfen, ambulante Unterstützungen, betreutes Einzelwohnen«. Ihr ist bewusst, dass ihre Arbeit als medizinische Versorgung gilt, dass sie also auch eine »systemrelevante« Tätigkeit ausübt. Zugleich wird in der Spezifik psychologischer und psychotherapeutischer Betreuungsangebote während der Coronakrise aber auch deutlich, dass die somatische Seite von Krankheiten derzeit stark überbetont wird. Im Vordergrund steht die mit modernen epidemiologischen Mitteln zu bekämpfende Krankheit Covid-19 als ein allgemeines gesellschaftliches Risiko, während das seelische Leiden an der gesellschaftlichen Situation der Pandemie als ein vermeintlich subjektives Problem in den Hintergrund gedrängt wird. So wird der Ausnahmezustand zur Bekämpfung von Infektionsrisiken zugleich zum Risiko psychisch erkrankter Patient:innen, die die aktuellen Kontaktbeschränkungen als einen Rückschritt auf ihrem Weg »zurück in die Gesellschaft« erleben.

Zwar ist Nina in ihrer Arbeit als Psychotherapeutin prinzipiell mit »schweren Schicksalen« konfrontiert. Die Pandemie hat sich aber derartig schnell ausgebreitet, dass sie selbst noch keine richtige Gelegenheit dazu hatte, sich mit den veränderten Umständen und ihrer neuen Rolle zu arrangieren. »Ich musste unmittelbar die Rolle einnehmen, anderen Halt zu geben, ohne dass ich das Gefühl hatte, in der Situation für mich selbst schon einen Halt gefunden zu haben.« Gerade Nina, die sich selbst als einen sozial sehr aktiven Menschen sieht, empfindet die Situation des Lockdowns als eine starke Einschränkung ihres Lebensalltags. Nicht zuletzt deshalb, weil sie und ihr Partner in getrennten Wohnungen leben. Die Vorstellung, dass sie ihren Partner möglicherweise nicht mehr treffen könnte, sollte es zu noch weitergehenden Kontaktbeschränkungen kommen, macht ihr zu schaffen. Auch daher hat Nina für sich selbst das Konzept der »Virusfamilie« gewählt. Zu dieser neuen Form der Wahlverwandtschaft zählt sie neben ihrer Wohngemeinschaft noch ihren Partner und ihre beste Freundin. Diese Leute sind für Nina die einzigen, zu denen sie noch körperlichen Kontakt hat. Diese Begrenzung auf ihr engstes Umfeld erlaubt es ihr, moralische Unsicherheiten zu reduzieren und sich selbst zu vergewissern, dass sie verantwortlich handelt. Insbesondere ihre beste Freundin, die alleine lebt und keinen Partner hat, mit dem sie die Zeit der Isolation durchstehen könnte, kann sie nicht »im Stich lassen«. Wenn sie sich sehen, umarmen sie sich weiterhin – »wären wir eine richtige Familie, dann würden wir das auch tun«.

An die Entscheidung, eine solche »Virusfamilie« zu gründen, schließen jedoch weitere Herausforderungen an. So hat sich eine ihrer Freundinnen etwa dadurch zurückgewiesen gefühlt, dass Nina sich im persönlichen Umgang auf nur zwei Menschen beschränken möchte und sie somit von ihrer Virusfamilie ausgeschlossen hat. Auch ihrem Partner gegenüber findet sie es schwierig, ihr Bedürfnis nach einem verantwortungsvollen Handeln durchzusetzen, weil sie ihm nicht vorschreiben möchte, wen er trifft: »Wenn er heute drei Leute getroffen hat, und ich frage ›Und wie handhabt ihr das so?‹, das ist so *strange*.«

Allerdings ist Nina, die auch im Lockdown noch täglich persönlichen Kontakt mit Patient:innen und Arbeitskolleg:innen hat, überzeugt davon, dass sie eine größere Verantwortung übernehmen muss, als jemand, der den ganzen Tag in Isolation im Homeoffice verbringt. Dass sie ein größeres Bedürfnis nach einem verantwortungsvollen Umgang hat als andere in ihrem Umfeld, ist ihr vor knapp zwei Wochen klargeworden, als sie sich mit einer Freundin zum Spazierengehen getroffen hat. Obwohl die beiden während des gesamten Spaziergangs einen Abstand von anderthalb Meter eingehalten haben, fragte sich Nina die ganze Zeit, ob das denn nun wirklich nötig gewesen sei – »hätten wir nicht einfach auch telefonieren können?«
Die innere Rebellion, die sie anfänglich noch gegen die Vorschriften zum Infektionsschutz verspürt hat, ist innerhalb kürzester Zeit vollständig ver-

flogen. Beim Spazierengehen mit ihrer Freundin wurde ihr klar, dass sie sich mit einer solchen Nähe schon nicht mehr wohl fühlt – »und das war noch vor dem Kontaktverbot«.

Darüber hinaus fühlt sie sich durch ihr berufliches Umfeld und den seit dem Beginn der Pandemie noch engeren Kontakt zu ihren Patient:innen dazu angehalten, ihr eigenes Verhalten im Privaten zu hinterfragen und zu kontrollieren. Den Kontakt zu ihren Patient:innen empfindet sie dagegen weiterhin als »legitim«, »das ist erlaubt, das macht Sinn, da geht es um medizinische Versorgung, das kann ich anders für mich rechtfertigen«. Sei es auch, dass die Abstands- und Hygieneregeln im Arbeitskontext in der Reha-Einrichtung oftmals schwer einzuhalten sind.

Was Nina beschreibt, ist ein Wandel im Bereich sozialer Nahbeziehungen. »Wenn man jetzt noch jemandem die Hand gibt, dann fühlt sich das so an wie ungeschützter Geschlechtsverkehr mit einer wildfremden Person«, zitiert sie einen Freund, der sein Empfinden damit ihrer Meinung nach sehr gut auf den Punkt gebracht hat. Es hat auf einmal etwas »sehr Intimes«, Leute zu treffen. Daher ist es zu einem Riesenthema in ihrem Freundeskreis geworden, wen man jetzt noch »real« trifft.

Neben diesem Bedeutungswandel von und in Freundschaften nimmt Nina den Umgang mit ihren Freund:innen seit dem Lockdown als moralisch stark aufgeladen wahr. Ihr Eindruck ist, dass sie etwa allein durch die Frage nach dem Für und Wider der aktuellen Einschnitte in das »Leben jedes Einzelnen« oftmals schon dem Vorwurf ausgesetzt ist, »unsolidarisch« zu sein. Nicht selten schließt sich daran noch der Vorwurf an, »dass man diese Einschränkungen des Privatlebens doch wohl aushalten können muss für das Gemeinwohl – als wäre das eine unanfechtbare Naturgegebenheit, als sei das keine Politik, die diskutiert werden muss, und die eine Plattform braucht«. So ist das Gefühl der neuartigen, größeren Nähe und Intimität in engen Freundschaften zugleich begleitet von einer gesteigerten sozialen Kontrolle, die sich nicht zuletzt in eine Beziehungsmoral von Vorwürfen und Appellen an die Allernächsten und in eine allgemeine Verunsicherung über das »richtige« Verhalten übersetzen.

Interview: Marco Hohmann, 03. April 2020

»Ich denke da jetzt einfach positiv und hoffe, dass es bald ein Ende nimmt.«

Martina Hasenfratz

Die Menschen in der kleinen Ortschaft, in der die 60-jährige Roswitha zusammen mit ihrem Ehemann Robert lebt, kennen sich; man weiß, wer zugezogen ist und unterstützt sich, wenn jemand Hilfe braucht. Roswitha gehört zu den »Alteingesessenen«, sie ist in dem kleinen Dorf in Baden-Württemberg aufgewachsen, in den Kindergarten und zur Schule gegangen, hat sich in Vereinen engagiert – hier fühlt sie sich zu Hause. Das Ehepaar wohnt in einem großen Haus mit Wintergarten und einer Wiese mit Bäumen, Sträuchern und Blumen im sogenannten Neubaugebiet. Sie haben zwei erwachsene Kinder, Lisa und Benedikt, die beide schon lange nicht mehr bei den Eltern wohnen und zum Teil selbst Familie haben. Das Telefonat führt Roswitha im sonnendurchfluteten Wohnzimmer, sie blickt hinaus in den Garten und ist glücklich darüber, ein so schönes Zuhause zu haben. Gefühlt schon ihr »ganzes Leben« lang arbeitet Roswitha als Pflegekraft in einem Altenheim in der nächstgrößeren Stadt und hat dort eine 50 Prozent Stelle. Ihr Ehemann Robert ist Inhaber einer kleinen Firma für Schaltschrankenbau, sein Sohn Benedikt unterstützt ihn einmal pro Woche. Tochter Lisa hat zwei kleine Kinder und lebt mit ihrer Familie in einer benachbarten Ortschaft. Die Mutter von Roswitha wohnt trotz ihres hohen Alters noch immer allein in ihrem kleinen Häuschen auf der anderen Seite des Dorfes. Sie kann sich zwar weitestgehend selbst versorgen, ist aber zunehmend auf Unterstützung angewiesen.

Den heutigen Tag verbrachte Roswitha ausschließlich mit Haus- und Sorgearbeit: Sie hat das Haus geputzt, war im Garten, um ihn nach dem langen Winter für den Frühling schön zu machen und hat ihre Mutter besucht. Mit einer offenen Wunde am Bein, die nur langsam verheilt, ist diese gerade besonders auf Roswithas Fürsorge angewiesen. Sie betont ausdrücklich, dass dieser nahe Kontakt zur Mutter auch in diesen Zeiten unumgänglich ist, Kontaktbeschränkungen hin oder her. Fast täglich fährt sie zu ihr, kümmert sich um sie, lässt sie nicht allein. Auch ihren Sohn Benedikt sieht sie nach wie vor regelmäßig. Einmal in der Woche kommt er zum Essen vorbei und zwar immer dann, wenn er in der Firma seines Vaters mithilft. Und auch das sei in Ordnung. Die Tochter hingegen möchte – nicht zuletzt wegen der Kinder – erst einmal auf Besuche verzichten. Die Kinder seien doch eine zu große Gefahr für die Großeltern und dieses verantwortungslose Risiko einer Ansteckung mit dem Virus möchten sie beide nicht eingehen. Auch das Robert Koch-Institut und die Bundesregierung warnen immer wieder davor und rufen dazu auf, die Großeltern nicht zu besuchen, da Kinder symptomlose Virusträger:innen sein könnten. Natürlich bedauert Roswitha das sehr; gerne würde sie die Enkelkinder öfter sehen. Umso mehr freut sie sich, wenn sie mal wieder einen Brief oder ein gemaltes Bild in ihrem Briefkasten findet. Man müsse sich jetzt eben noch mehr an den kleinen Dingen erfreuen. Das Haus verlässt Roswitha aufgrund der Einschränkungen also nur noch, um die Mutter zu besuchen, notwendige Einkäufe zu erledigen und ihrer Arbeit als Altenpflegerin nachzugehen.

Obwohl sie ein Urgestein im Altenheim ist und schon so viel dort erlebt hat – sie arbeite schließlich schon fast ihr ganzes Leben lang dort – beschäftigt sie ihre Arbeit im Moment so sehr wie noch nie zuvor. Haus- und Gartenarbeit helfen ihr, wenigstens an ihren freien Tagen abzuschalten. Es fängt an mit den strengen Hygienevorschriften. Vor allem das permanente Tragen einer Maske ist für Roswitha zu Beginn der Pandemie sehr unangenehm und gewöhnungsbedürftig. Schön sei es daher umso mehr zu sehen, dass die Bewohner:innen des Heims trotz Schutzmontur der Pflegekräfte eigentlich »cool« bleiben und ihr befremdliches Auftreten eher gelassen hinnehmen. Gerade im Umgang mit alten, möglicherweise dementen Menschen oder jenen, die durch einen Schlaganfall stark eingeschränkt sind, seien Mimik und Gestik, ein Lächeln im Gesicht der Pfleger:innen, besonders wichtig für einen vertrauens- und liebevollen Umgang. Ihr eigenes Unwohlsein, das Gefühl, für die Bewohner:innen unnahbar zu werden, paart sich mit der zusätzlichen Sorge um die Knappheit an Schutzausrüstung. Hinzu kommt das ständige Desinfizieren von Halterungen, Türklinken, Rollatoren, Lichtschaltern, Geländern und vielem mehr. Der beißende Geruch des Desinfektionsmittels, der permanent in der Luft hängt, wirke sich schon jetzt negativ auf die Gesundheit einiger Bewohner:innen, aber vor allem auch auf die des Reinigungspersonals aus: Sie klagten über Husten und Schwindel, da sie über mehrere Stunden den Dämpfen ausgesetzt sind. Das findet Roswitha erschreckend und sie bewundert die Menschen, die Tag für Tag für klinische Reinheit sorgen, um eine der vulnerabelsten gesellschaftlichen Gruppen in Zeiten der Pandemie zu schützen. Gerade in den Altenheimen ist die Angst vor einem Massensterben sehr groß. Sowohl für die Politik als auch für Roswitha ist klar: »Das ist ein Horrorszenario, dass man nicht erleben möchte.« Neben der unmittelbaren Angst vor einem unkontrollierten Ausbruch verbreiten sich in der Einrichtung auch zusehends neue Gerüchte. Diese Unsicherheit im Umgang mit dem neuen Virus wird durch eine fehlgeleitete und nur spärliche Kommunikation von Seiten der Heimleitung noch weiter forciert. Die tägliche Flut an Informationen und immer neue, »von Oben« angeordnete Regeln lassen die Gerüchteküche im Heim brodeln. Roswitha ist gespannt, welche Neuigkeiten sie nach ihrem freien Tag erfahren wird. Gerade wird gemunkelt, wofür die Feldbetten wohl sind, die kürzlich aufgestellt wurden. Momentan geht das Pflegepersonal davon aus, im Heim übernachten zu müssen, wenn der »Keim« erstmal ausgebrochen ist. Das plötzliche Auftauchen der Feldbetten war auch der Grund, weshalb Roswitha so schnell wie möglich mit mir sprechen wollte. Denn sie wisse schließlich nicht, wie lange sie noch zu Hause erreichbar sein wird.

Roswitha muss mit großer Sorge zusehen, wie sich das Altenheim in ein »Gefängnis« verwandelt. Ein großer Zaun, der um das gesamte Heimgelände gezogen wurde, steht symbolisch für ein Drinnen und Draußen; für angebliche Sicherheit und klinische Reinheit auf der einen Seite und für eine überall lauernde Gefahr auf der anderen. Besucher:innen dürfen das geschützte und sterile Innen nicht mehr betreten, die Heimbewohner:innen dürfen es nicht mehr verlassen. Der Zaun wurde notwendig, da sich die mobilen Personen im Heim nicht an die Ausgangssperre hielten und trotz hohem Gesundheitsrisiko und aller ausgesprochenen Warnungen im angrenzenden Stadtpark spazieren gingen, schildert Roswitha die Situation. Nun gibt es nur noch einen Ein- und Ausgang und damit ist de facto kein Entrinnen mehr möglich. Aus Roswithas Sicht ist das Besuchsverbot für die alten Menschen besonders belastend und es sorgt für eine unruhige und unzufriedene Stimmung und Einsamkeit unter den Heimbewohner:innen. Nur wenn eine Person akut im Sterben liegt, dürfen die Angehörigen kommen. Dass Roswitha nun die einzige Kontaktperson ist, belastet sie sehr, auch in ihrem Alltag. So hat sie immer wieder Angst um ihre eigene Gesundheit, sie sei ja schließlich auch schon 60 Jahre und zählt damit zur Risikogruppe. Dennoch wundert sie sich immer wieder über sich selbst, dass sie trotzdem nach wie vor eine besondere Gelassenheit an den Tag legen kann. Beim Einkaufen trägt sie keinen Mundschutz, denn aufgrund ihrer beruflichen Nähe zu und ihrer langjährigen Erfahrung mit Keimen – Corona sei schließlich nicht das erste Virus, das in einem Altenheim umhergehe – kann sie ganz gut einschätzen, was an Hygienemaßnahmen notwendig ist und was nicht. Den Sicherheitsabstand, so erzählt sie, hält sie immer ein, aber ansonsten versucht Roswitha im Alltag ganz entspannt mit dem Virus und seiner Gefahr umzugehen und sich nicht allzu sehr davon beirren zu lassen. Neben dieser Angst um ihre eigene Gesundheit wird ihr aber auch immer wieder bewusst, dass sie selbst, ihr eigener Körper, ihre Präsenz, zu einer großen Gefahr für die Bewohner:innen werden kann. Das führt bei ihr zu einer »Angst vor sich selber«: sie kann schließlich jederzeit das Virus in das durch Zäune und Besuchsverbote geschützte und durch Desinfektionsmittel rein gehaltene Innere des Altenheims schleppen. Und so bleibt Roswitha nichts anders übrig, als dieses Gefühl, ein wandelndes Risiko für die alten Menschen zu sein, auszublenden und im Putzwasser zu ertränken, denn damit zu leben sei teilweise unerträglich: »Wie gesagt, ich denke da jetzt einfach positiv, und denke, das wird jetzt auch alles gut rumgehen, und dass es bald ein Ende nimmt.«

Interview: Martina Hasenfratz, 31. März 2020

»Wenn wir die Apotheke nicht mehr desinfizieren können, dann können wir eigentlich auch zumachen.«

Nina Sökefeld

Karoline ist 27 Jahre alt, lebt in einer bayerischen Großstadt und absolviert das praktische Jahr ihres Pharmaziestudiums in einer Apotheke. Als dort Anfang des Jahres vermehrt Leute nach medizinischen Masken und Desinfektionsmittel fragten, nahmen sie und ihre Kolleg:innen das noch nicht sonderlich ernst. Es gab damals ausreichend davon, und so verkauften sie beides, ohne sich groß Gedanken zu machen. Vielleicht scherzten sie sogar das eine oder andere Mal darüber. Inzwischen denkt Karoline manchmal darüber nach, »ob das nicht etwas blöd war, weil die Leute das jetzt zu Hause bunkern, obwohl sie es gar nicht unbedingt brauchen«.

Die Lage änderte sich drastisch, als der erste Coronafall in Bayern auftauchte. Karoline wusste noch nichts davon, als sie morgens zur Arbeit kam: »Aber da hat man gemerkt, dass die Leute komplett durchdrehen, ab dem Tag.« Auf einmal war sehr viel los in der Apotheke. Kund:innen fragten am Telefon, mit welchen Medikamenten sie sich bevorraten sollen. Andere kamen vorbei, um ihre Reiseapotheke für den gebuchten Urlaub aufzustocken oder um sich zu erkundigen, ob sie überhaupt fahren sollen. Die Nachfragen häuften sich. »Es war viel mehr Arbeit, viel mehr Kundenaufkommen«. Doch selbst zu diesem Zeitpunkt blieben Karoline und ihre Kolleg:innen noch relativ ruhig. Sie nahmen die Lage natürlich ernster als zu Beginn des Jahres, aber es gab kaum offizielle Informationen, auch nicht vom zuständigen Berufsverband, der Apothekerkammer. Man konnte sich also noch nicht sicher sein, ob es sich bei vielem nicht doch nur um »Panikmache« handelt.

Irgendwann schossen die Infektionszahlen in Italien in die Höhe. Ab diesem Zeitpunkt ließen sich manche Produkte einfach nicht mehr nachbestellen, die vorherigen Vorräte waren aufgebraucht. Auf einmal kamen wirkliche Risikopatent:innen, die Masken und Desinfektionsmittel kaufen wollten, und es gab keine mehr. Das war ungefähr Ende Februar. Damals war es den Apotheken noch offiziell verboten, selbst Desinfektionsmittel herzustellen, obwohl dringend welches gebraucht wurde. Trotzdem erkundigte sich Karolines Chefin bei der zuständigen Kammer, welche Inhaltsstoffe im Desinfektionsmittel enthalten sein sollten, woraufhin das Verbot zunächst noch einmal bekräftigt wurde. Erst nach Tagen wurde es offiziell aufgehoben, doch da waren dem Handel die Rohstoffe, die zur Herstellung benötigt werden, bereits ausgegangen. Wie viele andere Apotheken hatte sich jedoch auch die, in der Karoline arbeitet, schon vorher über das Verbot hinweggesetzt. Sie stellten so viel Desinfektionsmittel wie möglich her und gaben einen Teil davon an besonders gefährdete Stammkund:innen ab. Zugleich war es allerdings notwendig, welches für den internen Gebrauch zurückzubehalten. »Wenn wir die Apotheke nicht mehr desinfizieren können, dann können wir eigentlich auch zumachen«, stellt Karoline nüchtern fest. Wann Schutzkleidung, Desinfektionsmittel oder die für dessen Herstellung benötigten Inhaltsstoffe wieder problemlos lieferbar sein werden, ist auch jetzt, Anfang April, immer noch unklar.

Karoline wohnt gemeinsam mit ihrem Freund in einer Zwei-Zimmer-Wohnung im Stadtzentrum. Er ist Ingenieur und war bis vor kurzem auch noch jeden Tag im Büro, da er nicht die nötige Ausrüstung fürs Homeoffice hatte. Seit zwei Wochen arbeitet er nun von zu Hause aus. Durch Karolines Beruf sind sie aber nicht in der Situation, dauerhaft gemeinsam zu Hause sein zu müssen. Das ist natürlich auch ein Vorteil, merkt sie an, denn die Wohnung ist klein. Außerdem sind sie beide auch gesundheitlich nicht besonders gefährdet. So haben sie – wie alle anderen auch – nur das Problem, nichts mehr unternehmen zu können, was sie aber nicht allzu schlimm findet. Karoline arbeitet in Vollzeit und ist daher nach wie vor nur selten tagsüber daheim. Der strukturierte Tagesablauf hilft ihr sogar ein Stück weit, mit der Situation zurechtzukommen. Natürlich würde auch sie an ihren freien Tagen gern wieder mehr raus aus der Wohnung und sie vermisst ihre Freundinnen und ihre Familie, doch das sind »Kleinigkeiten«. Telefonisch oder online steht Karoline ohnehin fast jeden Tag mit ihnen in Kontakt, auch wenn sie das anstrengender findet als den persönlichen Austausch. Komisch fühlt sich daran auch an, dass sie eine der wenigen in ihrem privaten Umfeld ist, die noch normal, wenn nicht gar mehr als sonst, arbeitet. Besonders bemerkbar macht sich diese Ausnahmestellung abends, wenn alle telefonieren wollen. Durch den hohen Gesprächsbedarf bei der Kundschaft fehlt Karoline dann eigentlich die Energie für Telefonate. Alle anderen in ihrem Freundeskreis sind dagegen den ganzen Tag zu Hause, zum Teil allein, und brauchen abends den Austausch. Karoline versteht das natürlich, auch wenn sie selbst dann eigentlich nur noch ihre Ruhe haben will.

Wenn Bekannte sich darüber beschweren, zu Hause bleiben zu müssen, ärgert sie sich allerdings. Häufig denkt sie darüber nach, wie es wäre, wenn sie nicht jeden Tag in die Apotheke gehen, sich dort nicht der permanenten Ansteckungsgefahr und dem anstrengenden Arbeitsalltag aussetzen müsste; sie selbst hätte nichts dagegen, einfach zu Hause zu sein. Sie hat zwar Verständnis für jene Personen, die durch die Kontaktbeschränkungen besonders hart getroffen werden, etwa, wenn es um Verwandte geht, die im Altenheim wohnen oder die schwer krank sind. Auch den ganz banalen Wunsch, einfach mal wieder vor die Tür zu kommen, kann sie im Grundsatz verstehen. Dennoch macht es sie wütend, wenn Leute sich über die Maßnahmen aufregen, obwohl sie nichts weiter tun müssen, als daheim zu bleiben. Karoline selbst hat so viel Kontakt zu verschiedenen Menschen und insbesondere auch zu Kranken. Da steht ihr das gegenseitige Ansteckungsrisiko ständig vor Augen. Gestern hatte sie zum Beispiel einen Kunden, der Medikamente für die Palliativversorgung seiner fast hundert Jahre alten, im Altenheim an Corona erkrankten Mutter abholte. Er selbst darf sie nicht mehr besuchen, »der war natürlich total am Ende«. Gerade vor dem Hintergrund solcher Erlebnisse findet Karoline die Maßnahmen der Politik gut und befürwortet auch die Kontrolle ihrer Einhaltung.

Seit sich das Infektionsgeschehen beschleunigt hat, ist die Stimmung unter Karolines Kolleg:innen in der Apotheke nicht nur aufgrund der hohen Arbeitsbelastung schlecht. Ein weiterer Grund dafür ist die anhaltende Unsicherheit, wie sie sich selbst und untereinander vor einer möglichen Infektion schützen können. In manchen Apotheken wird in Schichten mit getrennten Teams gearbeitet, um zumindest das Szenario einer Ansteckung der gesamten Belegschaft zu verhindern. Sie selbst arbeiten allerdings wie sonst auch in einem Team weiter; dabei ist es unmöglich, untereinander Abstand zu halten. Gerade für Kolleg:innen, die befürchten müssen, ihre im gleichen Haushalt lebenden Kinder oder älteren Angehörigen anzustecken, ist das belastend. Die Informationen, die von der Apothekerkammer herausgegeben werden, sind nach wie vor unzureichend. Klare Vorgaben gibt es nur wenige, wie die seit einiger Zeit geltende Anweisung, an den Verkaufstresen Plexisglaswände aufzustellen. Eigentlich eine sinnvolle Maßnahme, aber unter den aktuellen Voraussetzungen überhaupt eine solche Scheibe zu bekommen, war eine echte Herausforderung. Mit der

Umsetzung der wenigen existierenden Bestimmungen fühlen sich Karoline und ihre Kolleg:innen allein gelassen. Außerdem empfinden einige von ihnen die öffentliche Anerkennung für ihre Leistung in der aktuellen Lage als zu gering. Trotz der hohen Arbeitsbelastung spielte das Apothekenpersonal in der Berichterstattung über systemrelevante Berufsgruppen der letzten Wochen kaum eine Rolle, das stört manche. Karoline kann diese Unzufriedenheit nur schwer nachvollziehen. Zwar hält auch sie das, was sie in der Apotheke momentan tun, für gesellschaftlich relevant. Da geht es allein schon um die Aufrechterhaltung der normalen Versorgung; die vielen Stammkund:innen benötigen ihre Herz- und Schilddrüsenmedikamente schließlich ebenso dringend wie sonst. Außerdem entlastet die Beratung, die sie vor Ort leisten können, die Hausärzt:innen. All das ist sehr wichtig, aber andere Berufe – im medizinischen Bereich und in der Pflege – sind einfach viel stärker in das direkte Pandemiegeschehen involviert. Die akut an Corona Erkrankten sind in Karolines Wahrnehmung eben doch »weit weg« von ihrer Arbeit. Die kommen schließlich nicht mehr zu ihnen in die Apotheke, sondern sind in der Klinik: »So blöd es klingt, ich sehe ja die Leute nicht sterben«.

Obwohl die mit der Pandemie einhergehenden gesundheitlichen Gefährdungen ihr große Angst machen, verdrängt Karoline diese während der Arbeit inzwischen häufig. Dies wird ihr unter anderem dadurch erleichtert, dass sich die Situation in gewissem Maße normalisiert hat – zumindest während ihrer alltäglichen Arbeitszeit; tagsüber ist der Aufruhr geringer geworden und die Leute haben sich einigermaßen arrangiert. Manche haben sich ihre Medikamente bereits auf ein Jahr im Voraus verschreiben lassen, um im Ernstfall versorgt zu sein und auch die in den ersten Wochen häufig gestellten Fragen nach Schutzmaßnahmen haben nachgelassen. Trotzdem stellt der Arbeitsalltag in der Pandemie Karoline weiterhin vor ungewohnte Herausforderungen. Extremfälle sind hustende Kund:innen, die sich nicht an Abstandsregeln halten und ihren Kopf hinter die Plexiglasscheibe am Verkaufstresen quetschen, um mit ihr zu reden. Andere verkünden ganz entspannt, sie seien auf Covid-19 getestet worden, wüssten aber das Ergebnis noch nicht. Den Kontrast dazu stellen sehr vorsichtige Kund:innen dar, die »quasi vermummt« reinkommen oder ihr Rezept draußen in den Briefkasten werfen, um die Apotheke nicht betreten zu müssen. Besonders ärgert Karoline sich über Leute, die die Apotheke betreten, das Plexiglas sehen und etwas sagen wie »ah, machen Sie auch mit bei dem Schmarrn«. Und dann gibt es noch diejenigen, die sich zwar besonders bemühen, deren

Vorsicht aber beinahe komische Formen annimmt. Ein Kunde trug neulich seltsame Handschuhe, bezahlte bar und befeuchtete sich die behandschuhten Fingerkuppen an der Lippe, um die Scheine besser auseinanderziehen zu können: »Da denkt man sich, dann kannst du es dir auch sparen.« Das Tragen von Schutzhandschuhen ist natürlich zwecklos, wenn man sich gleichzeitig die Finger ableckt. Viel sinnvoller wäre es, sich regelmäßig die Hände zu waschen. Trotzdem hält Karoline sich in solchen Fällen oft mit Ratschlägen zurück, da sie Angst vor ungehaltenen Reaktionen hat.

Insgesamt ist der Andrang zwar immer noch größer als normalerweise, mittlerweile haben die Bedürfnisse der Kund:innen sich allerdings verschoben. Da ein Großteil der Deutschen inzwischen zu Hause bleibt und manche deutlich mehr freie Zeit haben als sonst, häufen sich Fragen nach einer gesunden Ernährung oder Akutversorgungen bei Sportunfällen. Gestern kam eine Frau, berichtet Karoline, die zum ersten Mal seit ihrer Kindheit Inlineskaten war und sich die Arme aufgeschürft hatte. Solche Fälle haben mit der Pandemie zu tun, ergeben sich aber indirekt als Begleiterscheinung, aus den veränderten Lebensumständen oder sind schlicht Ausdruck der bei vielen vorherrschenden Langeweile. Wenn die Lage in den Augen vieler zur Normalität geworden ist, ist das allerdings schlecht – »die Leute sollen gefälligst zu Hause bleiben«.

Wie sich die Lage in den Apotheken entwickelt, welche Maßnahmen sinnvoll sind und welche nicht, kann Karoline als Berufsanfängerin kaum einschätzen. Andererseits haben auch ihre erfahreneren Kolleg:innen natürlich noch keine vergleichbare Situation erlebt. Gerade diese Unsicherheit, die ja letztendlich alle betrifft, sieht Karoline als große Herausforderung für die Gesellschaft insgesamt: »Wenn man einfach sagen könnte, ab November ist alles wieder normal, wäre das sicher für alle einfacher«, vermutet sie.

Auch persönlich weiß Karoline noch nicht genau, wie es bei ihr weitergehen wird, denn ihr praktisches Jahr endet in zwei Monaten. Sie könnte an ihrem aktuellen Arbeitsplatz übernommen werden, aber das möchte sie nicht so gern. Ihr ist es wichtig, Erfahrungen in einem anderen Umfeld zu sammeln. Sollte sich die Suche nach einer neuen Stelle wegen der instabilen Lage auf dem Arbeitsmarkt ein paar Monate hinziehen, »dann ist das eben so«, findet sie. Viel mehr nimmt sie sich erst einmal nicht vor und versucht vor allem, keine allzu konkreten Erwartungen an das Jahr zu haben, »weil es einen dieses Jahr einfach nicht weiterbringt, viel zu planen«.

Interview: Nina Sökefeld, 09. April 2020

»Wenn halt was mit mir ist, da muss sie ja praktisch komplett mitziehen.«

Nadine Maser

Risikogruppe. Das ist das neue Label, mit dem die Lebensrealität von Menschen wie Walter seit dem Ausbruch der Coronapandemie beschrieben wird. Die Krankheit, die ihn bereits vor Erreichen des gesetzlichen Rentenalters aus dem Arbeitsleben entlassen hatte, ist es, die ihm nun diese neue Gruppenzugehörigkeit einbringt. Der gelernte Verfahrensmechaniker ist jetzt Teil einer Statistik, die besagt, dass bei älteren Personen ab 60 und solchen mit Vorerkrankungen ein besonders hohes Risiko für einen schweren Krankheitsverlauf von Covid-19 besteht. Entsprechend besorgt zeigt sich der 69-Jährige über die zunehmende Ausbreitung des Virus: »Wenn du grad zu einer Risikogruppe gehörst, da geht dir schon ein bisschen die Flatter.«

Gemeinsam mit seiner Frau Karin und dem Schäferhund Rudi bewohnt Walter eine 90-Quadratmeter-Wohnung in der Wohlerstraße. Die Wohlerstraße in Kleinheim ist eine Siedlung ehemaliger Sozialwohnungen. Aufgrund der günstigen Mieten setzte in den 1970ern ein Zuzug von Aussiedlerfamilien ein, der in den nachfolgenden Jahrzehnten für Spannungen sorgte und die Wohlerstraße bis in die 1990er Jahre zum Schauplatz sozialer Konflikte machte. Der hohe Anteil an »Zugezogenen« aus der ehemaligen Sowjetunion brachte der Siedlung den Spitznamen »Moskau« ein. Berühmtberüchtigt steht das Wohngebiet noch in den 2000ern für Jugendkriminalität, Drogen und das Stigma eines sozialen Problemviertels. Mit ihren drei Kindern haben Karin und Walter ihre Wohnung 1991 bezogen. Seitdem hat sich viel verändert. Die Kinder sind längst erwachsen und viele der Aus- und Spätaussiedlerfamilien wohnen heute in den Einfamilienhäusern eher bürgerlicher Stadtteile. Mit ihnen verschwand auch weitestgehend das Stigma. Die meisten Wohnungen in der Wohlerstraße wurden modernisiert und in Eigentumswohnungen, wie auch Walter und Karin eine bewohnen, umgewandelt. Geblieben ist eine gewisse Distanziertheit zwischen den Bewohner:innen und der graue Schleier der Asbestfassaden.

Die Häuserzeile der Wohlerstraße bildet nun die Kulisse für die Rundgänge mit dem Hund. Die absolviert Karin im Moment meistens alleine.

Walter geht vor allem dann mit, wenn eine ausgedehntere Tour mit dem Auto weiter raus aufs Land ansteht. Denn dort sind nicht nur die Wege eben und damit für ihn gut zu meistern, man muss sie auch nicht mit anderen Verkehrsteilnehmer:innen – etwa »Fahrradfahrern, die hirnlos« durch die Gegend fahren – teilen. Da die Besuche in der Hundeschule den Maßnahmen zur Kontaktbeschränkung zum Opfer gefallen sind, erweist sich in Zeiten der Pandemie und der Ausgangsbeschränkungen der Spaziergang mit dem Hund als äußerst willkommener Anlass, das Haus zu verlassen. Denn »ich brauch auch Auslauf«, sagt Walter lachend.

Die Ausflüge in den Supermarkt sind dagegen ein weniger erfreuliches Erlebnis. Bis vor Kurzem war das Einkaufen noch eine der wenigen Möglichkeiten in Walters Leben, ungezwungen in soziale Interaktion zu treten. Jetzt aber wird der Supermarkt zum Konfliktfeld. Für ihn zeigt sich das Ausmaß der menschlichen Unvernunft, wenn andere Kund:innen den vorgegebenen Mindestabstand von anderthalb Metern nicht einhalten. Zwar geht er davon aus, dass sich die meisten Menschen sicherlich vernünftig verhalten und die Vorgaben wie etwa regelmäßiges Händewaschen generell beachten. Im Laden spürt man davon aber wenig. Für ihn als Person mit Vorerkrankungen ist diese Uneinsichtigkeit aber ein Risiko: »Im Supermarkt, da merkst du fast gar nichts. Also bei den meisten Leuten, die ich gesehen habe, hat sich nicht viel verändert.« Mehr noch, man muss sie drauf hinweisen, dass sie an der Markierung auch wirklich stehenbleiben »und die gucken uns noch blöd an, weil wir einen Mundschutz anhaben«, wirft Karin aus dem Hintergrund ein. »Ja genau, da wirst du blöd angeguckt, wenn du einen Mundschutz anhast«, pflichtet Walter bei. Eine generelle Maskenpflicht gilt in Deutschland seit dem 27. April 2020. Zum Zeitpunkt des Interviews Ende März ist davon aber noch keine Rede. Vielmehr gilt manchen die Maske als Symbol für übertriebene Panikmache, ihr Nutzen wird angezweifelt und es kursieren Falschmeldungen über CO_2-Vergiftungen durch das Tragen von Behelfsmasken. Und so liefert Walter sich mit seinem Mund-Nasen-Schutz den skeptischen Blicken der anderen aus.

Walter ist jedoch bereits erprobt in der Isolation – praktischerweise, möchte man fast zynisch ergänzen. Denn er pflegt ohnehin nicht viele Kontakte, sodass sich die Auswirkungen der Kontaktbeschränkungen in seinem Alltag wenig bemerkbar machen. Seit Karin vor eineinhalb Jahren in Rente ging, ist der Tagesablauf der beiden vor allem durch die Spaziergänge mit Schäferhund Rudi und Besorgungsfahrten strukturiert. Auch eine Quarantäne würde bedeuten, man muss »es halt so machen, wie jetzt auch schon, für uns alleine bleiben«. Walters Routine in der häuslichen Isolation wird noch unterstrichen durch seine Neigung zur Vorratshaltung. Dosenkonserven pflegt er ohnehin zu lagern und gibt schmunzelnd zu, dass er sich auch zu Hamsterkäufen hat verleiten lassen. Schließlich muss man – ganz im Sinne der Krisenvorsorge – auch für einen Tag X oder eine Atombombe vorbereitet sein.

Besonders wichtig ist aber nun, eine Ansteckung zu vermeiden und, »dass man nicht ins Krankenhaus muss«, ergänzt Karin Walters Antwort auf meine Frage, worin er aktuell die größten Herausforderungen sieht. Auf die gleiche Weise, wie sich nach vielen Ehejahren eine quasi-symbiotische Verschmelzung der beiden einstellt, trägt Karin letztlich auch Walters Risikostatus mit. Denn um seine Gesundheit nicht zu gefährden, muss sie sich genauso gewissenhaft an die Schutzmaßnahmen halten. Ganz wohl fühlt er sich mit dieser Verantwortung nicht. Muss er sich einschränken, dann »muss sie ja praktisch komplett mitziehen« und »das ist ja dann schon auch problematisch für sie«. Damit ist es zu zweit daheim für ihn zwar vor allem seit ihrem Rentenantritt weniger »langweilig«, aber Walters Risikostatus birgt auf diese Weise eben auch für Karin das Risiko der sozialen Isolation.

Was nun den weiteren Krisenverlauf angeht, so rechnet Walter nicht damit, dass es eine gesamtgesellschaftliche Kraftanstrengung geben wird, die finanziellen Folgen der Pandemie gemeinsam zu bewältigen. Es gibt die »Großen«, die als Profiteure »großen Reibach« machen. Der »kleine Mann« dagegen bleibt außen vor, denn er »geht eh leer aus und zahlt die Zeche«. Das war immer so und wird auch so bleiben, lautet seine Einschätzung. Auch in die wirtschaftliche Stabilität hat er wenig Vertrauen, kann doch zu allem Übel letztlich auch eine Inflation drohen, die finanzielle Reserven wertlos machen würde. Leidtragend ist also der »kleine Mann«, der neben der gesundheitlichen Gefährdung zusätzlich das finanzielle Risiko schultern muss. Diese Argumente klingen vertraut. In Momenten der Krise können solche sozialkritischen Gedanken in öffentlichen Debatten schnell an Boden gewinnen. Sie lassen sich auf der ganzen Bandbreite des politischen Einstellungsspektrums wiederfinden. Ich frage mich, wo Walter sich wohl verorten und was er denken würde, wäre er nicht Teil der Risikogruppe. Würde er das Risiko durch Corona anders bewerten?

Interview: Nadine Maser, 02. April 2020

Essays

Die Picknick-Decken-Kontroverse: Eine Geschichte über Alltagsmasken

Annerose Böhrer

An einem warmen Tag im August 2020 sitze ich mit einer (aus heutiger Sicht Anfang 2021 unvorstellbar großen) Gruppe von zehn Freund:innen aus fünf verschiedenen europäischen Ländern zum Picknicken an einem See in Helsinki. Diverse Decken sind ausgebreitet und die Sonne steht schon tief, als unsere Freundin Kaisa[1] verkündet, sie müsse bald gehen, da sie am heutigen Abend noch einige Masken zu kochen und zu bügeln hätte. Ein Satz, der noch im vorherigen Sommer nicht verstanden worden wäre und schon jetzt (zumindest in Deutschland) fast wieder unzeitgemäß erscheint. Nicht nur kannten wir »Masken« zumindest in den meisten europäischen Regionen nicht als Alltagsgegenstand; auch wird das Kochen, Waschen und Bügeln selbstgenähter Stoffmasken mit der Pflicht, FFP2-Masken zu tragen, zunehmend obsolet.

Wir bleiben jedoch vorerst an diesem Sommerabend des Jahres 2020. Kaisas Äußerung zu ihrem abendlichen Vorhaben entfacht eine Diskussion über die Handhabung, Waschbarkeit, Wiederverwendbarkeit und Qualität sogenannter »Alltagsmasken«. Während die einen Interesse, Überraschung und Bewunderung äußern, geben sich andere Mitglieder der Gruppe, die ihre Alltagsmaskenerfahrung aus von der Pandemie stärker betroffenen Ländern beziehen, der Finnin gegenüber belehrend. Die Idee, Masken nach jedem Gang zu wechseln, sei vollkommen unrealistisch, gibt ein aus Italien stammender Diskutant zu bedenken. Auch ich muss zugeben, dass – obgleich mir solche Empfehlungen bekannt sind – ich doch auch dazu neige, diese mehrmals zu benutzen und immer mal wieder Masken in diversen Taschen auffinde. Auf der Picknickdecke entsteht eine verbale Sammlung imaginierter Alltagssituationen von unterschiedlicher Dauer (vom nur schnell zwei Stationen U-Bahn-Fahren, in den Supermarkt gehen bis hin zu langen Geschäftstagen, an denen durchgehend Maske getragen werden muss), für die jeweils unterschiedliche Hygienekonzepte diskutiert werden. Obgleich

---

[1] Pseudonym.

niemand die Ansicht vertritt, dass auf Masken gänzlich verzichtet werden sollte, erweisen sich die Praktiken und auch Vorstellungen über das richtige Material als höchst heterogen. Kaisa bleibt bei ihrer Überzeugung, eine frische Stoffmaske müsse, einzeln verpackt in saubere Beutel, für jedes Auf- und Abnehmen im Verlauf ihres Tages bereitliegen. Dabei sei nicht nur Verantwortung für die Gemeinschaft zu übernehmen, sondern auch für die Umwelt: es sollte sich also um wiederverwendbare Masken handeln, die möglichst keinen Müll produzieren und zudem vegan sind. Sie wird sogar ungehalten: »You guys are really pissing me off«, wirft sie (zumindest halbernst) ihren Oponent:innen auf der Picknickdecke an den Kopf und tut ihre Verärgerung darüber kund, dass viele Menschen nicht einmal die einfachsten Regeln einhalten könnten. Irgendjemand auf der Decke erkennt das explosive Potential und macht einen Witz; die Picknickdeckenkontroverse löst sich in Wohlgefallen und einen beginnenden Sonnenuntergang auf.

»Worüber haben wir hier eigentlich gesprochen? Warum war Kaisa verärgert?«, frage ich mich auf dem Heimweg. Ging es nicht nur um ein Stück Stoff mit zwei Gummis und die Frage, wie oft es zu waschen sei?

Mit Blick auf die vielfältigen Kontroversen um das Tragen, Nicht-Tragen, Richtig-Tragen oder Falsch-Tragen von Masken, die sich im Verlauf der Pandemie bis hin zu Protesten und tätlichen Auseinandersetzungen entfalten, können wir diese Frage wohl spontan mit »Nein« beantworten. Es ging und geht hier natürlich um mehr: Glaubensfragen rund um das Virus und seine Existenz werden hier offenkundig ebenso mitverhandelt wie Fragen der Solidarität, Sozialität, Verantwortung und Wertschätzung, ja, sogar Fragen der Lebensführung, die sich fast unbemerkt und »maskiert« durch die Hintertür schleichen.

Unsere Masken und Maskenpraktiken sind damit nicht nur infektiologisch wirksam (oder unwirksam, je nachdem), sondern auch kommunikativ: Sie erzählen – ausgehend von der Prämisse, das Bedecken von Mund und Nase würde das Infektionsgeschehen eindämmen – auch von uns, unserem Platz im pandemischen Geschehen, unseren Ideen darüber, wie es funktioniert und unseren Prioritäten.[2] All dies erscheint aber noch viel komplizierter, wenn man bedenkt, wie Masken sich nicht nur im Verlauf der Pandemie verändern und vervielfältigen (Böhrer 2020). Bis heute werden sie von unterschiedlichen Gruppen und auch Institutionen wie der

---

2 Vgl. hierzu auch: »Faces of Masking – Exploring mindscapes of masking during the pandemic in an art/science cooperation«, www.soziologie.phil.fau.de/faces-of-masking, letzter Zugriff: 17.04.2021.

Weltgesundheitsorganisation, dem Robert Koch-Institut oder der finnischen Regierung auf höchst unterschiedliche Weise interpretiert, kursieren unterschiedlichste Ideen über Anforderungen an ihre Beschaffenheit und Qualität, keimen immer wieder Uneinigkeiten auf über die Frage »wann«, »wo«, »wie« und »wen« eine Maske schützen sollte, ob Masken überhaupt schützen können und falls ja, wer wieviel dafür bezahlen soll.

Um den Gedanken über das Kommunikationspotential von Masken einzukreisen ohne sich in den komplexen Welten der Masken zu verlieren, möchte ich vorschlagen, vorerst auf unserer Picknickdecke zu verbleiben und uns aus zwei Perspektiven Kaisas sterilen Alltagsmasken zu nähern.

»Vor der Maske«

Wenn Kaisa von ihren Maskenpraktiken berichtet, erzählt sie von viel mehr als einem abendlichen Vorhaben, denn sie gibt auch ein politisches Statement (verkürzt: die Empfehlungen der Regierung sind richtig und man sollte ihnen folgen), verbindet dies mit weiteren im Kontext ihrer Lebensführung wichtigen Aspekten (man sollte Müll und Tierprodukte vermeiden) und stellt diese zugleich zur Diskussion. Sie stellt sich den Nachfragen und verweist auf eine offizielle Empfehlung und Expertise, die erklärt, dass das Tragen einer Maske als Praxis nicht ausreicht, sondern auch bestimmte Hygienepraktiken mit ihr verbunden werden müssen, um ihr die gewünschte Wirksamkeit zu verleihen. Kaisas gekochte Masken und die anderen nicht vorhandenen oder nicht entsprechend gesäuberten Masken werden auf dieser Picknickdecke zu hochgradig diskursiven Objekten, weil sie in der Art, wie Kaisa ihnen Bedeutung zuweist, nicht nur sie selbst betreffen, sondern entlarvend wirken und Fragen über das Verantwortungsbewusstsein der anderen aufwerfen. Die Maske, könnte man sagen, bedeckt hier also nicht nur, sie deckt auch auf.

Die international zusammengesetzte Opposition (wer hat denn die Zeit, jeden Abend Masken zu waschen und zu bügeln?) auf der Decke sieht sich nun nicht nur mit einer Wertung der eigenen »Faulheit« konfrontiert, sondern darüber hinaus mit dem eigenen Beitrag zum jeweils lokalen pandemischen Geschehen. Die Frage nach der Angemessenheit von Empfehlungen und Maßnahmen schleicht sich in die Diskussion und mit ihr, zunächst kaum merklich, eine Einschätzung des jeweils anderen als (un)solidarisches Mitglied der Gesellschaft. Die Handhabung der Maske wird zum Ausdruck von (gegebenenfalls mangelnder) Wertschätzung und sozialem Vertrauen und eignet sich für Projektionen komplexer Gefühlswelten auf ein kleines Stück Stoff.

Lesen wir in der Zeitung von Auseinandersetzungen, weil Menschen versuchen, ohne die jeweils erforderliche Maskierung den ein oder anderen öffentlichen Ort zu betreten, so können wir davon ausgehen, dass die Wirksamkeit der jeweiligen Maske oder das reale Gefährdungspotential der widerständigen Person nicht die springenden Punkte in dieser Auseinandersetzung sind. Vielmehr befinden wir uns auch hier mitten auf der Picknickdecke, auf der die Maske sich zwischen »Mensch« und »Außen« schiebt und eine Übereinstimmung oder zumindest Abstimmung der Interpretationswelten auf beiden Seiten, vor und hinter der Maske, einfordert. Zugleich hat sie eine Besonderheit: Sie soll auf unserem Gesicht und damit unserer exponiertesten Körperoberfläche liegen, die sich wie wohl keine andere zur Darstellung und Einschreibung einer Idee von Gemeinschaft eignet (Simmel 2008 [1901]; Köpping/Rao 2003; Douglas 1985). Damit wird das Gesicht zu einem Ort, an dem gesellschaftlich relevante Grenzziehungen verdeutlicht und hinterfragt werden können. Die Maske, so könnte man sagen, »funktioniert« und »wirkt« also nicht nur indem sie Körperflüssigkeiten fernhält, sondern auch im Sozialen. Sie ist auch das, was sie verneint und deutet als ein »Dazwischen« immer auf das, was außerhalb der Grenzziehung liegt (Levi-Strauss 1977; Giesen 2010).

»Hinter der Maske«

Kaisas Strategien im Umgang mit ihren Masken verweisen haben neben ihrem Potential für Aufruhr zu sorgen, zugleich eine weitere Funktion: Sie geben ihr ein Stück Sicherheit in einer Alltagswelt zurück, die durch eine weltweit attestierte Bedrohungslage instabil geworden ist. Eine Bedrohungslage, die zu allem Überfluss mit bloßem Auge nicht sichtbar ist bzw. ohne die diversen Abdeckungstechniken von Mund und Nase viel weniger sichtbar wäre. Hier unterscheidet sich der medizinische Mund-Nasen-Schutz wenig von anderen Maskierungsphänomenen, die auf Auseinandersetzungen mit gesellschaftlicher, spiritueller, metaphysischer oder eben auch physischer Umwelt verweisen (wie beispielsweise die venezianischen

Gesellschaftsmasken des 18. Jahrhunderts, aber auch alle Arten von Uniformen oder Masken aus rituellen und festlichen Zusammenhängen) (Weihe 2004; Olschanski 2001).

Unabhängig von ihrer Materialität, davon, ob der Stoff die gewünschte Filterfunktion nun erfüllt oder nicht, macht die Alltagsmaske ein Handlungsangebot, das Kontrolle verspricht. Die Möglichkeit, Mund und Nase mit Masken zu bedecken, diese nach bestimmten Regeln zu behandeln, die im Einklang mit wissenschaftlichen Erkenntnissen zur Ausbreitung des Virus stehen, machen die Bedrohung nicht nur sichtbar (weil wir die Maske sichtbar tragen können und sehen können, dass auch andere sie tragen), sondern auch handhabbar.

Vieles, was im Verlauf der Pandemie zunächst verwirrend und verwunderlich schien, wird aus dieser Position hinter Kaisas Maske klarer: Die teils widersprüchlichen Empfehlungen zum Tragen von Masken ebenso wie die immer wieder aufflammende Ablehnung einer vermeintlich so leicht verständlichen und umsetzbaren Maßnahme. Kaisas gekochte Alltagsmaske ist ein Behelfsinstrument, in einer Welt, die einerseits bedrohlich geworden ist, die ihren Körper, den sie nun mal nicht verlassen kann (Foucault 2013), als gefährdet und zugleich gefährdend rahmt. Eine Welt, die vermittelt, dass bestimmte Masken zwar helfen könnten, aber nicht für jeden zur Verfügung stehen. Die Alltagsmaske ist in einer Situation der drohenden Spaltung jener, die medizinische Masken haben können, von jenen, die sie nicht haben können, als Schlichterin und Trösterin in eben jene Kluft getreten, um sie zu füllen.

Gehen wir davon aus, dass die Praxis des pandemischen Maskierens eine Anerkennung der eigenen Verletzlichkeit und der Verletzlichkeit der anderen ebenso einfordert wie ein gewisses Maß an Vertrauen in jene, die die Erzählung von der Wirksamkeit der Maske vertreten, tragen und implementieren, erscheint vieles vielleicht weniger überraschend: Weder Kaisas Bedürfnis nach Perfektion und dass sie ungehalten wurde, noch die immer wieder auftretenden größeren und kleineren Widerstände gegen die Maske als Bestandteil einer gemeinschaftlichen Bewältigung der Pandemie.

Ob Kaisas Masken wirksam oder wirksamer sind als andere, ob sie ordentlich filtern und wie sie die Problematik der Müllvermeidung mit der Notwendigkeit des sauberen Verpackens in Einklang bringt, erfahren wir hier nicht. Dafür aber etwas anderes: Die Art und Weise, wie Masken zwischen uns, zwischen Körpern und zwischen Welten liegen, ebenso wie die Praktiken, Ansprüche, Hoffnungen und Ängste, die sie umgeben, machen sie zu mitteilsamen Geschichtenerzählerinnen der Pandemie – und zu kleinen Trägerinnen unserer Hoffnungen, bald wieder einfach so zusammen auf Picknickdecken zu sitzen.

Für Bernd Giesen, den Maskensammler, der uns nicht mehr ins Jahr 2021 begleiten konnte.

Literatur

Böhrer, Annerose (2020): »I wear my mask for you. A note on facemasks«, in: *European Sociologist Issue* 45(1), Pandemic (Im)Possibilities, letzter Zugriff: 08.05.2021, www.europeansociologist.org/issue-45-pandemic-impossibilities-vol-1/masking-i-wear-my-mask-you-note-face-masks.

Douglas, Mary (1985): *Reinheit und Gefährdung. Eine Studie zu Vorstellungen von Verunreinigung und Tabu.* Berlin: Dietrich Reimer Verlag.

Foucault, Michel (2013): »Der utopische Körper«, in: Ders., *Die Heterotopien. Der utopische Körper. Zwei Radiovorträge.* Berlin: Suhrkamp, S. 23–36.

Giesen, Bernhard (2010): *Zwischenlagen. Das außerordentliche als Grund der sozialen Wirklichkeit.* Göttingen: Velbrück Wissenschaft.

Köpping, Klaus-Peter/Rao, Ursula (2003): »Zwischenräume«, in: Erika Fischer-Lichte/Christian Horn/ Sandra Umathum und Matthias Warstat (Hg.), *Ritualität und Grenze.* Tübingen/Basel: Francke Verlag, S. 235–250.

Levi-Strauss, Claude (1977): *Der Weg der Masken.* Frankfurt a. M.: Insel Taschenbuch.

Olschanski, Reinhardt (2001): *Maske und Person. Zur Wirklichkeit des Darstellens und Verhüllens.* Göttingen: Vadenhoeck & Ruprecht.

Simmel, Georg (2008 [1901]): »Die ästhetische Bedeutung des Gesichts«, in: Ders., *Jenseits der Schönheit. Schriften zur Ästhetik und Kunstphilosophie.* Frankfurt a. M.: Suhrkamp, S. 72–77.

Weihe, Richard (2004): *Die Paradoxie der Maske. Die Geschichte einer Form.* München: Wilhelm Fink.

Die Verdrängungen des Coronatodes

Ekkehard Coenen

Den thematischen Fluchtpunkt in der Coronakrise bildet der Tod. Die Präventivmaßnahmen, die einen Einfluss auf beinahe alle gesellschaftlichen Handlungsbereiche haben, zielen schlussendlich auf die Abwendung eines unkontrollierbaren Massensterbens, so wie es beispielsweise im Frühjahr 2020 in Bergamo und in New York beobachtet werden konnte. Die Einhaltung von Sicherheitsabständen, das adäquate Tragen eines effektiven Mund-Nasen-Schutzes, Schul- und Kita-Schließungen, Impfungen und all die anderen Handlungen, die unter den Coronaschutzmaßnahmen subsumiert werden, können somit als Teil einer kollektiven Sterbesteuerung verstanden werden. Sie richten sich gegen eine auf Covid-19 basierende Lebensverkürzung und sind Mittel, mit denen die Menschen ihre Sterblichkeit in der Pandemie domestizieren wollen.

Die einzelnen Maßnahmen sind durchaus umstritten. Insbesondere die Querdenken-Bewegung zeigt, dass nicht jede:r daran glaubt, die für das alltägliche Leben vorgesehenen Regeln seien angemessen, wirksam oder gar notwendig. Sie sind Streitgegenstände und bilden eine »soziale Arena« (Strauss 1993), in der die unterschiedlichen sozialen Welten ihre Sicht auf die pandemische Welt aushandeln und durchsetzen wollen. Hier findet sich »interaction by social worlds around issues – where actions concerning these are being debated, fought out, negotiated, manipulated, and even coerced with and among social worlds« (ebd.: 226). Für die Gestaltung der kommunikativen Wirklichkeit ist es dabei zunächst unerheblich, »was« die Akteur:innen über die Coronamaßnahmen wissen. Vielmehr ist es von Relevanz, »wie« dieses Wissen im kommunikativen Handeln verwirklicht wird. Denn Wissen kommt im wechselseitigen Wirkhandeln zum Ausdruck und wird darin zugleich konstituiert (Knoblauch 2017: 139 ff.). Dies gilt schließlich auch für ein Todeswissen im Allgemeinen und ein Wissen über den Themenkomplex »Corona und Sterblichkeit« im Besonderen.

In den Konflikten, die sich um die Maßnahmen zur Eindämmung der Pandemie ergeben, spiegelt sich das Verhältnis des Menschen zum Tod wider. Die Umsetzung der Regeln oder deren Ausbleiben – also zum Beispiel das (Nicht-)Tragen eines Mund-Nasen-Schutz im öffentlichen Nahverkehr oder das (Nicht-)Einhalten der Kontaktbeschränkungen – sind wortwörtliche »Aushandlungen« eines Todeswissens. Anders gewendet: Da der Tod im Kern der Coronapandemie liegt, ist jede Akzeptanz und jede Ablehnung der Präventivmaßnahmen zugleich eine auf kommunikativem Handeln beruhende Positionierung gegenüber der Sterblichkeit des Menschen. Während die Einhaltung der Regeln die Sterblichkeit des Menschen kommunikativ – teils explizit, teils implizit – mitführen, bleibt der Tod bei den entsprechenden Verstößen im Verborgenen; ganz egal, ob die Handelnden sich subjektiv ihrer Sterblichkeit im Angesicht des Coronavirus bewusst sind.

Die Abwesenheit der (eigenen) Sterblichkeit in einem Großteil der gesellschaftlichen Handlungsfelder wurde in der Thanato(sozio)logie vor allem mit Blick auf die zweite Hälfte des 20. Jahrhunderts unter dem Schlagwort »Todesverdrängung« diskutiert (z.B. Ariès 1996; Nassehi/Weber 1989). Diese Diagnose beziehe sich zum einen auf eine stete Professionalisierung des Umgangs mit Sterbenden und Leichen und auf die damit verbundene Verschiebung einer Vielzahl von Todesphänomenen auf die »Hinterbühne« des gesellschaftlichen Lebens (Sudnow 1973). Zum anderen seien Sterben, Tod und Trauer mittlerweile aber auch diskursive Tabuthemen, über die nicht gesprochen werden dürfte (Gorer 1955). Diese Verdrängungsthese wird heute jedoch wieder vermehrt infrage gestellt. In Film, Fernsehen und Literatur scheint der Tod beinahe allgegenwärtig, und auch die Hospiz-, Dying-Matters- und Death-Café-Bewegungen zeugen davon, dass ein reger Austausch über die Sterblichkeit des Menschen stattfindet und dass der Tod in vielen Teilen der kommunikativen Wirklichkeit adressiert wird. Diesbezüglich ist auch von einer »neuen Sichtbarkeit des Todes« (Macho/Marek 2007) und dem »Zeitalter des spektakulären Todes« (Jacobsen 2020a) die Rede. Eine Todesverdrängung finde nicht statt, sondern Gegenteiliges sei der Fall: Er liege kontinuierlich im Fokus der Aufmerksamkeit. Wir würden den Tod wieder öfter, in den meisten Fällen jedoch nur aus einer »sicheren Entfernung«, in den Blick nehmen – ohne persönlich mit Sterbenden zu interagieren oder die Leiche zu pflegen. Dadurch wäre er zwar nicht mehr im Verborgenen, aber zugleich beträfe er uns auch nicht mehr »existenziell«.

Die Coronakrise scheint diesen neueren Befund auf den ersten Blick zu bestätigen und ihn sogar zu intensivieren (Jacobsen 2020b; Jacobsen/Petersen 2020): Täglich zeigen Diagramme und Statistiken die Zahl der Coronatoten; im Fernsehen und im Internet häufen sich die Bilder von Sterbenden auf den Intensivstationen, und stets aufs Neue sind Särge zu sehen, die sich in Krematorien, auf Frachtschiffen oder in LKWs stapeln. Gleichsam begegnen wir nicht den Toten. Es fehlt die körperliche Ko-Präsenz. Die Zahlen der Statistiken verschleiern die Toten, nur die Pflegekräfte sowie Ärzt:innen interagieren mit den Sterbenden, und nur die professionellen Akteur:innen des Bestattungswesens sehen und umsorgen die realen Leichen. Dennoch gelingt es nicht, den virusinduzierten Tod in der Coronapandemie auf Abstand zu halten. Denn die Berichterstattungen, die politischen Diskussionen und alltäglichen Vorschriften führen uns vor Augen, dass Corona uns eben doch existenziell betrifft; und das gerade, weil wir sterblich sind. Der Tod wird den Menschen in der Pandemie kommunikativ »auf-« gedrängt und – so lässt sich mit Blick auf die zahlreichen Verstöße gegen die Coronamaßnahmen festhalten – bisweilen auch wieder »ver-« drängt.

Die Pandemie macht also deutlich, dass es voreilig wäre, der These zur Verdrängung des Todes eine endgültige Absage zu erteilen. Vielmehr stellt sich die Frage, wie genau sie vonstattengeht. Hierfür sollte nicht auf die Makro-, sondern auf die Mikroebene geschaut werden. Denn der pandemische Alltag und seine Normverstöße bieten zahlreiche Gelegenheiten für differenzierte Beobachtungen. Er zeigt, in welchen Sinndimensionen eine kommunikative Verdrängung des Wissens um die Tödlichkeit von Covid-19 stattfindet.

Erstens erfolgt die Verdrängung des Todes in der Sachdimension. Dies bedeutet zum einen, dass Menschen die tödliche Bedrohung, die vom Coronavirus ausgeht, nicht wahrnehmen oder als nicht wahr ausdeuten. Zum Ausdruck kommt diese Art der Todesverdrängung zum Beispiel in der Diskussion, wie viele der Toten, die in den Statistiken auftauchen, »an« oder »mit« Corona gestorben sind. Hier steht infrage, ob das Coronavirus tatsächlich zu einer höheren Mortalität führt. Die Wahrheitsfindung erfolgt oftmals operativ durch medizinisches, politisch-antiscientistisches oder verschwörungstheoretisches Vergleichen (Epple 2020). Zum anderen betrifft dies aber auch verschwörungstheoretische Mutmaßungen darüber, ob es Covid-19 überhaupt gibt oder ob es nicht eher eine Erfindung »der« Elite oder »der« Massenmedien sei. Protestplakate mit der Aufschrift »Corona-Fehlalarm«, »Gib Gates keine Chance« oder »Corona macht mir keine Angst, aber eure Politik« blenden die Letalität des Coronavirus kommunikativ aus oder zweifeln diese zumindest an. Erst die Annahme, dass es ein Virus gibt, welches mit höherer Wahrscheinlichkeit zum Tod führt, bietet auch einen Grund, sich wegen der Pandemie mit der eigenen Sterblichkeit und der

Sterblichkeit anderer Personen zu befassen. Die Hinterfragung, ob Covid-19 mit einer höheren Mortalität verbunden sei und überhaupt existierte, befördert auch die Verdrängung des entsprechenden Todeswissens aus der kommunikativen Wirklichkeit.

Zweitens kommt eine kommunikative Verdrängung des Todes auch in der Zeitdimension vor. Dies beinhaltet eine Temporalisierung der Annahme, dass ein Virus ein massenhaftes Sterben auslösen kann. Ausgehandelt wird, ob eine todbringende Pandemie als ein aktuelles Zeitgeschehen zu deuten ist oder nicht. Die zeitliche Verdrängung beruht auf der Äußerung, dass sie ein Phänomen sei, das einer vergangenen Zeit angehöre; beispielsweise dem Anfang des 20. Jahrhunderts, als die Spanische Grippe zu Millionen Todesfällen führte. Hier zeigt sich eine Vorher-Nachher-Differenz, die sich auch auf jüngere Ereignisse beziehen kann. Im Lockdown bestehe höchste Gefahr, aber nach dem Lockdown sei der Tod nicht mehr allgegenwärtig. Dies suggeriert, dass es einen Kipppunkt gegeben hätte, durch den Covid-19 ungefährlich geworden wäre, oder dass das Virus sich an der Fortschrittsgeschichte spätmoderner Gesellschaften orientieren würde.

Drittens ist die Verdrängung des Todes auch in der Sozialdimension zu beobachten. Dies beinhaltet jene kommunikativen Handlungen, durch die angezweifelt wird, dass andere soziale Akteur:innen ein erhöhtes Risiko aufweisen, an Covid-19 zu sterben, oder dass sie schlechthin Träger:innen eines potentiell tödlichen Virus sein könnten. Deutlich wird dies unter anderem am Orientalismus, der insbesondere in der Anfangszeit der Coronapandemie auftauchte (Meinhof 2021). Anti-asiatischer Rassismus sowie gewaltsame Übergriffe gegen Asiatisch-Deutsche, Asiatisch-Diasporische und andere asiatisch gelesene Personen deuteten Corona als eine Gefahr aus, die vor allem aus China stammt und dementsprechend von möglichen chinesischen Staatsbürger:innen ausgehen müsste. Diese Art der Verräumlichung greift aber noch weiter und lässt sich in der Verlagerung des Coronasterbens in bestimmte Länder beobachten: Das Sterben findet woanders statt; zum Beispiel in China, in Italien, in Indien oder in den USA, aber bloß nicht im eigenen Land. Hier erfolgt eine wirkmächtige Aushandlung der Unterscheidung zwischen den vertrauten und den fremden Anderen. Ausschweifende Familien-, Betriebs- und Geburtstagsfeiern verdeutlichen, dass nahestehenden Personen – seien es Familienmitglieder, Kolleg:innen oder Freund:innen – ein Gefahrenpotential aberkannt und das Wissen um die Sterblichkeit verdrängt wird. Es herrscht der Trugschluss vor, dass von ihnen keine Todesgefahr ausgehen könne; von unbekannten Personen hingegen schon. Hier überträgt sich die soziale Logik von Fremd- und Vertrautsein auf biologische Prozesse, so als ob ein Virus zwischen bekannten und unbekannten Gesichtern differenzieren könnte. Dabei unterscheidet sich das Virus, wie Stefan Hirschauer (2020: 218) schreibt, »von Menschen auch dadurch [...], dass es eben nicht selbst zwischen Menschen unterscheidet, solange sie nur lebendig sind und damit als Wirt taugen«. Wer so handelt, als ob biologische und soziale Unterscheidungen ununterscheidbar wären, übersieht die primäre Gleichgültigkeit des Coronavirus gegenüber dem Sozialen.

Spiegelbildliches ist im Übrigen nicht nur für die Fremd-, sondern auch für die Selbstzuschreibung zu erwähnen. Inwiefern stellt Covid-19 auch ein Risiko für mich dar? Zähle ich zur Risikogruppe oder nicht? Und kann ich selbst zum Medium des virusinduzierten Todes werden oder nicht? Wenn in einer Warteschlange eine Person den Mindestabstand nicht einhält, keinen Mund-Nasen-Schutz trägt und sagt, sie werde einen schon nicht anstecken und umbringen, dann kommt in diesem Handeln ein Unsterblichkeitsphantasma zum Ausdruck, das die Phänomene des Todes nur auf die anderen, aber nicht auf das Ich projiziert. Diese Selbsteinschätzung hat einen hohen Einfluss auf das alltägliche Handeln und die Beschäftigung mit dem Tod. Wenn der eigene Tod nicht bevorstehe, bräuchte man sich auch nicht damit zu befassen. Den Tod zu verdrängen bedeutet an dieser Stelle, die eigene Sterblichkeit, aber auch das eigene Potential auszublenden, das Leben anderer Menschen (ungewollt) zu verkürzen.

Die Coronapandemie verdeutlicht, dass der Tod keineswegs kommunikativ allgegenwärtig und dergestalt eben nicht ständig als mitten unter uns wahrnehmbar ist. Gerade in den alltäglichen Aushandlungen zu den Coronamaßnahmen konstituiert und festigt sich ein Wissen über den Themenkomplex »Corona und Sterblichkeit«. Die zahlreichen Normverstöße deuten darauf hin, dass nach wie vor eine Todesverdrängung vorzufinden ist. Die Motive der Verdrängung können dabei jedoch äußerst heterogen sein. Verdrängt wird nicht einfach nur »der« Tod. Verdrängt wird der Tod in den verschiedenen Sinndimensionen: als Sache, als gegenwärtiges Problem und als soziales Ereignis. Wer weiß, dass Covid-19 töten kann, dass dies eine soziale Tatsache der Gegenwart ist und dass andere Menschen und man selbst an dieser Krankheit sterben können, begegnet in der Pandemie der (eigenen) Sterblichkeit. Und wer in dieser Situation dennoch gegen die Präventivmaßnahmen verstößt, der nimmt den Tod billigend in Kauf.

Literatur

Ariès, Philippe (1996): *Geschichte des Todes*. Darmstadt: dtv.

Epple, Angelika: »Die Schule des Vergleichens und die Suche nach der Wahrheit wissenschaftlicher Fakten«, in: Michael Volkmer/Karin Werner (Hg.), *Die Corona-Gesellschaft. Analysen zur Lage und Perspektiven für die Zukunft*. Bielefeld: transcript, S. 25–33.

Gorer, Geoffrey (1955): »The Pornography of Death«, in: *Encounter* 5(4), S. 49–52.

Hirschauer, Stefan (2020): »Pandemische Humandifferenzierung«, in: Michael Volkmer/Karin Werner (Hg.), *Die Corona-Gesellschaft. Analysen zur Lage und Perspektiven für die Zukunft*. Bielefeld: transcript, S. 217–225.

Jacobsen, Michael Hviid (Hg.) (2020a): *The Age of Spectacular Death*. Abingdon/New York: Routledge.

Jacobsen, Michael Hviid (2020b): »The new (un)reality of death: Reflections on death awareness and the ›Corona Crisis‹«, in: *Thesis Eleven*, letzter Zugriff: 15.02.2021, https://thesiseleven.com/2020/08/05/the-new-unreality-of-death-reflections-on-death-awareness-and-the-corona-crisis/.

Jacobsen, Michael Hviid/Petersen, Anders (2020): »The Return of Death in Times of Uncertainty – A Sketchy Diagnosis of Death in the Contemporary ›Corona Crisis‹«, in: *Social Sciences* 9(8), Art. 131.

Knoblauch, Hubert (2017): *Die kommunikative Konstruktion der Wirklichkeit*. Wiesbaden: Springer VS.

Macho, Thomas/Marek, Kristin (Hg.) (2007): *Die neue Sichtbarkeit des Todes*. München: Wilhelm Fink.

Meinhof, Marius (2021): »Das Virus der Anderen. Diskursive Ausschlussdynamiken und der neue Orientalismus im frühen Diskurs über Covid-19«, in: Markus Heidingsfelder/Maren Lehmann (Hg.), *Corona: Weltgesellschaft im Ausnahmezustand*. Weilerswist: Velbrück Wissenschaft, S. 142–163.

Nassehi, Armin/Weber, Georg (1989): *Tod, Modernität und Gesellschaft. Entwurf einer Theorie der Todesverdrängung*. Opladen: Westdeutscher Verlag.

Strauss, Anselm (1993): *Continual permutations of action*. New York: Routledge.

Sudnow, David (1973): *Organisiertes Sterben. Eine soziologische Untersuchung*. Frankfurt a. M.: S. Fischer.

Am Limit

»Mir fällt die Decke auf den Kopf – ich neige da sehr zur Einsamkeit.«

Sarah Lenz

Mirko lebt in einer nordrhein-westfälischen Industriestadt, ist 48 Jahre alt, kinderlos, geschieden und bewohnt eine Zwei-Zimmer Wohnung. Eigentlich ist er gelernter KFZ-Mechaniker, hat diesen Beruf aber nach wenigen Jahren durch den des Rettungsassistenten ersetzt. Als er Jahre später auch diese Tätigkeit aufgrund gesundheitlicher Beschwerden aufgeben musste, machte er den Taxischein.

Zum Zeitpunkt des Interviews ist er in seiner Gartenparzelle, was sicherlich auch die Verbindungsschwierigkeiten erklärt, die er aber durch einen minimalen Standortwechsel unkompliziert beheben kann – nun können wir miteinander sprechen. Ich wiederhole meine erste Frage nach seinem Befinden – kurz und knapp, »Gut, muss ja«, antwortet er. Obwohl er, so merkt er an, gerade etwas im Stress ist, hat er sich aber extra Zeit genommen: »Man muss ja jede Gelegenheit mitnehmen, mal mit jemandem zu sprechen.« Es ist 11 Uhr am Vormittag und ich sei die erste Person, die heute seine Stimme höre. Am späten Nachmittag kommt zum Glück – er klingt erleichtert – sein Kumpel aus dem »Fußball Club« vorbei. Mit ihm teilt er sich seit einigen Jahren diese Gartenparzelle am Rande eines Industriegebietes. Wenn es dann dunkel wird werden sie die Feuertonne anzünden und endlich den Schutt der alten Hütte verbrennen, die im letzten Jahr einem Brand zum Opfer gefallen ist.

Auf der anderen Seite der Leitung wird es plötzlich still. Mit leiser Stimme meldet Mirko sich wieder und sagt: »Ich bin ja wirklich in einer glücklichen Lage. Andere haben nicht mal einen Balkon.« Tatsächlich erleben die Kleingartenparzellen, insbesondere am Rande der Großstädte und meist in direkter Nähe zu ICE-Trassen gelegen, während des Ausnahmezustands eine Renaissance. Was zuvor als das Refugium von spießigen Rentner:innen galt, die penibelst darauf achten, ihre Hecke zu pflegen, wird nun zum knappen Gut. Selbst Wartelistennummern im 100er Bereich sind keine Seltenheit. Die »kleine Freiheit« des eigenen Gartens ersetzt die Abwechslung durch Konsum- und Freizeitangebote der Großstadt; der

Geruch von Spießigkeit ist wie weggeblasen, die Gartenzwerge und Steingärten weichen alten Kartoffelsorten und Melonengewächshäusern. »Nach der Arbeit«, so Mirko, »ist der Garten mein Zufluchtsort«. Hier kann er abschalten und sich von den Wirren des Lockdowns ablenken. Es ist etwas anderes als zu Hause im städtischen Mietshaus, das zwar auch über eine Gemeinschaftsterrasse im Hof verfügt – dort stehen ein paar Stühle und ein weißer Plastiktisch – hier lässt er aber den Familien mit Kindern den Vortritt: »Die meisten von denen sind nicht in der glücklichen Lage, einen solchen Garten wie ich zu haben.«

Mirko beschreibt sich selbst als »touchy«, als einer, »der gerne mal umarmt und umarmt wird«. Seine sozialen Kontakte sind aber während des ersten Lockdowns auf ein Minimum reduziert. Zwar hält er die Kontaktbeschränkungen für gut – so würde schließlich die Pandemie eingedämmt –, schwer fiele es ihm trotzdem: »Es fehlt mir einfach die Jungs vom Fan Club zu sehen und nach der Arbeit mit denen bei einem Bier über Fußball zu reden, ein Bier zu trinken und ein Würstchen zu essen.« Geblieben sind ihm lediglich die Kollegen am Taxistand, mit denen er zusammen sein »muss«, aber nicht will. Als besonders belastend empfindet er die Tatsache, dass er der »Nachrichtenflut« nicht entgehen könne. Während seiner Fahrten müsse er allein für den Verkehrsbericht Nachrichten hören; da es den Kollegen nicht anders geht, dreht sich auch in den Pausen »alles um Corona«. Am liebsten würde er sich vollends von der medialen Berichterstattung lösen. Da sich die Prognosen ohnehin täglich ändern, wüsste er schon länger nicht mehr, was er eigentlich glauben kann und soll.

Seinen derzeitigen Alltag beschreibt er als eine Abfolge von Arbeitstagen, die immer gleich ablaufen und gleich enden: »Nach elf Stunden Arbeit fahre ich nach Hause und bin alleine.« Wie viele andere befindet auch er sich seit zwei Wochen in Kurzarbeit. Das ist ein »herber Einschnitt«, sagt er. »In einer Branche, in der man ohnehin nur 9,35 Euro Mindestlohn verdient, sind 60 Prozent von dem Wenigen schon heftig.« Hinzu kommt, dass nun auch das Trinkgeld wegfällt, mit dem er sonst, wie er sagt, »den Kühlschrank vollmacht und sich mal was gönnt«. Dennoch bleibt er mit Blick auf sein im Minus stehendes Konto erstaunlich ruhig und gelassen. Erst kürzlich habe er sich mit seinem Bankberater in Verbindung gesetzt und um einen Kredit gebeten. All seine Beteuerungen, wonach er angesichts der gegenwärtigen Lage kaum noch über ausreichend Einkommen verfügt, wurden mit den Worten relativiert, dass »dies ja auch schon vorher so gewesen ist«. »Ja sicher«, sagt er, »ich war immer im Dispo, aber sonst waren es 500 Euro – jetzt sind es schon über 1.400«. Trotz dieses Unverständnisses ist Mirko sich sicher, dass er sein »Leben danach finanziell wieder in den Griff bekommt, sobald das Ganze hier vorbei ist«. Vorausgesetzt, so fügt er hinzu, dass es bei diesem einen Monat Kurzarbeit bleibt, denn diesen kann er gerade noch kompensieren. Wesentlich größere Sorgen macht er sich um seine eigene Gesundheit und die seiner Familie. Als Asthmapatient mittleren Alters empfindet er den Personentransport als direkte Gefahr. Die Abstandsregeln zum Schutz seiner Gesundheit können hier schlicht nicht eingehalten werden. Sitzt ein Kunde neben ihm, dann »sind es 50 bis 70 Zentimeter«, sitzt jemand schräg hinter ihm, dann sind es maximal 1,10 Meter. Die vorgeschriebenen 1,5 bis 2 Meter sind auch in einem großräumigen VW Caddy nicht im Geringsten umzusetzen. Hinzu kommt, dass manche Kunden beim Ein- und Aussteigen auf seine Hilfe angewiesen sind. »Unser Karl« etwa oder »die Oma Tuck« leiden beide unter Hüftschäden und kommen ohne seine Hilfe gar nicht auf die Rückbank. Sie müssen also vorne neben ihm sitzen. Seine bis dahin angenehme weiche und ruhige Stimme ändert sich schlagartig, wenn er über ihm nicht so vertraute Mitfahrer:innen berichtet. Deutlich aufgebracht erzählt er von denjenigen, die »neben ihm im Auto sitzen und rotzen, husten und niesen.« Wie soll er sich gegen diese Rücksichtslosigkeit nur wehren? In dieser »Sardinendose gibt es einfach kein Entkommen«. Auch seine Bitten, doch das Fenster herunter zu drehen oder zumindest in den Ellenbogen zu niesen, verhallen im Nichts.

Es sind aber lange nicht nur die Kund:innen, die seine Gesundheit so arglos aufs Spiel setzen, auch von der Politik fühlt er sich völlig vergessen. Hörbar empört verweist er darauf, dass er als Taxifahrer auch zum öffentlichen Personennahverkehr zählt und damit systemrelevant ist; denn schon vor Corona hat er hauptsächlich Dialysepatienten gefahren. »Ich sitze genau an der Quelle, ich bin direkt an der Front, ich bin mitten im Krieg«, sagt er eindrücklich und mit einer Mischung aus Aufregung und Ärger in der Stimme. Selbst eine Anfrage, sich auf das Virus testen zu lassen, wurde vom Gesundheitsamt mit dem Argument abgelehnt, dass er ja nicht zu den gefährdeten oder systemrelevanten Personengruppen gehöre. Die Debatten um die Systemrelevanz bestimmter Berufe und Tätigkeiten wie die der Supermarktkassierer:innen, des medizinischen und pflegerischen Personals und eben des öffentlichen Dienstes, trifft Mirko deshalb umso stärker. Er selbst sieht sich hier nicht repräsentiert, geschweige denn für das, was er tut – und das mit wesentlich weniger Sicherheitsabstand als ein Busfahrer – anerkannt.

In den Aussagen von Mirko findet sich zudem eine besondere Verwobenheit des finanziellen Risikos mit dem gesundheitlichen Risiko, die sich besonders gravierend auf seine psychische Verfassung auswirkt. Was ihm besonders fehlt, sind die Gespräche mit den Kumpels im Fan-Club um die Ecke. Wenn ihm früher die Decke auf den Kopf gefallen ist, hatte er nur einen kurzen Weg, um sich mit den Kumpels ein wenig zu zerstreuen, über das Leben zu reden oder halt einfach über Fußball. Jetzt, da ihm diese Möglichkeit genommen ist, fühlt er sich der Situation ungeschützt ausgesetzt – fast ohnmächtig. Er ist »ein Mensch, der zu Einsamkeit neigt«, sagt er. Da aber, wie er sagt, alles abgesagt wurde, ist es für ihn als Alleinstehenden besonders schwer, denn »ohne Sport geh ich kaputt«. Zwar sichern ihm die politischen Maßnahmen zumindest mittelfristig seine finanzielle Existenz, umgekehrt verstärken sie aber auch seine Isolation und das Gefühl, der Politik und dem Virus ausgeliefert zu sein. Obwohl er sich strikt an das Kontaktverbot hält, ist er mit einem doppelten Risiko konfrontiert: Im Rahmen seiner Tätigkeit als Taxifahrer ist er gesundheitlich nicht geschützt, da sich die Maßnahmen schlicht nicht umsetzen lassen, was ihn wiederum zum Gesundheitsrisiko für Andere macht und seine soziale Isolation verschärft. Die Angst, angesteckt zu werden, ist zu einem alltäglichen Begleiter geworden. Häufig ertappt er sich dabei, wie er sich vor dem Zubettgehen wünscht, am nächsten Morgen aufzuwachen und festzustellen, dass alles nur ein böser Traum war. Die Realität holt ihn aber schnell wieder ein, wenn er etwa, wie er sagt, »diese 12er Gruppen von 16 bis 18-Jährigen« sieht, »die da am Bahnhof Bambule machen, im Rudel rumlaufen, sich dann auch noch Küsschen geben: nichts mit Mindestabstand«, während er seiner 83-jährigen Mutter lediglich von der Straße aus zuwinkt.

Interview: Sarah Lenz, 19. März 2020

»Jederzeit kann etwas passieren, das alle deine Pläne zerstört.«

Ruth Manstetten

Es ist ein sonniger Morgen Anfang April 2020. Ich blicke von meinem Schreibtisch in einen strahlend blauen Himmel. Kein einziges Flugzeug steuert den internationalen Flughafen in der Nähe an. Von der sonst so stark befahrenen Straße ist seit einiger Zeit nur noch ab und zu das Brummen vereinzelter Autos zu hören. Langsam gewöhne ich mich an die Stille, die seit dem Lockdown eingekehrt ist. Ich rufe Hamza an, der nur ein paar Kilometer weit entfernt wohnt. Auch bei ihm vernehme ich keine Hintergrundgeräusche, nur seine freundliche Stimme, sein ghanaisches Englisch dringt an mein Ohr. Ich habe den 25-Jährigen noch nie gesehen. Eine Bekannte hat den Kontakt hergestellt, sie kennt Hamza von ihrem Engagement in einer Initiative, die u.a. Zimmer in Wohngemeinschaften an wohnungslose Geflüchtete und Migrant:innen vermittelt; denn es gibt unzählige Menschen, die auf der Straße, an Bahnhöfen und unter Brücken leben und durch alle staatlichen Raster fallen. Anspruch auf ein reguläres Asylverfahren oder Sozialleistungen haben viele von ihnen nicht, da sie beispielsweise aus sogenannten sicheren Herkunftsländern kommen, wegen der Dublin-Verordnung in anderen EU-Staaten registriert wurden oder arbeitssuchende EU-Bürger:innen sind. Viele von ihnen stehen unter dem Druck, innerhalb kürzester Zeit eine Wohnung und einen Arbeitsplatz zu finden, um sich überhaupt legal in Deutschland aufhalten zu können. Hamza, der aus Ghana, einem »sicheren Herkunftsland« kommt, hat es geschafft, sich ein Leben in Deutschland aufzubauen: Er lebt in einer Wohngemeinschaft und hat vor zehn Monaten bei einer großen Hotelkette im Zimmerservice angefangen. Seinen Aufenthaltstitel konnte er vor ein paar Wochen bis Ende des Jahres verlängern. Doch mit dem Lockdown hat er vom einen auf den anderen Tag seine Arbeit verloren.

In dem Wissen, dass meine Worte in diesem Moment das einzige Mittel sind, um eine vertrauensvolle Interviewsituation herzustellen, beginne ich unser Telefonat mit ein bisschen Smalltalk. Hamza lässt sich darauf ein, lacht freundlich und fragt dann geradeheraus, was meine erste Frage ist. Ich will wissen, wo und wie er gerade lebt. Zu meiner Überraschung berichtet Hamza daraufhin nicht von seinen äußeren Lebensumständen, sondern von seinem Innenleben. Er verortet seine Gefühlslage zwischen Stress und Langeweile. Zwei Begriffe, die mir zunächst widersprüchlich erscheinen: Langweiliger Stress? Stressige Langeweile? Bei Hamza verschmelzen diese Gegensätze seit Beginn der Pandemie zu einer unangenehmen Masse. Der Stress frisst sich als »Angst und Panik« in sein Gemüt, die Langeweile erwächst aus dem Gefühl eines undefinierbaren Stillstands: Ein lebensgefährliches Virus und seine Arbeitslosigkeit verdammen ihn zum Nichtstun, während seine Existenz auf dem Spiel steht. Er sorgt sich um seinen Lebensunterhalt, seine Bleibeperspektive, seine Freundschaften und seine Gesundheit.

Hamza lebt gemeinsam mit einem Paar in einer Zwei-Zimmer-Wohnung in einer einstigen Arbeiter:innensiedlung. Ich kenne die Gegend, habe das Bild vor Augen, wie dort geduckte Häuserreihen mit bröckelndem Putz von Hochglanzfassaden neuentstandener Luxuswohnungen und Bürokomplexe überschattet werden. Hamza verbringt seinen Alltag derzeit viel allein. Seine Mitbewohner:innen sieht er nur ab und an für einen netten Plausch in der Küche. Er habe sich daran gewöhnt, auch wenn ihm die Einsamkeit zusetze.

Trotzdem kommt es für Hamza nicht infrage, die Selbstisolation zu durchbrechen. Dafür ist es ihm zu wichtig, vorsichtig und verantwortungsbewusst zu handeln. Er vergleicht die Pandemie mit schlechtem Wetter: Wenn es draußen regnet, bereite man sich auch vor, treffe Vorsichtsmaßnahmen, um nicht nass zu werden. Niemand habe Lust darauf, aber es sei dasselbe mit Corona. Er hält die Einschränkungen der Regierung daher für richtig. Man müsse »extrem vorsichtig« und in ständiger »Alarmbereitschaft« sein. Er formuliert, wie paradox die gegenwärtige Situation für ihn ist: Sich frei zu fühlen und frei zu bewegen, könne einen unter den Bedingungen der Pandemie zutiefst unglücklich machen. Solange man nicht sicher wisse, ob man infiziert ist, führe das Ausreizen der eigenen Freiheit zu negativen Gedankenspiralen oder gar Panik. Unterm Strich mache ihn die Isolation, das Einhalten der Abstandsregeln also glücklicher. Hamza hofft, dass die Pandemie durch das verantwortungsbewusste Handeln vieler Menschen beendet werden kann. Selbst wenn die Regierung die Maßnahmen lockert, werde er sich weiterhin ans »social distancing« halten.

Hamza hat kein Verständnis für Menschen, die die Existenz des Virus anzweifeln oder es für eine Erfindung von Politiker:innen halten. Er erklärt: »Niemand würde eine Politik erfinden, bei der so viele Menschen glauben, ihr Leben sei in Gefahr. Für Politik brauchst du die Unterstützung der Leute, das macht überhaupt keinen Sinn.« Mit seiner wissensorientierten Art, an Dinge heranzugehen, stößt Hamza jedoch zu Beginn der Pandemie schnell an seine Grenzen, da er erkennen muss, dass um das neuartige Coronavirus herum hauptsächlich Nichtwissen herrscht. Er fasst zusammen, wie er zunächst Debatten verfolgte, in denen es hieß, das Virus könne sich gar nicht von Mensch zu Mensch übertragen und wie oft sich seitdem der Stand verändert habe. Inzwischen sei das Virus erklärtermaßen überall. Es quält ihn, wie unvorhersehbar alles ist. Die unsichtbaren Viren, die sich überall verbreiten, das Unwissen darüber, wer infiziert ist, die Unklarheit, wann es einen Impfstoff geben wird, all das macht Hamza Angst. Ein ums andere Mal wiederholt er die Worte »no one knows«. Dieses Nichtwissen erlebt er als Ohnmacht. Einem bleibe nur noch zuzusehen, wie das Ganze ende, die Dinge zu akzeptieren, auch wenn Corona schon jetzt nicht nur Hamzas Pläne, sondern die von fast allen Menschen zerstört habe.

Seit die Sonne sich wieder öfter zeigt, haben Hamzas Angst und Panik ein bisschen nachgelassen. Er beeilt sich zu betonen, dass es zumindest im Moment ok sei. Ich erwische mich dabei, wie ich mich frage, ob er das ernst meint, oder ob er sich bemüht, sich nicht zu beklagen? Ob er vielleicht mich oder sich selbst entlasten möchte? Es ist zumindest nicht das letzte Mal in unserem Gespräch, dass er der Beschreibung von Leiden, Unruhe oder Stress ein »but it's somehow ok« oder »it's cool for now« hinterherschickt.

Hamza erzählt, dass es ihm gut tue wieder mehr draußen zu sein, in der Natur joggen zu gehen oder sich in den Park zu setzen. Auch der Kontakt zu anderen Menschen helfe, wenn er Schwierigkeiten mit der Einsamkeit habe. Manchmal telefoniert er stundenlang mit seinen Freund:innen, chattet mit ihnen oder versendet ein lustiges Video nach dem anderen. Einfach nur, um für einen Moment Stress und Angst zu vergessen. Trotzdem sei das kein »realer Kontakt«, findet Hamza, Menschen bräuchten auch physische Treffen. Er ist besorgt, dass seine Freundschaften unter der Isolation leiden. Auch an einer möglichen Coronaerkrankung beunruhigt ihn besonders die Vorstellung, dass ihn für lange Zeit niemand besuchen könnte, er ganz allein durch die Krankheit müsste.

Ich frage Hamza nach seinem Arbeitsleben. Schließlich weiß ich bereits, dass er seine Arbeit verloren hat und möchte mehr über die Umstände erfahren. Hamza erzählt, dass er seinen Job als Reinigungskraft im Hotel im Großen und Ganzen »ganz ok« fand. Er drückt sich diplomatisch aus, sagt, dass er in seiner Arbeit natürlich manchmal »beschissene Tage« hatte und stark bleiben musste, aber dass es ganz normal ist, nicht nach jedem Arbeitstag gut gelaunt nach Hause zu gehen. »Manchmal hast du gute Tage und manchmal schlechte, also war es ok«, fasst er zusammen. Die Kündigung kam für Hamza unvermittelt. Er kehrte zu Beginn des Lockdowns nach ein paar verordneten Urlaubstagen zum Dienst zurück, als er gemeinsam mit vier Kolleg:innen feststellte, dass kein neuer Schichtplan aushing. Sie konnten sich nicht erklären, was das zu bedeuten hatte. Auch die anderen Hotelmitarbeiter:innen wussten nicht, was los war, rieten ihnen zu warten. Als der Chef schließlich eintraf, feuerte er Hamza und seine Kolleg:innen ohne große Umschweife. Sie seien entlassen, sollten aber ihre Dienstkleidung behalten, falls das Hotel sie doch nochmal brauche. Hamza reagierte schockiert, sagte, man könne ihnen doch nicht einfach so kündigen. Als er seinem Chef vorhielt, dass es merkwürdig sei, ihnen zu kündigen und sie gleichzeitig telefonisch auf Abruf bereit zu halten, behauptete dieser, dass das »ganz normal« sei und beendete das Gespräch.

Hamza regt sich darüber auf, seine Stimme klingt aufgebracht. »Kündigung« ist das einzige deutsche Wort, das sich immer wieder in sein Englisch mischt. Er findet, die Kündigung zeige, dass er und die anderen Arbeiter:innen nicht als wichtig angesehen werden, dass man sie einfach so verscheuchen wolle. Er empfindet die Kündigung als respektlos, als Verletzung seiner Würde. Er erklärt: »Wenn jemand deine Würde respektiert, dann versetzt er sich in dich hinein, fühlt mit dir mit. Jetzt, mit der Pandemie, können Leute wie ich nirgendwo arbeiten, wir werden nichts verdienen. Wie sollen wir überleben?« Hamza scheint klare moralische Maximen zu haben, an denen er sich orientiert, eine davon formuliert er als Reziprozitätsanspruch: »Wenn ich deine Würde respektiere, dann musst du auch meine respektieren.« Diesen Anspruch hat sein Chef verletzt. Hamzas Erzählung zeigt deutlich, wie eng das Finanzielle mit Fragen der Anerkennung verbunden ist, wie eng die Verweigerung der Auszahlung des Lohns mit der Verweigerung von Respekt verwoben ist. Hamza kämpft um seine Anerkennung, er überlegt, wie er seine Würde verteidigen kann. Er beschließt schließlich, sich nicht auf Abruf für das Hotel bereit zu halten. Das Vertrauen in seinen Arbeitgeber ist zerstört: »Ich möchte nicht die gleichen Fehler wiederholen.« Es ist ein erster Schritt, um in dieser schwierigen Situation Handlungsmacht zurückzugewinnen.

Hamza begreift seine Erfahrungen nicht als Ausnahme, sondern ordnet sie in größere Zusammenhänge ein: »Sie benutzen Menschen wie mich, um sich jeden Tag die Taschen voll zu machen. Sie behandeln uns schlecht und machen uns Stress und verdienen damit Geld. «Dahinter stehen kapitalistische und nationalstaatliche Logiken, die so ineinandergreifen, dass Menschen wie Hamza ohne langfristige Aufenthaltsgenehmigungen, dem Risiko von Ausbeutung und Missachtungserfahrungen besonders ausgesetzt sind. Für sie hängt von einem offiziellen Arbeitsvertrag neben dem Bestreiten ihres Lebensunterhalts auch die Bleibeperspektive in einem Land ab. Zugleich werden Menschen wie Hamza auf dem Arbeitsmarkt systematisch benachteiligt. Wollen sie einen neuen Job annehmen, wird mit der sogenannten »Vorrangprüfung« zunächst überprüft, ob es nicht auch Deutsche oder EU-Bürger:innen gibt, die für die Stelle in Frage kommen. Das versetzt Arbeitgeber:innen in eine mächtige Position, die leicht zum Nachteil der Mitarbeiter:innen missbraucht werden kann. Die fristlose Kündigung, das »Warmhalten« seiner Arbeitskräfte, spricht dafür, dass Hamzas Chef sich der Abhängigkeit seiner Beschäftigten bewusst ist und nicht damit rechnet, dass diese sich wehren. Doch Hamza möchte sich das nicht gefallen lassen. Er ist sich sicher, dass mit der plötzlichen Kündigung auch seine Rechte verletzt wurden. Schließlich hat er schon zehn Monate für das Hotel gearbeitet, die Probezeit ist längst vorbei. Außerdem sei sein Vertrag noch nicht abgelaufen, als ihm gekündigt wurde. Er beschließt, auch auf der rechtlichen Ebene für seine Anerkennung zu kämpfen, für seine Rechte einzustehen. Die solidarische Initiative, in der Hamza aktiv ist, bestärkt ihn dabei.

Er und die anderen Betroffenen nehmen Kontakt zu Anwält:innen auf. Gemeinsam für ihre Sache zu kämpfen, stellt sich jedoch als schwierig heraus. Obwohl sie alle ihre Jobs verloren haben, sind ihre spezifischen Fälle unterschiedlich. Sie kommen aus unterschiedlichen Ländern, haben unterschiedliche Aufenthaltsgenehmigungen, unterschiedliche Verträge und wohnen an verschiedenen Orten. Ein gemeinsamer solidarischer Einsatz für ihre Rechte sei »kompliziert«, vielmehr müsse jeder sein »eigenes Ding« machen, berichtet Hamza. In Bezug auf seinen Fall ist er vorsichtig optimistisch. Er erzählt, dass sein Anwalt ihm gesagt habe, er solle sich keine Sorgen machen und dass die Chancen gutstehen, dass er am Ende eine Entschädigung erhalte.

Die Art und Weise, wie Hamza von seiner Kündigung erzählt, weist starke Parallelen zu seiner Beschreibung der Coronapandemie auf. Genauso wie die Coronapandemie haben auch die Kündigungen in seiner Firma »die Pläne von allen zerstört«. Durch seine Arbeitslosigkeit sieht er sich erneut einer existenzbedrohlichen Situation ausgesetzt. Mit dem Gang zum Anwalt sei seine Handlungsmacht ausgeschöpft, nun könne er nichts weiter tun, als seinem Anwalt zu vertrauen und abzuwarten. Er hofft, »dass alles ein gutes Ende findet ohne erneute Angst und Panik«. Es klingt fast, als würde er sich selbst zitieren, so sehr gleichen sich die Worte, die er für die Beschreibung der Pandemie und seiner Arbeitslosigkeit wählt. Mit der Pandemie und seiner plötzlichen Arbeitslosigkeit macht Hamza parallel zwei Erfahrungen, die unzählige Menschen zu dieser Zeit mit ihm teilen. An seiner Wortwahl fällt auf, dass Hamza das bewusst ist, er spricht viel von »allen«, benutzt Pronomen wie »man« oder »wir«. Trotz der kollektiven Komponente seines Erlebens ist Hamza letztlich aber auf sich selbst gestellt, muss vereinzelt einen Umgang mit der Situation finden. Er muss die Pandemie isoliert durchstehen, seine Arbeitskämpfe individuell führen.

Die Kündigung in Zeiten der Pandemie hat auch Hamzas weitere Zukunftsplanung auf Eis gelegt. Als ich ihn frage, wie es nun für ihn weitergeht, klingt er bedrückt, spricht davon, dass »harte Zeiten« anbrechen. Nur zögerlich erzählt er, dass er ursprünglich eine Ausbildung im handwerklichen Bereich machen wollte. Nun hat er das Gefühl, überhaupt nicht mehr planen zu können, die Coronapandemie sei nicht der richtige Zeitpunkt, um Entscheidungen zu treffen. Er ist wenig zuversichtlich, noch während der Pandemie einen neuen Job zu finden. Dabei grenzt er sich von abwertenden Diskursen ab, in denen Arbeitslosigkeit als selbstverschuldete Lage wahrgenommen wird und Arbeitslose als faul dargestellt werden: Das Problem liege »im System«; selbst wenn man »stark und gesund« ist, werde man während der Pandemie kaum einen neuen Arbeitsplatz finden. Schließlich resümiert er nachdenklich: »Jederzeit kann etwas passieren, das alle deine Pläne zerstört. Jederzeit.«

Für Hamza ist es nicht das erste Mal, dass er harte Rückschläge erlebt, dass seine Pläne scheitern und er neu anfangen muss. Bereits mit 15 Jahren machte er sich mit seinem Bruder aus Ghana Richtung Europa auf. In Ghana war er aufgrund finanzieller Nöte gezwungen gewesen, die Schule frühzeitig zu verlassen; eine Ausbildung im Bereich Schneiderei und Modedesign konnte er nicht beenden. Nachdem er länger in Libyen feststeckte, kam er schließlich übers Mittelmeer nach Italien. Dort begann er eine Ausbildung als Metallmechaniker, doch auch diese musste er abbrechen. Seine Familie geriet erneut in Not, er musste sich einen Job suchen, der kurzfristig mehr Geld abwarf und verlor seinen Ausbildungsplatz. Nun hofft er, in Deutschland irgendwann richtig ankommen zu können.

Ich habe den Eindruck, diese Erfahrungen sind in Hamzas Umgangsweise mit der Coronapandemie und dem Verlust seines Jobs eingeschrieben. Hamza hat im Laufe seines Lebens eine Art Habitus der Krise entwickelt: Er hat ein gutes Gespür dafür, was in seiner eigenen Handlungsmacht liegt. Er spürt, wann es sich lohnt, um Anerkennung zu kämpfen, für seine Rechte einzustehen und seine Würde zu verteidigen. Er merkt aber auch, wann es für ihn besser ist, sich mit einer schwierigen Situation abzufinden, sich anzupassen oder neu anzufangen.

Zum Ende unseres Telefonats ist Hamza sehr ruhig und gefasst: Er könne die Beschränkungen, die Selbstisolation und die damit einhergehende Einsamkeit hinnehmen, da er weiß, dass es am Ende dabei hilft, dass »alle endlich wieder ihr normales Leben beginnen können«. Dann könnten Menschen wie er eine neue Arbeit finden, Freund:innen wiedersehen und die Ängste hinter sich lassen. Er wünscht sich das Ende der Pandemie für alle. Denn »Corona löst Panik in den Herzen aller Menschen aus«.

Interview: Ruth Manstetten, 07. April 2020

»Ich will nur, dass das alles aufhört, mehr nicht.«

Nadine Maser

Marina macht einen erschöpften Eindruck. Oder stelle ich mir nur vor, dass sie das sein müsste? Ich erreiche sie an einem Freitagabend vor dem Fernseher und male mir aus, wie sie nach einer vollen Arbeitswoche auf den Beinen sicherlich Müdigkeitserscheinungen hat. Marina ist Mitte 50 und arbeitet als Angestellte in einer großen Supermarktkette. Dort ist sie verantwortlich für die Leitung eines Warenbereiches. Damit gehört sie zu denjenigen, deren Tätigkeit sich nicht ins Homeoffice verlagern lässt, jenen also, die täglich ihren gewohnten Gang zur Arbeit gehen. Bei Marina ist das etwas mehr als ein »Gang«: Die Stelle in ihrer Heimatstadt ist vor ein paar Jahren Umbau- und Strukturmaßnahmen zum Opfer gefallen und so pendelt sie mit dem Auto täglich rund 20 Kilometer in die Supermarktfiliale der Nachbarstadt.

Leergefegte Regale und ausverkauftes Toilettenpapier – das Thema Hamsterkäufe sorgt bereits den gesamten März für Schlagzeilen. Bilder, mit denen die Pandemie sicherlich für viele manifest geworden ist und die sich in das kollektive Gedächtnis eingegraben haben. Ich bin daher überrascht über Marinas Antwort, als ich nach ihrem Arbeitstag frage: Die vergangenen Tage waren wesentlich ruhiger als die Wochen davor, schildert sie mir. Offenbar haben die Leute inzwischen genug vorgesorgt. Es ist die erste Woche nach Beschluss der bundesweiten Kontakt- und Ausgangsbeschränkungen – die bislang weitreichendste Maßnahme, mit der die Bundesregierung seit Mitte März die Verbreitung des Coronavirus einzudämmen versucht. Für viele bedeutet das Stillstand. Nicht so für Marina.

Auf meine Frage, wie sie sich im Moment fühlt, reagiert Marina ausweichend: Sie müsse ja arbeiten; zu viel Zeit zu haben oder zu Hause bleiben zu müssen, also »die ganzen Probleme, von denen die anderen sprechen«, stellen sich ihr nicht. Sie kam noch gar nicht in die Situation zu denken »Oh je, ich weiß gar nicht, was ich mit meiner Zeit anfangen soll«. Im Gegenteil, vielmehr würde sie sich eine Zwangspause und mal ein paar Tage Ruhe wünschen. Ob sie die Einschränkungen als belastend empfindet oder worüber sie sich Sorgen macht, kann sie zunächst nicht so recht sagen. Um darüber nachzudenken, fehlt ihr die Zeit. Sind Sorgen und Gefühle ein Luxusproblem der Daheimgebliebenen, frage ich mich? Oder misst sie solchen emotionalen Selbstbefragungen keinen hohen Stellenwert bei? Denn sorglos oder unbekümmert ist sie längst nicht.

Als ich mich nach ihren sozialen Kontakten erkundige, kommt zunächst erneut das Thema Zeit zur Sprache. Lange Arbeitszeiten und eine volle Arbeitswoche vertragen sich nicht mit einem großen Netzwerk, erklärt Marina. Mit ihrem Lebensgefährten teilt sie sich eine Vier-Zimmer-Wohnung in einer Siedlung ehemaliger Übergangswohnheime für Spätaussiedler, unweit des Gewerbegebietes im Süden der Stadt. Dort kennt man sich, man begegnet sich auf der Straße. Viele Kontakte unterhält sie aber nicht, ihr soziales Umfeld besteht im Wesentlichen aus der Arbeit. Vermissen tut sie in dieser Hinsicht daher momentan nicht viel. Umso mehr fehlt ihr dagegen die Familie. Da ist zunächst ihre Enkelin, die normalerweise wöchentlich zu Besuch ist. Sie darf im Moment nicht kommen, was aus Marinas Sicht nicht gut für sie und für Kinder generell sei – »die ganze Zeit nur in der gleichen Wohnung...«. Während man sich hier nun trotz dieser Bedenken vorschriftsmäßig an die Kontaktbeschränkungen hält, sind Marinas Eltern weniger einsichtig. Anders als Tochter und Enkelin, wohnen sie in Marinas unmittelbarer Nachbarschaft. Es fehlt den beiden an Verständnis für das auferlegte Besuchsverbot, wohnt Marina doch nebenan. Sie musste ihnen erst deutlich machen, dass nicht sie das Risiko darstellen, sondern sie, Marina, wenn sie zu Besuch kommt. Außerdem findet sie es unvernünftig, dass die beiden, die schon jenseits der 80 sind, noch selbst einkaufen gehen wollen. Aber dagegen kann sie nicht wirklich etwas unternehmen.

Emotionaler und aufgeregter wird es, als wir erneut auf die Arbeit zu sprechen kommen: Die vorherigen Wochen »katastrophal«, die Leute »schwierig«, die Arbeit an der Kasse »komplett schlimm«. In Marinas Erzählungen wäre der Begriff »Risiko« viel weniger durch die gesundheitliche Gefährdungslage charakterisiert als durch die allgemeine Nervosität, die das Aushandeln und Aushalten verbindlicher Vorgaben erschwert. Denn die Leute »können überhaupt nicht umgehen mit den ganzen Vorschriften oder Regeln«, regelmäßig kommt es zu »Ausrastern«, wenn sich die Unsicherheit im Umgang mit den neuen Regeln situativ entlädt. Die Supermärkte haben zu dem Zeitpunkt begonnen, Plexiglasscheiben an den Kassen zu installieren, als Infektionsschutz für die Mitarbeitenden. Von dieser Maßnahme sichtlich verwirrt, müsse man jede Kundin, jeden Kunden beim Bezahlvorgang auffordern, bitte hinter der Scheibe zu bleiben. Das stelle ich mir mühselig vor. So wie Marina ihren und den Arbeitsalltag ihrer Kolleg:innen schildert, klingt es, als müssten sie ergänzend zu ihren üblichen Tätigkeiten noch pädagogische Arbeit leisten, wenn sie immer wieder dieselben Regeln einfordern: »Abstand halten«, »Bitte hinter der Scheibe bleiben«, »Abstand halten«...

Hinzu kommt, dass Marina sich, ausgestattet mit dieser neuen Pflicht, in die Schusslinie einer angespannten Kundschaft begibt. Auf Ermahnungen und Abstandserinnerungen reagieren viele »blöd«, nicht selten kommt es zu Konflikten. Eine Episode hat sie an diesem Tag besonders aufgewühlt. Was im Detail vorgefallen ist, erzählt Marina nicht, aber die junge Kundin, mit der sie eine Auseinandersetzung hatte, war wegen Marinas Anweisungen in höchstem Maße echauffiert. Zunächst hat sie Marina als »unfreundlich« bezeichnet und anschließend darauf verwiesen, dass der Kunde schließlich König sei. Ich merke deutlich, dass es hier nicht um den Inhalt des Konfliktes, sondern um Anerkennungsverhältnisse geht. Die mangelnde Folgebereitschaft wird in Marinas Schilderung als Auseinandersetzung zwischen Alt und Jung zu einer persönlichen Angelegenheit. So verhielten sich zwar auch ältere Leute häufiger störrisch, aber gerade die Aggression der Jungen frustriert Marina. Während sie sich bemüht, für die Einhaltung der Hygiene-Maßnahmen zu sorgen, muss sie sich von der jungen Frau provozieren lassen. Am liebsten hätte sie die Kundin beiseite genommen und ihr eine Lektion erteilt, in so einem Fall könne sie sich »ganz schlecht beherrschen«. Das dürfe sie aber im Arbeitskontext nicht. Und so musste sie ihren Ärger herunterschlucken.

Regeln und deren Einhaltung werden zu einem wiederkehrenden Thema unseres Gesprächs. Eine Uneinsichtigkeit in Bezug auf die geltenden Maßnahmen ist für Marina nur schwer tolerierbar. Weniger scheint dies jedoch an einer konformistischen Haltung zu liegen, sondern schlicht mit der Tatsache verbunden zu sein, dass diese Uneinsichtigkeit einen zusätzlichen Stressfaktor in Marinas Job bedeutet. Schließlich muss sie die Vorschriften nicht nur selbst beachten, sondern auch dazu anmahnen. Je weniger sich die Menschen im Supermarkt an die Regeln halten, desto mehr müssen die Angestellten sie durchsetzen. Umso mehr würden sie sich deshalb bei Marina und ihren Kolleg:innen im Kopf festsetzen, erläutert sie. Die Frontstellung verhärtet sich, »weil die Leute eben nicht verstehen ›wollen‹«. Marinas Schilderungen illustrieren ein eigentümliches Spannungsmoment. Um das Ansteckungsrisiko gering zu halten, bedarf es einer Regulierung des Verhaltens in sozialen Situationen. Das fällt in diesem Fall der sozialen

Kontrolle durch die Supermarktangestellten zu. Die Regeln, mit denen das Gefährdungspotential der Pandemie minimiert werden soll, werden dabei aber selbst zum Stresstest, indem sie für neue Konflikte sorgen.

Dem Zusammenhalt im Kollegium scheint das nicht zu schaden. Auf die Frage, ob sie den Eindruck habe, die Menschen würden sich generell an die Maßnahmen halten, antwortet sie mit einem deutlichen »Die Kollegen ja!«. Unter normalen Umständen wäre die Episode mit der jungen Frau sicherlich auch im gemeinsamen Pausenraum zur Sprache gekommen. Der Pausenraum – quasi eine Hinterbühne des Supermarktes – wird aber im Moment nicht wirklich genutzt, weil durch den einzuhaltenden Mindestabstand die Personenzahl deutlich reduziert wurde, erzählt sie. Dort halte sich aktuell eigentlich überhaupt niemand auf. Auch im Raucherbereich ist die maximale Anzahl erlaubter Personen schnell erreicht, sodass Marina als Nichtraucherin dort eigentlich wenig Daseinsberechtigung hat. Mir kommt zusehends der Begriff der Vereinzelung in den Kopf, wenn ich darüber nachdenke, wie viele spontane Gesprächssituationen zwischen Tür und Angel sicherlich in den Fangnetzen von Abstandsgeboten und Kontaktbeschränkungen landen, und wie sich das in der Folge wohl auch auf die Vernetzungs- und Organisationsmöglichkeiten der Angestellten auswirkt.

Derweil handelt die Bundesregierung mit Blick auf die beschlossenen Maßnahmen für Marinas Geschmack zu zögerlich. Ihrer Einschätzung nach wäre ein schnelles Reagieren notwendig gewesen, man hätte früher und schneller striktere Maßnahmen wie Grenzschließungen, verkürzte Ladenzeiten oder Schließungen anordnen müssen. Das politische System hat in der Krise seinen Auftritt – ein Eingreifen des Staates wird unabdingbar. Deutlich wird aber auch, dass die dabei beschlossenen Schritte soziale Gefährdungslagen und damit neue Risiken ganz entscheidend mitbestimmen. Denn der Einblick in Marinas finanzielle und ökonomische Lage macht schnell klar, dass sich hinter ihren Überlegungen existenzielle Fragen verbergen. Je länger die Krise dauert, desto teurer werden die wirtschaftlichen Folgeschäden. Allein mit Blick auf die Mengen an Kurzarbeitergeld fragt Marina sich, »wer soll die Kasse wieder auffüllen?«, und fürchtet, dass mittelfristig eine erhebliche steuerliche Mehrbelastung für die Bundesbürger:innen zu erwarten ist.

Die ökonomischen und die damit eng verbundenen sozialen Folgen der Pandemie kann gegenwärtig freilich niemand abschätzen. Das Leiden an der Ungewissheit dieser Zukunft dürfte allerdings recht ungleich verteilt sein. Marinas Lebensgefährte etwa ist bei einer Zeitarbeitsfirma angestellt. Wenige Tage später, zum 1. April 2020, soll dort ein Großteil der Stammbelegschaft in Kurzarbeit gehen. Was das für ihren Partner bedeuten wird, ist zum Zeitpunkt des Telefonats unklar. Von einem Tag auf den anderen kann die Ansage »ja, du kannst zu Hause bleiben« lauten und er stehe wieder »auf der Straße«: »Wenn alle drei Monate Kurzarbeit machen, dann kann er drei Monate überhaupt nichts machen. Wo soll er denn einen Job finden?« Marina rechnet fest damit, dass ihr Partner in dieser Situation auch durch das Netz sozialer Sicherung fallen wird: »Da guckt kein Staat, kein Arbeitsamt zahlt.« Das Thema berufliche Ungewissheit begleitet die beiden schon länger: »Man hofft ja immer, dass er übernommen wird. Wenn er jetzt wieder nicht übernommen wird, dann ist es wieder aus. Und wie lange? Dann haben wir ›wieder‹ Pech.« Worin genau die vorangegangene Pechsträhne bestanden hat, frage ich nicht, sondern lenke unser Gespräch auf das Thema Zukunft. »Was für eine Zukunft?«, lacht sie zynisch und macht deutlich, dass individuelle Zukunftsfragen und Pläne kein Privileg sind, das für sie gilt: »Ich lebe schon das zweite Jahr ohne Zukunft.« Mehr als verständlich also, wenn ihr Wunsch lautet, es möge sich alles so schnell wie möglich normalisieren. Sei das Virus erst gestoppt, dann könne alles wieder zur Normalität zurückfinden, alle in ihr normales Leben zurückkehren. »Ich will nur, dass das aufhört. Damit ich weiß, dass keiner krank wird und es keine Folgen dieser Krankheit gibt. Ich will nur, dass das alles aufhört, mehr nicht. Alles andere kommt dann.«

Interview: Nadine Maser, 27. März 2020

»Eine absolut existentielle Situation, in der ich gar nicht mehr weiterwusste.«

Ruth Manstetten

Als ich Marions Nummer an einem Montagabend Anfang April wähle, ist gerade die vierte Woche des »Lockdowns« angebrochen. Marion erklärt – lachend und entschuldigend zugleich –, dass ihr ein Gespräch am Telefon lieber sei, da sie noch nie geskypt habe. Es klingt ein bisschen, als spiele sie selbstironisch auf unseren Altersunterschied von über 30 Jahren an. Ich muss schmunzeln, Marions Art ist mir sofort sympathisch. Kurz darauf schalte ich das Aufnahmegerät ein. Plötzlich wird Marions Tonfall ernst. Es dauert keine Minute bis sie darauf zu sprechen kommt, wie durch die Coronapandemie »alles weggebrochen« ist.

Marion ist Malerin und Dozentin. Ihr Lebensmittelpunkt liegt in einer deutschen Großstadt, spielt sich dort zwischen ihrem Atelier in einem Künstler:innenhaus, Vernissagen, Kunsthallen und der lokalen Volkshochschule ab. Marion legt schnell offen, dass sie »schon immer im Prekären« lebt. Von der Kunst allein könne sie sich nicht finanzieren, auch ihre Lehrtätigkeit an der Kunsthalle reiche als Einkommensquelle nicht, daher müsse sie auch Kurse an der Volkshochschule geben.

Doch das sei, unterbricht Marion ihre Ausführungen zu ihrer allgemeinen Lebenssituation nach wenigen Sätzen, »ja dann ab dem 13. März hier alles unmöglich« gewesen. Marions Stimme rutscht ein Stück höher, nimmt einen Tonfall an, den ich als eine Mischung aus Verzweiflung und Sarkasmus interpretiere. Der Stichtag, an dem die Coronapandemie Marions Leben ins Wanken gebracht hat, war der Tag, als der sogenannte Lockdown bekannt wurde. Sie hatte die Materialien für ihre anstehenden Kurse bereits zusammengepackt, als mit einem Anruf ihre Lehre bis auf weiteres abgesagt wurde. Als Dozentin mit einem Honorarvertrag sah sie sich damit einer »absolut existentiellen Situation« ausgesetzt, in der sie »gar nicht mehr weiter wusste«. Zum Zeitpunkt unseres Telefonats liegt dieser folgenschwere Anruf etwas mehr als drei Wochen zurück. Drei Wochen, die Marion mit Worten wie »Wahnsinnsstress«, »Aufregung« und »fürchterliche Zeit« beschreibt. Eine Zeit, in der sie um ihre Einkommensquellen, ihre Anerkennung und ihre Würde bangen muss.

Marion reagiert von Anfang an kämpferisch auf die veränderte Situation: Sie tut sich mit Kolleg:innen zusammen, schreibt dutzende Emails an ihre Auftraggeber:innen und fordert Ausfallhonorare. Doch ihre Bemühungen laufen ins Leere. Die Antwortschreiben der Volkshochschule klingen »wie vorbereitete Briefe, in denen irgendwie überhaupt nichts drinstand«. Marion und die anderen Honorarkräfte werden mit dem Hinweis auf die Corona-Hilfsprogramme und den erleichterten Zugang zur Grundsicherung, die die Bundesregierung zu dieser Zeit beschließt, abgespeist. Marion klingt verärgert. Es stört sie ohnehin schon lange, dass sie seit Jahren Kurse gibt, aber sich von einem Honorarvertrag zum nächsten hangeln muss. Bei ihrem Kampf geht es für sie zwar primär um ihre ökonomische Existenz, aber ihre Empörung rührt auch von dem Gefühl her, ungerecht behandelt zu werden. Die fehlende Vergütung empfindet sie als ignorant: »Das hat mich natürlich furchtbar aufgeregt. Also man muss sich das mal vorstellen, ohne unsere Tätigkeit gäbe es die Volkshochschule ja gar nicht, die lebt ja von ihren Dozenten, die dort arbeiten.« Die Maßnahmen zur Bekämpfung der Coronapandemie münden für sie somit in einem Verlust von Anerkennung.

Marion ist enttäuscht, sie will aber noch nicht aufgeben. Sie bemüht sich parallel zu ihren Forderungen nach Ausfallhonoraren um staatliche Soforthilfen. Dort sieht sie sich mit neuen Ungerechtigkeiten konfrontiert: »Wir alle, die tagtäglich für die niedrigsten Honorare jobben, fallen da raus, weil wir nicht weniger als die Hälfte unseres normal zu erwartenden Einkommens verdienen.« Die Soforthilfeprogramme sehen vor, dass man nachweisen kann, nicht schon vor der Pandemie in finanziellen Schwierigkeiten gesteckt zu haben. Die Empörung, die Marions Tonfall zuvor prägte, weicht nun immer mehr einem bedrückten und resignierten Ton. Sie erzählt, wie sie schließlich überlegte, Grundsicherung zu beantragen. Bereits beim ersten Anruf beim Amt muss sie sich für ihr Anliegen rechtfertigen. Die Beamt:innen begegnen ihr mit einer Logik des Verdachts, lassen sie telefonisch eine Reihe unangenehmer Fragen beantworten, bis sie ihr die Antragsunterlagen überhaupt zuschicken. Die Anforderung in den Unterlagen »alles alles offenzulegen«, empfindet Marion als entblößend und entwürdigend, sie spricht davon, dass dieses »die Unterhosen ausziehen […] widerlich und unangenehm« ist. Sie beschreibt ihren Eindruck, dass die Beamt:innen nicht »den Menschen achten, der da am Telefon ist und auch nicht seine Beweggründe ernstnehmen. Sie verstehen ihn nicht einmal als

Menschen«. Schließlich stellt sie keinen Antrag auf Grundsicherung. Was die Bundesregierung mit dem »erleichterten Zugang« gemeint hat, bleibt für sie schleierhaft. Marion problematisiert die fehlende Anerkennung nicht nur auf einer persönlichen, sondern auch auf einer gesellschaftlichen Ebene. Sie artikuliert Erstaunen darüber, »dass ›wir‹ einfach vergessen werden« und drückt damit zugleich ihr Empfinden aus, in einer physisch isolierten Situation dennoch eine kollektive Erfahrung zu machen. Als Künstlerin und Dozentin muss sie erkennen, dass sie nicht nur von Vorgesetzten und staatlichen Maßnahmen allein gelassen wird, sondern ihre ganze Berufsgruppe als »nicht systemrelevant« angesehen wird. Sie hält das für einen Fehler und betont die Relevanz des Kunst- und Kulturbetriebs für die Gesellschaft. Die Prozesse, die dort stattfänden, seien

»die Grundsubstanz, um mündige, wache, lebendige Menschen zu entwickeln oder nicht zu entwickeln, aber damit die dann irgendwie im Kant'schen Sinne selbstbestimmt auch weiterdenken können. Und alles andere, diese ganzen MINT-Fächer, diese Fokussierung auf das, das führt zu einer kleinen Erstarrung und zu angepassten, aber nicht innovativ denkenden Menschen«.

Trotz der negativen Auswirkungen, die die Coronabeschränkungen aus Marions Perspektive auf ihr eigenes und das gesellschaftliche Leben haben, stellt sie diese nicht komplett in Frage. Sie findet, dass die Regelungen schon »wichtig und richtig zu sein scheinen, weil die Infektionszahlen ja seit den Beschränkungen nicht mehr ganz so schnell nach oben schießen«. Sie ärgert sich weniger über die Beschränkungen als über den Umgang mit Menschen in Notsituationen während der Pandemie. Sie kritisiert, »absolut schlecht behandelt« worden zu sein und wünscht sich von den Behörden ein »feineres, sensibleres Denken«, bei dem man sich »wirklich in unterschiedliche Perspektiven hineinbegibt«. Zudem ist sie skeptisch gegenüber »dauernden Kontrollen, Vorgaben, Richtlinien, Leitfäden, usw.« und wittert darin etwas »Diktatorisches«. Marions zwiegespaltene Haltung gegenüber den politischen Maßnahmen ist letztlich ein Abbild der Widersprüchlichkeit ihrer eigenen Situation: Während die politischen Maßnahmen Marions gesundheitlichem Schutz dienen und sie vor der existentiellen Gefahr bewahren, sich in vollen Kursen oder Ausstellungen zu infizieren, setzen sie ihr Leben zugleich einer anderen existentiellen Bedrohung aus – dem Verlust von Geld, Anerkennung und Würde.

Zum Zeitpunkt unseres Gesprächs geht es Marion etwas besser, ihre finanzielle Situation hat sich zumindest ein wenig entspannt. Marion erkannte direkt zu Anfang des Lockdowns, dass sie »neue Ideen entwickeln« muss. In kürzester Zeit kreierte sie ein Online-Tutorial als Begleitung zu einer Kunstausstellung. Das sei zwar sehr anstrengend gewesen, da sie zunächst »irgendwie nicht so konnte«, aber letztlich habe sie es geschafft und es »zwei Tage vor der Deadline durchgehauen«. Am Vortag unseres Telefonats hat sie die ersten Übungsaufgaben verschickt, ein Erfolg, der ihr neue Kraft gibt. Zwar seien auch dafür die Honorare »völlig niedrig«, aber das Tutorial helfe ihr dabei, den April zu »überleben«. Dieser Umgang mit der Coronakrise spiegelt auch Marions gesellschaftliche Position wider: Finanziell lebt sie als Malerin und Dozentin im unteren Einkommensbereich, in einer prekären Situation, in der sie um ihr »Überleben« fürchtet, sobald eine Einkommensquelle wegbricht. Zugleich gehört sie als Künstlerin mit abgeschlossenem Studium einer gesellschaftlichen Gruppe mit einem hohen kulturellen Kapital an, bewegt sich in akademisch-künstlerischen Kreisen, ist kreativ und gebildet. Genau diese Ressourcen kann sie auch in Krisensituationen aktivieren, wenn das Geld knapp wird: In kürzester Zeit schafft sie es trotz des »Wahnsinnsstress'«, trotz der »Aufregung« und »Verunsicherung«, sich an die neue Situation anzupassen und Lösungen zu finden. Aus diesem Umgangsmodus spricht eine gewisse Krisenfestigkeit, die Marion womöglich im Laufe der vielen prekären Jahre als Künstlerin entwickelt hat.

Marion spricht viel von finanziellen Risiken und wenig von gesundheitlichen. Als Interviewerin fällt mir das auf, ich hake nach. Auf meine Frage, was sie sich »sonst so für Gedanken in Bezug auf Corona« mache, folgt eine längere Pause. So, als habe sie keine Worte für die Bedrohung, die das Virus für sie, besonders als über 60-Jährige, darstellt. Das Coronavirus scheint eine Verunsicherung bei Marion auszulösen, die kognitiv noch wenig gefiltert und schwer artikulierbar ist. Sie erwähnt »Konzentrationsschwierigkeiten« bei der Arbeit an ihrem Tutorial, die sie auf die sich überschlagenden Nachrichten zurückführt, berichtet von dem Gefühl, da wäre »so eine zähe Glocke über ihrem Kopf« und erwähnt wie nebenbei, dass sie gerade »keine Lust« habe, mit Bus und Bahn zu fahren. Sie meide zwar Situationen, bei denen sie auf Leute treffe, räumt aber ein, dass sie das Infektionsrisiko inzwischen tendenziell verdrängt. Am Anfang habe sie noch jeden Tag aufgeregt verfolgt, was Christian Drosten in seinem Podcast sagt, und ständig Deutschlandfunk gehört. Jetzt, während unseres Interviews, scheint das zweitrangig gegenüber ihren anderen Sorgen zu sein, von denen sie viel ausführlicher erzählt. Dennoch bahnt sich die Pandemie immer wieder ihren eigenen Weg in Marions Bewusstsein. Sie erzählt: »Also das ganz Verrückte ist, da erscheinen diese komischen Masken in meinen Bildern. Da weiß ich gar nicht, das hab ich sonst nicht, ich bin auch sonst eher abstrakt und nicht so figürlich. [...] Plötzlich sehe ich da überall diese Maskengesichter. Ich bin da selbst recht erstaunt über diese Erscheinungen.«

Die ominösen »Maskengesichter« malt Marion in ihrem Atelier, das sich in einem Künstler:innenhaus befindet. Obwohl es die Hälfte ihrer Mietkosten ausmacht, will sie es auf keinen Fall aufgeben. Sie bezeichnet ihr Atelier als »Lebenselixier«, es zu verlieren käme dem gleich, »ihr Ganzes abzuschneiden«. Ich verstehe Marions Worte zunächst als Hinweis auf ihre Identität als Künstlerin: Das Atelier als der Ort, an dem sie Kunst schafft, macht sie zur Künstlerin. Es aufzugeben könnte sie als Bedrohung ihrer Identität als Künstlerin begreifen. In der weiteren Auseinandersetzung mit dem Interview wird mir jedoch klar, dass das Atelier in Zeiten der Coronapandemie noch weit mehr für Marion ist. In einer von Ohnmachtsgefühlen geprägten Situation, ist das Atelier – das sie bezeichnenderweise ihr »Reich« nennt – der Ort, an dem sie selbst bestimmen kann. Ein Ort, der für sie Schutz- und Freiraum zugleich ist. Ein Ort, der etwas Utopisches in sich trägt.

In ihrem Atelier ticken auch die Uhren anders. Insgesamt ist Marions Leben seit der Pandemie von einem »Wahnsinnsstress« geprägt. Der Zeithorizont, in dem sie plant und denkt, wird aufgrund ihrer ökonomischen Engpässe immer kürzer. Sie befindet sich in einem Wettlauf mit der Zeit, um ihren Lebensunterhalt weiter bestreiten zu können. Mehrmals betont sie, dass sie gerade so durch den April kommen werde und alles Weitere ungewiss ist: »Wie es dann im Mai aussieht, das kann ich nicht sagen. Das weiß ich nicht.« In ihrem Atelier ist das Gegenteil der Fall, dort dehnt sich in ihrem Empfinden die Zeit aus, verspricht neue Freiheiten. Der gesellschaftliche »Stillstand«, die Verschiebung von Ausstellungen, verwandelt sich in neue künstlerische Freiräume: »Das ist diese Chance des Innehaltens, die möchte ich jetzt nutzen, die Chance, dass ich freibestimmter sein kann ohne Ziele und ohne mich in bestimmten Formaten einzuengen. So Schwebezustände sind ganz wichtig für meine Kunst.«

Gerade in ihrer Kunst könne sie so durch die Pandemie eine Freiheit ausleben, in der ihre eigenen Werke sie überraschen und in Erstaunen versetzten. Sie plane ihre Bilder nicht, will ihnen »kein Korsett auferlegen«, sondern nimmt sich die Zeit, »Schwebezustände auszuhalten, statt die Dinge gleich in irgendeine Richtung zu treiben«. Ob sie in diesem für sie neuen Zustand »gute Bilder« male, könne sie gar nicht beurteilen. Kommende Ausstellungen möchte sie »sozusagen wie wegdenken«. Vielleicht ist das Atelier grundsätzlich ein Ort, an dem Marion belastende Dinge »wegdenken«, die Außenwelt ein stückweit ausblenden will. Manchmal nehme sie auch ihr Handy nicht mit und verschafft sich damit eine Atempause von der Außenwelt mit all ihren Konflikten und Problemen.

Während viele Menschen während des Lockdowns besonders unter sozialer Isolation leiden, scheinen für Marion die Momente, in denen sie ganz in Ruhe alleine sein kann, auch ein Gefühl von Freiheit auszulösen. Ich vermute, dass das mit einer sozialen Welt zusammenhängt, die für Marion zu Anfang der Pandemie in großen Teilen aus Konflikten um Honorare, aus »riesigen bürokratischen Schreiben« und geradezu entwürdigenden Telefonaten mit Behörden besteht. Die Chance, all dem alleine in ihrem Atelier oder bei Spaziergängen in diesem »wunderbaren Frühling« zu entfliehen, verschafft Marion Luft. Insgesamt scheint das Thema soziale Kontakte nicht allzu präsent in Marions Erleben des »Lockdowns« zu sein. Als ich sie danach frage, wird das Gespräch schleppender. Marion macht viele Pausen, beantwortet meine Fragen knapper, kommt nicht so recht ins Erzählen. Vielleicht, weil es sich um ein sensibles Thema für eine alleinlebende Frau handelt, deren zwei erwachsene Kinder inzwischen ausgezogen sind. Vielleicht aber auch, da sie die vielen Vernissagen nicht allzu sehr vermisst und da es sich für sie zwar »absurd« anfühlt, ihren Sohn samt Enkelkind mit zwei Metern Abstand zu treffen, aber das nichts im Vergleich zu ihren anderen Sorgen ist.

Als ich Marion frage, wie es mit ihrer Zukunftsplanung aussieht, deutet sie die pandemiebedingte Unplanbarkeit positiv um. Sie wolle gerade gar nicht planen. »Ich genieße jetzt einfach gerade das, dass ich jetzt auch frei entscheiden kann, ich möchte jetzt heute dieses Buch lesen oder ins Atelier gehen.« Diese Stunden seien »was Schönes, was Positives, was Tolles«. Fast schon euphorisch berichtet sie, dass der heutige Tag nach der Abgabe des Tutorials ein regelrechter »Luxustag« für sie gewesen ist. Deshalb habe sie auch heute mit mir telefonieren wollen. Ich frage mich, ob dieser Luxustag ein Ausdruck von Marions Fähigkeit ist, sich innerlich aus ihrer prekären Lebenssituation für einen Moment zu befreien oder ob ihre Definition von Luxus nicht viel mehr Ausdruck des Versuchs ist, ihrer Prekarität – ihrem beschränkten Möglichkeitsraum – etwas abzugewinnen. Ein Spaziergang im Grünen oder ein Abend mit einem Roman wird dann liebevoll als Luxus bezeichnet. Doch als würde sie ihren eigenen Worten plötzlich selbst keinen so rechten Glauben mehr schenken, wirft sie schnell hinterher: »Also das kann ich dir jetzt sagen, heute und morgen, aber es kann eben ab dem 15. ganz anders aussehen, weil dann der Finanzdruck zu hoch wird.«

Interview: Ruth Manstetten, 06. April 2020

Essay

An den Rändern der Pandemie

Tobias Schramm und Larissa Pfaller

Es ist Juni 2020, als uns Bilder aus Göttingen erreichen, die daraufhin tagelang im Zentrum der Berichterstattung stehen und auch ihren Weg in die internationale Presse finden werden. Die Bilder in den Medien zeigen einen etwas in die Jahre gekommenen Hochhauskomplex: typischer 70er-Jahre-Plattenbau, 400 Wohnungen, U-förmige Anordnung, gelegen an einer großen Bahntrasse. Balkone sind keine zu sehen. Stattdessen hängen vor vielen der Fenster vollbeladene Wäscheständer. Insgesamt wäre dies eine etwas trostlose, jedoch an sich unspektakuläre Szene. Doch wir sehen noch mehr: Der Häuserkomplex ist mit hohem Bauzaun umgrenzt, vor dem sich eine Reihe von Polizist:innen gruppiert hat. Hier steht nicht die einfache blau-uniformierte Streifenpolizei, sondern Hundertschaften mit schwerer Ausrüstung – mit Helm und Visier, Schlagstöcken, Schilden und Körperpanzerung – umstellen das Gebäude. Auf weiteren Bildern sehen wir zudem Menschen in Ganzkörper-Schutzanzügen, wie wir sie in Hochsicherheitslaboren vermuten, die mit gefährlichen biochemischen Substanzen arbeiten, und die wir normalerweise nur aus dystopischen Outbreak-Filmen kennen[1].

Was war passiert? Nach einem Coronaausbruch unter Bewohner:innen des Hauses ordnete die Stadt Göttingen eine Vollquarantäne an. In der Folge wurde das Gebäude mitsamt den darin lebenden Menschen abgeriegelt. Von der Polizei patrouilliert und von Absperrungen umfasst, durfte niemand das Hochhaus bzw. den Gebäudekomplex verlassen. An den ersten Tagen der Quarantäne kommt es immer wieder zu Auseinandersetzungen zwischen der Polizei und der Nachbarschaft, aber auch mit Demonstrierenden, die gegen die Maßnahmen der Stadt auf die Straße gehen. Die Polizei wird später davon sprechen, dass die Situation »eskaliert« sei und mit Gewalt aufgelöst werden musste. Einige Anwohner:innen versuchen zu fliehen und wollen die

---

1 Dieser Essay ist im Rahmen des DFG-Projektes »Das Imaginäre an den Grenzen des Sozialen« (Projektnummer: 417783052) entstanden.

aufgestellten Bauzäune überwinden. Die Polizei setzt Pfefferspray ein, um die aufgebrachte Nachbarschaft zurückzuhalten. Die Stadt nimmt schließlich Kontakt mit den Bewohner:innen auf und versucht die Maßnahmen zu erklären. Polizei und Gesundheitsamt beginnen mit systematischen Testungen. Es werden Versorgungspakete mit Nahrung und Dingen des täglichen Bedarfs organisiert, so etwa auch mit Windeln für die 200 Kinder, die in dem nun abgesperrten Wohnhaus leben. Die Lage beruhigt sich. Zu einem festgelegten Datum werden die Zäune abgebaut und diejenigen, die noch infiziert sind, werden gebeten, sich weiterhin einzeln zu isolieren.

Es hätte in diesen Tagen der ersten Welle der Pandemie in Deutschland ein Ausbruch unter vielen sein können – neben denen in Kirchengemeinden, in Unternehmen, Krankenhäusern und Heimen. Denn dort, wo viele Menschen auf begrenztem Platz miteinander leben, arbeiten oder beten, werden Infektionen wahrscheinlicher. Doch erreicht uns spätestens mit diesen Bildern auch die drängende Gewissheit, dass das Virus eben nicht alle gleich trifft. Zwar ist jeder Körper prinzipiell für das Virus anfällig. Doch ist sowohl das Risiko, sich zu infizieren, als auch dasjenige, negative Konsequenzen durch die Gegenmaßnahmen zu erfahren, ungleich in der Bevölkerung verteilt. Zwar ist das »In-Gesellschaft-Sein« zum allgemeinen Risiko geworden und wird durch die unterschiedlichsten Maßnahmen zu minimieren versucht: Es herrschen Kontaktbeschränkungen, Lockdown und Maskenpflicht, das soziale Miteinander wurde nach neuen Regeln gestaltet, die Arbeit neu strukturiert und ins Homeoffice verlagert. Doch gleichzeitig sind diejenigen, die sich am Rande der Gesellschaft befinden, einem weitaus größeren Risiko ausgesetzt. Oft können sie sich der Gesellschaft anderer Menschen gar nicht entziehen. Sie wohnen in zu kleinen Wohnungen, auf engstem Raum mit ihren Angehörigen. Die Maßnahmen, die zur Eindämmung der Pandemie ergriffen wurden, hatten die Wohnverhältnisse der Mittelschicht im Blick. Damit wurde am Rand der Gesellschaft auch ein Rand der Pandemie geschaffen, der ein zusätzliches Risiko darstellt.

Dass vormals alltägliche und unverdächtige Praktiken wie das In-Den-Urlaub-Fahren oder Feiern zu riskanten Handlungen erklärt worden sind, ist nur für einen Bruchteil der Gesellschaft das drängendste Problem der Pandemie. Mehr noch: Manche ziehen sogar Vorteile aus den neuen Strukturen und sind etwa durch den Wegfall des täglichen Pendelns und einen Zugewinn an Zeit zu mehr Selbstbestimmung am Arbeitsplatz ermächtigt worden und profitieren damit von der Pandemiebekämpfung. Was für wenige Privilegierte also auch als Chance erfahren werden kann, ist für andere nicht einmal vorstellbar. Für diejenigen, die schon vor der Pandemie strukturell benachteiligt waren, stellen Homeschooling, Kurzarbeit und Ausgangsbeschränkungen keine temporäre Einschränkung, sondern nicht mehr zu stemmende Belastungen dar. An den Rändern der Gesellschaft hat man während der Krise mit besonderen Schwierigkeiten zu kämpfen. Es entfallen Schutzzonen für Hilfebedürftige, Jugendliche und sozial benachteiligte Personen. Häusliche Gewalt und psychischer Missbrauch gegenüber Kindern und Frauen nimmt zu. Flüchtlinge und Hartz-IV-Empfänger:innen werden sich selbst überlassen und finden kaum eine Chance auf Ausbildung, Arbeit oder gar weiterführende Bildung. Ganze Wohnblocks werden abgeriegelt. Für die Arbeiter:innen, die aus strukturschwachen Ländern wie beispielsweise aus Rumänien kommen, um hier in den Schlachtbetrieben zu Hunderten zu arbeiten und zu Dutzenden in Unterbringungen leben, ist die Rede von der Chance der Umgestaltung der Arbeit gar allzu zynisch.

Ganz zu Recht wird also darauf hingewiesen, dass der öffentliche Diskurs über die Coronakrise die Ränder der Pandemie, also die Probleme schon vorher stigmatisierter und marginalisierter Gruppen, zu wenig in den Blick nimmt. Diskutiert wird über die Öffnung von Friseurläden (nicht wegen der Existenzgrundlage der Friseur:innen, sondern wegen den Frisuren und der Würde der Kund:innen), die Maskenpflicht beim Einkaufen (aus Sicht der Einkaufenden und nicht zum Schutz der Verkäufer:innen) und das Recht auf Homeoffice (und nicht die prekären Verhältnisse derer, die weiterhin zur Präsenzarbeit gezwungen sind).

Immer, wenn wir in dieser Art und Weise von Randgruppen oder vom Randständigen sprechen, vom Rande der Gesellschaft oder davon, dass jemand an den Rand gedrängt wird, meinen wir zu wissen, was damit gemeint ist. Wir haben verschiedene Vorstellungen von Orten (z.B. Ghettos), von Menschen (z.B. Migrant:innen oder Obdachlose) und von ihren Handlungen (z.B. Kriminalität oder Drogenkonsum). Der Rand ist in all diesen Beispielen kein konkretes Gebilde, eine Mauer, ein Zaun, ein Graben oder ein geographischer Abschnitt, sondern eine Metapher. Der Rand existiert nur in unserer Vorstellung, damit wir abstrakte Gebilde wie Gruppenrelationen und Gesellschaften oder soziale Prozesse wie Ausgrenzung und Abwertung verstehen und uns über sie unterhalten können. So wenig wie eine Gesellschaft im eigentlichen Sinne einen Rand hat, können Gruppen an deren Rand gedrängt werden. Sie können es nur im übertragenen Sinne – und dennoch hat es für die Angehörigen dieser Gruppen spürbare Folgen, wie nicht zuletzt das Beispiel des Göttinger Wohnhauses zeigt.

Nehmen wir die Metapher des Randes also ernst: Ganz wörtlich bezeichnet der Rand eine Linie, die eine Figur umgrenzt. Ein Teller hat einen Rand oder eine Plattform. Er erinnert aber auch an die Kulturtechnik des Kartographierens und des Definierens von Raum durch das umgrenzende Zeichnen eines Landes oder Kontinentes. Der bewohnbare Raum der Gesellschaft, der vom Rand umschlossen wird, ist in dieser Vorstellung also beschränkt und muss entsprechend verteilt werden. Oder, um im Bild zu bleiben: Gruppen müssen auf ihm verteilt werden. Der Raum wird damit zur begrenzten Ressource. Die Vorstellung eines Randes impliziert dabei auch, dass es so etwas wie eine Mitte gäbe, den Nicht-Rand. Und beide bedingen sich gegenseitig. Manche, so unsere Vorstellung, können sich also in der Mitte breitmachen, andere werden abgedrängt. Während die Mitte als sicherer Ort erscheint – man hat den Überblick –, kann es an den Rändern gefährlich werden. Nicht nur wird der Platz dort enger, weil man nicht weiter ausweichen kann, es droht mitunter die Gefahr des Absturzes.

Doch ist der Rand nicht nur eine schmale Grenze. Der Rand konturiert die Form, die sich so als Gestalt vom Hintergrund abhebt. Zieht man den Rand nach, tritt die Form umso deutlicher hervor. Das, was wir graphisch beschreiben können, passiert auch im übertragenen Sinne, wenn wir eine Gesellschaft von ihren Rändern aus erkunden wollen: Ihre Form soll deutlicher zutage treten, ihr Rahmen abgesteckt, Zentrum und Peripherie ausgemacht und ihre Ungleichheiten benannt sein. Und das ist es, was gemeint ist, wenn immer wieder davon gesprochen wird, die Pandemie würde die sozialen Probleme einer Gesellschaft wie unter einem Brennglas nun noch deutlicher hervortreten lassen. Durch das Brennglas werden die sogenannten Ränder scheinbar sichtbarer und es wird deutlich, wie die Pandemie alte Ungleichheiten verstärkt hat, indem etwa Familien in alte Rollenmuster der geschlechtsspezifischen Arbeitsteilung zurückfallen, aber auch, wie neue Ungleichheiten hervorgebracht wurden. Der Blick an die Ränder der Pandemie, also auf die Ungleichheiten, die am Rand der Gesellschaft bestärkt wurden, lässt die Konturen der Ungleichheit noch deutlicher hervortreten.

Das Beispiel des Göttinger Hauses zeigt: Nicht nur trifft das Virus diejenigen an den Rändern härter, weil sie sich nicht im gleichen Maße schützen können. Auch die pandemischen Maßnahmen sind von ihnen ungleich schwerer zu tragen. So ist Quarantäne für eine fünfköpfige Familie in einer Zwei-Zimmer-Wohnung in einem 400-Wohnungen-Komplex nicht vergleichbar mit Quarantäne in einer Doppelhaushälfte mit Garten und ausreichend Abstand zu den Nachbargrundstücken. Aber mehr noch: Es werden auch andere, härtere Maßnahmen für die Bewohner:innen des Randes getroffen, die als Ausdruck einer systematischen Marginalisierung des Randes der Gesellschaft verstanden werden können. So haben die Demonstrationen und die kritische Berichterstattung auf die gesellschaftlich immer noch schweigend akzeptierte soziale Ungerechtigkeit im Umgang mit verschiedenen sozialen Gruppen hingewiesen. Können wir uns vorstellen, dass städtische Vororte, in denen vorwiegend Akademiker:innen, Besserverdienende und Kleinfamilien ohne Migrationshintergrund leben, abgeriegelt und mit bewaffneter Polizei überwacht werden? Können wir uns vorstellen, dass Mittelschichts-Familien mit Kindern mithilfe der Polizei, Gewalt oder Zäunen von der Flucht aus einem Wohnhaus abgehalten werden? Können wir uns überhaupt vorstellen, dass das Verlassen des eigenen Hauses in so einem Fall als »Flucht« verstanden würde und nicht als der legitime Versuch, sich auch unter Quarantäne einmal die Beine zu vertreten?

Und auch die Metapher des Brennglases birgt ihre Tücken. In ihr wird »der Rand« als etwas Existierendes vorgestellt, das es nur zu erkennen gilt und das wie ein neues Naturphänomen entdeckt und beschrieben werden kann. Damit verschleiert die Metapher des Brennglases auch die gesellschaftliche Herstellung sozialer Ungleichheit, indem sie den Rand als Rand und die Mitte als Mitte der Gesellschaft festschreibt. Dass Epidemien und Pandemien dort zunächst am heftigsten wüten, wo Menschen auf engem Raum zusammenkommen, ist Gewissheit. Und gerade marginalisierte und von der Gesellschaft ausgeschlossene Gruppen, die eng zusammenleben, haben ein erhöhtes Risiko, sich mit ansteckenden Krankheiten zu infizieren. Wichtig aber ist, zu erkennen, dass diese Umstände auch gesellschaftlich produziert werden. Ghettos, Randbezirke und Migrant:innenviertel sind nicht etwa Orte, die aus sich heraus entstehen, sondern Produkt der ungleichen Verteilung von begrenzten Ressourcen.

Die Metapher des Randes ist nicht neu. Was sie aber eindrücklich zeigt, ist die vorherrschende Deutungshoheit der Mitte. Denn letztlich gilt konkret wie metaphorisch: Was der Rand ist und was die Mitte, ist stets eine Frage der Perspektive. Der Rand zeichnet sich nicht durch spezifische Merkmale aus, durch die er objektiv zu bestimmen wäre. Es ist nur der Blick aus der Mitte heraus, welcher den Rand als Rand erschafft und reproduziert, indem er die Mitte von ihm abgrenzt.

Und so lässt sich die Absperrung des Wohnhauses in Göttingen nicht einfach als eine Infektionsschutzmaßnahme deuten (hier wären andere Maßnahmen auch wirksam, wenn nicht gar effektiver gewesen), sondern als eine gesellschaftliche Ausgrenzung. Der Rand kann insofern als Kategorie aufgefasst werden, die durch an sie gerichtete Handlungen und Ansprachen überhaupt erst den Rand der Pandemie produziert. So hat der Bauzaun und die Bewachung durch die Polizei das »Problemhaus« erst geschaffen. Maßnahmen zum Schutz vor Infektionen sind damit nicht unabhängig von moralischen Maßstäben zu verstehen. Die Bewohner:innen des Hochhauses sind offenbar nicht Teil der *moral community* der Mitte der Gesellschaft. In der gepflegten Vorstadt wäre sich die Stadt im Klaren gewesen, dass sich die Menschen über ihre moralischen und rechtlichen Ansprüche bewusst sind. Eine Klage wäre nicht nur unausweichlich, sondern vernünftig und angemessen, wenn die Freiheit von hunderten Personen, die nicht nachweislich infiziert sind, auf diese Weise eingeschränkt wird.

Zuletzt hat die Pandemie auch unseren Blick als qualitative Sozialforscher:innen auf den »Rand« verändert und die Umsetzbarkeit unserer Forschungsarbeit vor schwerwiegende Herausforderungen gestellt. Empirische Sozialforschung ist in Pandemiezeiten erheblich eingeschränkt, noch dazu, wenn sie sich mit vulnerablen Gruppen – diejenigen, deren Anliegen eigentlich besonders in den Fokus gerückt werden müssten – beschäftigt. Interviews sind nur bedingt, Feldbeobachtungen gar nicht in digitale Formate umsetzbar. Gleichzeitig verfügen gerade diese Gruppen (ältere Menschen in Heimen, Migrant:innen in Unterkünften) in geringerem Maße über die notwendigen Ressourcen, um an solchen digitalen Interviews überhaupt teilnehmen zu können. Es sind also wieder gerade diejenigen an den Rändern der Pandemie, deren Stimme nicht gehört werden kann. Die Coronakrise verschärft damit nicht nur soziale Ungleichheiten, sondern trägt auch zur Nicht-Sichtbarkeit prekärer Lebenslagen bei.

Epilog

Herzfehler

Christian Baron

Er sei leider seit Tagen nicht zum Lüften gekommen, sagt Albert. Die Fenster sind so verdreckt, dass die Sonne strahlen kann, wie sie will, in diesen Raum dringt von draußen fast kein Licht ein. Immerhin liegen Alberts Klamotten nicht mehr in der Gegend herum, seit Juli sie in Plastiktüten gestopft hat – gelbe für saubere und blaue für schmutzige Wäsche. Sie steht am Fenster und erkennt die Umrisse spielender Kinder. Mein Gott, denkt Juli, was war das für ein Drama, als bis kürzlich die Spielplätze gesperrt waren! So was dürfe nicht noch mal passieren, auf keinen Fall. Sie würde sofort dagegen demonstrieren, wenn die in Berlin schon wieder so einen Quatsch beschließen sollten. Erstmal aber muss sie sich von Albert aufbauen lassen. Würde der Gestank in der Wohnung nicht längst alle Zweifel beseitigt haben, Alberts Husten würde spätestens jetzt verraten, dass er das Rauchen immer noch nicht aufgegeben hat.

»Hast du dich um FFP2-Masken gekümmert?«, fragt Juli.

Albert winkt ab. Juli seufzt. Armer alter Mann. Jede Furche in seinem Gesicht zeugt von seinem jahrzehntelangen Kummer wegen der Schlechtigkeit der Welt. Und abgemagert ist er, nur noch ein Strich in der Landschaft, Himmel, wo soll das noch hinführen. Juli holt mehrere in Folie verpackte Masken aus ihrer Tasche und wirft sie auf das zerschlissene Sofa.

»Warum nimmst du das alles immer noch nicht ernst? Gehörst du etwa auch zu denen, die nicht an die zweite Welle glauben?«, schimpft sie.

»Wie soll ich mir diese FFP2-Teile leisten können? Die sind schweineteuer. Gib dein Geld lieber für dich aus, du hast's doch auch nicht so dicke. Und die hier tut's noch«, sagt er und zeigt ihr seine OP-Maske, die nur noch schwer als solche zu erkennen ist, so versifft sieht sie schon aus.

Er wechselt das Thema: »Wenn diese Ärztin bei Murat eine Herzkrankheit erkannt hat, dann hat er die auch«, keift er. »Da dürft ihr nicht nachgeben, sonst fällt der arme Kerl irgendwann bei der Arbeit tot um. Er fällt tot um, und dem Amt ist das scheißegal, das weißt du genauso gut wie ich.«

Er trinkt eine halbe Flasche Bischoff auf Ex.

»Die haben ihm sogar dreißig Prozent gekürzt«, sagt Juli.

Albert verschluckt sich an seinem Bier. »Bitte?«, sagt er keuchend, »ich dachte, die Sanktionen wären ausgesetzt.«

Juli schüttelt mit dem Kopf: »Seit dem Frühsommer kürzen die wieder, bis die Schwarte kracht.«

Albert krempelt die Ärmel seines für diese Jahreszeit viel zu dicken Pullovers hoch und fragt: »Soll ich für euch hingehen? Denen erzähl ich in aller Ruhe, was sie tun dürfen und was nicht.«

»Nein, bitte nicht«, sagt Juli, »das bringt dich nur geknebelt in den Knast oder in die Klapse.«

Sie lachen wie in den goldenen Siebzigern, als Albert noch die Bücherwagen durch die Gegend schubste und die kleine Juli ihn jede Woche in der Stadtbibliothek besuchte, damit sie sich aus Kästner-Büchern vorlasen. Keinen Gedanken verschwendete einer von beiden damals daran, dass sie irgendwann einmal unter solchen Umständen beisammenstehen würden. Nein, Albert war sicher, dass Juli später als Lehrerin der nächsten Generation die Freude am Lesen weitergeben würde.

Albert nimmt Juli in den Arm. Dessen Geruch erduldet sie gern. Für Juli riecht jeder Mann anders. Viele stinken abscheulich, aber manchmal gibt es einen, der objektiv müffeln mag, in Julis Nase aber fast schon duftet. Das trifft nur auf Menschen zu, die sie mag. Wie ihren Mann. Oder ihren Sohn. Oder Murat. Oder Albert, ihren väterlichen Freund.

»Ihr müsst euch wehren«, sagt er. »Diesen Unrechtsstaat darf man nicht gewähren lassen.«

»Warum sind die nur so?«, fragt Juli.

»Tja, warum nur ...«, sagt Albert. »Warum nur ...« Mit seiner schlohweißen Matte sieht er aus wie Doc Brown in *Zurück in die Zukunft*, als er im Jahr 1955 erfährt, dass Marty McFly vom Jahr 1985 aus in die Vergangenheit gereist ist. »Warum nur ...«, sagt er wieder, »warum nur ...« Er geht zu einem seiner Bücherstapel und kramt. Er kramt und murmelt ständig »Warum nur ...« Dann zieht er ein Taschenbuch heraus und schreit: »Halleluja!« Er wirft es Juli zu und fragt: »Kennst du George Orwell?«

Verschämt schüttelt Juli den Kopf.

»*1984*. Das kam 1949 raus und spielt in der Zukunft. Ein totaler Überwachungsstaat hat jede Freiheit kaputt gemacht. Und die Regierung hat eine neue Sprache eingeführt: Neusprech«, sagt Albert.

»Klingt gut, sollte ich lesen«, sagt Juli nur halb interessiert.

»Aber hallo«, sagt Albert, »kannste laut sagen.« Würde sein Körper ihm keine Grenzen setzen, er würde jetzt wahrscheinlich ebenso rastlos durch sein Zimmer stapfen wie Doc Brown im Film. »So ist es auch mit diesem Hartz IV«, sagt er. »Wer keinen Beruf in der Verwaltung gelernt hat, blickt bei diesem Antragskram und Amtsdeutsch doch überhaupt nicht durch.« Albert setzt sich neben einen der bedenklich wackelnden Bücherstapel neben dem Fenster. »Und jetzt kommt's«, sagt er, »das alles ist Absicht!«

Er gerät in einen Laberflash, spricht immer schneller und bleibt zugleich leise. Juli muss sich Mühe geben, um ihm überhaupt noch folgen zu können. »Arbeitslose« sagt er, »die heißen nicht Befehlsempfänger, sondern ›Kunden‹, das Arbeitsamt ist die ›Agentur für Arbeit‹ oder das ›Jobcenter‹, und Hartz IV nennt sich in der offiziellen Sprache ›Arbeitslosengeld II‹.«

Er humpelt mit durch die Luft schwingendem Zeigefinger durch den Raum und deklamiert: »Damit noch nicht genug. Jeder Kunde muss eine Eingliederungsvereinbarung unterschreiben. Die tun so, als wäre das ein Vertrag mit gegenseitigen Ansprüchen. Da kriegt man ja den Eindruck, es würde dem Amt um ein gleichberechtigtes Verhältnis zwischen sogenannten Arbeitsvermittlern und Arbeitslosen gehen, was?«

Albert öffnet eine neue Flasche Bier und redet weiter, immer weiter: »In Wahrheit ist es ganz anders. Wenn der Kunde nicht tut, was der Fallmanager will, dann streicht er ihm mal eben das Existenzminimum. Sogar jetzt, da wir alle schon genug zu kämpfen haben mit diesem Corona.«

Er setzt sich neben einen der anderen Bücherstapel. »Denk doch mal darüber nach«, sagt er, »wenn die es schaffen, sich selber als herzensgute Almosengeber hinzustellen und gleichzeitig so zu tun, als wären alle Arbeitslosen entweder Betrüger oder faule Säcke, dann kann niemand mehr was gegen die sagen!«

Albert steht auf, zieht ein weiteres Buch aus einem Stapel, der sofort einstürzt. Juli fängt Albert auf, damit er nicht auf den Teppichboden fällt. Keuchend, aber unbeirrt fährt er fort: »Schau hier, schau genau hin.«

Das Taschenbuch hat einen schwarz-rot-goldenen Einband und trägt den Titel *Hartz IV. Eine Abrechnung.* Albert blättert, dann liest er vor: »Man könnte auch schlussfolgern: Wer ohne Nahrung nicht leben kann, muss sich eben den Magen verkleinern lassen. Zum Wohle Deutschlands.‹«

Er blättert weiter, findet eine andere Stelle und zitiert: »›Jeder kämpft für sich allein. Das Führungsprinzip ›Teile und herrsche‹ hat bei den Beherrschten längst seine deprimierende Wirkung entfaltet.‹«

Albert wirft das Buch auf den Boden und sagt: »Toll, oder?« Das bringe es doch auf den Punkt, sagt er: »Als Arbeitsloser oder Aufstocker bist du in diesem Land wertlos. Und das, Juli, das dürft ihr euch nicht bieten lassen. Ihr dürft es euch auf keinen Fall bieten lassen.«
Das tat gut, denkt Juli, nachdem sie sich auf den Weg gemacht hat. Vor Terminen wie dem heutigen braucht sie Selbstvertrauen, und niemand putscht sie so rasch auf wie Albert, der alte Revoluzzer. Der Termin kann kommen. Immerhin hatte das Jobcenter seit März für ein paar Monate auf Präsenztermine verzichtet. Seit die Restaurants und Kinos wieder öffnen dürfen, lassen auch die Bürokraten die Leute wieder antanzen, strafen sie lustvoll ab, belehren sie vom hohen moralischen Ross. Juli reckt ihr Gesicht in die strahlende Sonne, tankt ihre Vitaminreserven auf, und dann geht's los.

Mit erhobener Arbeiterinnenfaust steigt sie in den Bus 107. Ihre Haltestelle heißt nicht *Agentur für Arbeit* und auch nicht *Jobcenter*, sondern *Hauptbahnhof*. Wer sollte da schon Verdacht schöpfen? Aber Juli sollte kein Risiko eingehen, nicht heute. Sie muss in Topform sein, kann sich keinen Schlag ins Kontor leisten, nix und niemand darf sie verunsichern. Juli steigt eine Station früher aus, am Finanzamt. Albert könnte sich das nicht erlauben. Ganz in der Nähe des Finanzamts, drüben in der Richard-Wagner-Straße, befindet sich das *Zack Zack*, die sogar über die Stadtgrenzen hinaus berüchtigte Säuferkneipe. Wenn sie mal wieder mit Albert als zusätzlicher Unterstützung hier rauffährt, dann werden die beiden gleich zwei Stationen früher aussteigen, an der Alleestraße. Sonst schütteln die Opas und Hausmütterchen in den vorderen Reihen wieder den Kopf, wenn Juli mit Albert den Bus verlässt und die beiden vermeintlich die Spelunke ansteuern. Am Hauptbahnhof würde sich das gleiche Bild zeigen, das Kopfschütteln wäre hier nur dem Verdacht geschuldet, dass sie zum Jobcenter wollen. Irgendwie haben die Kaiserslauterer ein Gespür dafür, wer wirklich zum Bahnhof muss, wer nur umsteigt, wer sich ein Sandwich oder einen Kaffee gönnt und wer beim Amt um Stütze betteln muss. Sie sehen den Leuten ihr schlechtes Gewissen an.

So auch jetzt, obwohl das Jobcenter noch ein ordentliches Stück weg ist vom Finanzamt, sie stieren Juli an, diese busfahrenden Rentner, mit ihren anklagenden Augen stechen sie ihr ins Herz, die Augen wirken in diesen hinter Schutzmasken verborgenen Gesichtern noch bedrohlicher. Hat Juli etwa die Körperhaltung einer Hartzerin? Dabei geht sie doch arbeiten, jeden Tag putzt sie in der Spielothek. Normalerweise. Im Lockdown ging das natürlich nicht. Und es ist ja wohl nur eine Frage der Zeit, wann die Infektionszahl wieder hochschnellt, so naiv kann doch niemand sein, die zweite Welle kommt, spätestens im Winter, und dann werden sie sich erst alle wundern und dann wieder hektisch alles dichtmachen. Noch hat niemand die sogenannte Systemrelevanz der Spielotheken erkannt. Typisch Politik, denkt Juli, über alles entscheiden, aber keine Ahnung vom richtigen Leben. Wer zu *Löwenplay* geht, ist in aller Regel spielsüchtig, die kommen doch nicht zum Spaß. Und wenn man den Süchtigen die Befriedigung ihrer Sucht nimmt und die Familien dann auch noch zu Hause einsperrt, dann dürften die Kinderärsche aber Kirmes haben, mein lieber Scholli! Was sich da in den Wochen des harten Lockdowns hinter verschlossenen Wohnungstüren abgespielt haben dürfte, weil die Alten ihren Frust an Frau und Kindern ausließen, das will Juli sich gar nicht ausmalen. Auflassen müssten sie die Spielhallen, sollen sie halt ihre Hygienekonzepte sicherer machen, das wäre Julis Rat an die Politik, und die Kaschemmen dürfen erst recht nicht mehr schließen, wenn man sie fragen würde, aber sie fragt ja keiner.

Ja, ja, ein kleines bisschen an sich denkt sie dabei schon, da ist doch nix dabei, jeder muss auch an sich denken. Wo keiner zockt, gibt es nix zu putzen, also musste Juli im Frühjahr zu Hause bleiben. Wie dämlich: Die Staubschicht auf den Automaten wurde ja nicht dünner, nur weil keine Spieler da waren. Eigentlich hätten sie Juli reinlassen können, ihretwegen gern auch einsam und allein, nur sie und ihr Putzzeug. Hätte sie halt auf das stündliche Zigarettchen mit Mathilde und das tägliche Käffchen mit Molly verzichtet. Sogar Maske hätte sie getragen, FFP2, aus eigener Tasche bezahlt, von ihr aus zwei Stück übereinander, auch wenn weit und breit niemand mit ihr im Raum gewesen wäre, sie hätte sich an alle Regeln gehalten, da bräuchten die gar nicht erst ihre Überwachungskameras. Fast jede noch so bescheuerte Maßnahme hätte Juli hingenommen, Hauptsache, sie hätte arbeiten dürfen, ihr Kurzarbeitergeld hatte hinten und vorne nicht gereicht, und nach vielen Wochen im Pausenmodus sitzt sie jetzt mit Mietschulden da, die sie mühsam wird abstottern müssen.

Sie regt sich nicht mehr auf, oh nein, diese Bürokraten treiben doch Juli nicht zum Herzkasper. Lieber setzt sie ihre Energie ein, um anderen zu helfen. Denen, die sich von den weltfremden Sesselfurzern alles bieten lassen, weil sie die Zähne nicht auseinanderkriegen. Denen die Muffe geht, wenn ein Brief vom Amt kommt. Wer sich nicht wehrt, lebt verkehrt, schrieb Erich Kästner, und recht hat der Kerl.

Murat wandert am Eingang des Jobcenters hin und her. Juli hält nichts mehr hier draußen, nicht mal eine rauchen will sie. »Komm, denen zeigen wir's«, sagt sie und nimmt Murats Hand. Zwischen Kunden und Fallmanagern haben sie neuerdings in den Zimmern einen Spuckschutz aus Plexiglas installiert. Das macht die ganze Situation für Juli nur noch absurder. Fallmanager Peter Hesslich verdreht die Augen, als er von seinem Aktenstapel aufsieht. »Darf ich Sie also auch wieder als tatkräftige Unterstützung bei mir begrüßen«, sagt er.

»Sieht ganz so aus«, entgegnet Juli mit breitem Grinsen.

»Also«, sagt er, »aus dem Umstand, dass Sie beide Ihre Mund-Nasen-Bedeckungen aktuell nicht tragen, schließe ich, dass Sie nichts einzuwenden haben, wenn ich meine ebenfalls abnehme.«

Eine Antwort wartet er nicht ab. Fallmanager Peter Hesslich legt seine FFP2-Maske vor sich auf den Schreibtisch und ignoriert Juli fortan, wie immer, so lange es nur geht.

»Ganz ehrlich, es war nur ein Versehen«, beteuert Murat. »Nichts als ein verdammtes Versehen.«

Schon klar, seine Geschichte sei schwer zu glauben. Aber wahr sei sie dennoch. Er wuchtet einen Leitz-Ordner auf den Tisch und schiebt die Hälfte des Papierberges auf die andere Seite. Dann drückt er den Schließhebel nach oben. Der Bügel klappt auf. Mit der Vorsicht eines Archivars schiebt Murat ein Dokument heraus. Er hält es zwischen Daumen und Zeigefinger hoch und sagt: »Astreiner Brief von Ihnen.« Oben rechts steht »Jobcenter Kaiserslautern«, darunter als Betreffzeile: »Einladung«.

»Sehr geehrter Herr Dönmez«, liest er vor, »bitte kommen Sie zum unten angegebenen Termin blablabla.« Wenige Tage später habe er einen weiteren Brief erhalten. Darin teilte ihm das Jobcenter mit, dass er während der nächsten drei Monate dreißig Prozent weniger Geld bekomme, weil er »dem Termin schuldhaft ferngeblieben« sei.

Murat hatte einen Irrtum angenommen. Weil er seine Nachbarin Juli nicht unnötig belasten wollte, habe er bei ihr diesmal keinen Rat eingeholt, sondern eine Mail ans Amt geschrieben – aber keine Antwort erhalten. Er habe dort angerufen – sei aber nicht durchgekommen.

»Ich hab der Dame beim Empfang schon gesagt, warum ich nicht beim Termin war«, sagt Murat. »Auf dem Blatt stand ›Einladung‹. Und ich hatte eben leider keine Zeit, sie anzunehmen. Wie hätte ich denn wissen können, dass mit ›Einladung‹ eigentlich ›Vorladung‹ gemeint war?«

»Tja«, sagt Fallmanager Peter Hesslich, der ein Lachen unterdrücken muss, »ich fürchte, da kann ich nichts für Sie tun. Ich darf meine Entscheidung nicht zurücknehmen. Das würde gegen die verwaltungsrechtlichen Regeln verstoßen. Sie könnten Widerspruch einlegen. Aber ich sage Ihnen gleich, wenn Sie denen diese groteske Geschichte schildern, dann sind die Aussichten auf Erfolg minimal.«

Eigentlich wollte Juli ja nur zur moralischen Hilfe dabei sein, aber jetzt muss sie doch schon so schnell einschreiten.

»Das«, sagt sie, »ist überhaupt nicht der Grund, warum wir hier sind. Mein guter Nachbar dürfte gar nicht beim Jobcenter sein.«

Fallmanager Peter Hesslich guckt, als sei in ihm gerade das Betriebssystem abgestürzt.

»Wie bitte?«, fragt er.

»Bei ihm wurde schon vor Jahren ein Herzfehler diagnostiziert«, sagt Juli. »Vor Monaten hat ihm seine Ärztin gesagt, dass er zur Risikogruppe gehört und in der Pandemie-Zeit überhaupt nicht mehr hier persönlich erscheinen muss. Mindestens, bis er geimpft ist, wenn es überhaupt einen Impfstoff geben sollte, und wenn er sich überhaupt impfen lassen will. Das kann alles noch ewig dauern, wissen wir ja, Sie sehen doch auch die Nachrichten, diese Regierung, genau diese Regierung, für die Sie hier den willigen Vollstrecker spielen, ist entweder bösartig oder zu dumm, um ein Loch in den Schnee zu pissen.«

Murat lächelt und nickt.

»Sie haben ihn in einem weiteren Brief aufgefordert, sich bei irgendeiner KfZ-Werkstatt zu bewerben. Weil er das nicht getan hat, haben Sie ihm dreißig Prozent vom Regelsatz gestrichen. Haben Sie eine Ahnung, was es bedeutet, wenn einem das Existenzminimum auch noch gekürzt wird? Und das ausgerechnet jetzt, wo wir alle in jeder Hinsicht schon genug Strapazen haben?«, sagt Juli, die sich allmählich in Rage redet. »Was soll das?«

»Spielen Sie sich bitte nicht so auf«, mahnt Fallmanager Peter Hesslich. »Bei einem derart schwerwiegenden Verstoß gegen die Eingliederungsvereinbarung muss ich sanktionieren. Das sind die Regeln, da lässt mir der Gesetzgeber keinen Spielraum.«

»Ich hab Ihnen doch gerade erklärt, dass er krank ist und nicht arbeiten kann. Ja, dass er nicht mal hier sein dürfte«, sagt Juli.

»Dann hätte er Sozialhilfe beantragen müssen«, sagt Fallmanager Peter Hesslich.

»Das hat er«, sagt Juli.

»Ja, das habe ich«, sagt Murat.

»Ihr habt ihm einen Brief geschrieben, in dem stand, dass er sich aus dem Internet den Antrag für Arbeitslosengeld II herunterladen und ihn ausgefüllt an euch schicken soll«, sagt Juli.

»Soso«, murmelt Fallmanager Peter Hesslich. Er ächzt unter seiner zu eng gebundenen Krawatte und fixiert Murat und Juli nacheinander, während sein Drehstuhl seltsame Geräusche von sich gibt.

»Wie kann das sein?«, fragt Juli.

»Ja, wie kann das sein?«, fragt Murat.

Fallmanager Peter Hesslich schnalzt mit der Zunge, ehe er aus einem riesigen Stapel die richtige Akte so raffiniert herauszieht, dass der Papierturm zwar wankt, aber nicht einstürzt. Er blättert darin, knurrt »Hmm« und »Aha«, dann wirft er die Akte vor sich auf den Tisch und sagt: »Die Sache ist ganz einfach. Unsere Beratungsfachkraft Rehabilitation hat ihn als arbeitsfähig eingestuft.«

»Was?«, ruft Juli.

»Was?«, ruft Murat.

»Soll das heißen, Ihre Fachkraft, die meinen Nachbarn noch nie zu Gesicht gekriegt hat, weiß besser Bescheid als seine Ärztin?«, sagt Juli.

Schon wieder guckt Fallmanager Peter Hesslich, als sei in ihm das Betriebssystem abgestürzt.

»Tja, also ...«, stammelt er, »das ist der verwaltungsrechtliche Ablauf. So hat das der Gesetzgeber festgelegt. Da kann ich nichts weiter für Sie tun.«

Murat rutscht auf seinem Stuhl hin und her. Juli atmet tief ein und schnell aus. Sogar der in nonverbaler Kommunikation anscheinend unbegabte Fallmanager Peter Hesslich nimmt die beiden brodelnden Vulkane vor sich wahr, und offenbar erinnert er sich gerade noch rechtzeitig an das Deeskalationsseminar, das er wahrscheinlich vor seinem Dienstantritt absolvieren musste. Er spricht Murat zur Abwechslung mal wieder direkt an: »Gegen die Sanktion können Sie keinen Widerspruch einlegen. Also, Sie könnten schon, aber das wäre vergeblich.«

Fallmanager Peter Hesslich scheint zu sehen, dass in Julis zum Zerreißen gespanntem Gesicht das rechte Auge zuckt. Er sagt: »Ich empfehle Ihnen, stattdessen gegen die Entscheidung der Fachkraft Rehabilitation Widerspruch einzulegen, auch wenn hier die Erfolgschancen ebenso gering sein dürften.«

»Dann geben Sie uns das vermaledeite Formular, und wir füllen es Ihnen jetzt sofort aus«, sagt Juli.

»Das geht nicht«, sagt Fallmanager Peter Hesslich.
»Warum geht das nicht?«, fragt Juli.
»Ja, warum geht das nicht?«, fragt Murat.
»Sie müssen ein formloses Schreiben aufsetzen, es vollständig, ausgefüllt und innerhalb der Widerspruchsfrist postalisch an uns richten oder es beim Empfang abgeben, mit Abstand und Maske«, sagt Fallmanager Peter Hesslich.
»Es sind noch zwei Wochen, bis es wieder Geld gibt, und jetzt haben wir nix mehr. Von irgendwas muss ich doch einkaufen«, brüllt Murat, »ich hab ein kleines Kind zu Hause, verdammt.«
»Bitte beruhigen Sie sich, sonst muss ich den Sicherheitsdienst rufen«, sagt Fallmanager Peter Hesslich.
»Dann sagen Sie uns, was wir tun sollen«, sagt Juli.
»Ja, dann sagen Sie uns, was wir tun sollen«, sagt Murat.
»Sie können Lebensmittelgutscheine beantragen«, sagt Fallmanager Peter Hesslich.
»Warum geben Sie mir die Gutscheine nicht einfach mit?«, fragt Murat.
»Das geht nicht«, sagt der Fallmanager.
»Warum geht das nicht?«, fragt Murat.
»Weil ich dafür nicht zuständig und darum auch nicht dazu befugt bin.«
»Wer ist denn dazu befugt?«, brummt Murat.
Fallmanager Peter Hesslich nimmt den Telefonhörer in die Hand und wählt eine Nummer.
»Warten Sie bitte beim Empfang«, sagt er zu uns, »mit Abstand und Maske. Sie werden dann wieder aufgerufen.«
Im Flur warten mehr Menschen, als Sitzplätze zur Verfügung stehen. Jeder zweite Platz ist mit rot-weißem Baustellenband gesperrt. Da sind einige Frauen mit Kinderwagen, umherrennende Kinder, die meisten Erwachsenen blicken auf ihre Smartphones oder ins Leere.
»Was genau machen wir eigentlich jetzt?«, fragt Murat. »Legen wir Widerspruch gegen das Geldkürzen ein? Dagegen, dass ich überhaupt hier sein muss? Oder gegen die Entscheidung, dass ich arbeiten muss?«
»Wir beantragen Lebensmittelgutscheine«, sagt Juli. »Erst kommt das Fressen, dann kommt die Qual.«
Murat lacht: »Der ist gut. Meine Juli. Beste Nachbarin wo gibt. Verliert niemals den Humor.«
Er nimmt Juli in den Arm, zieht seine Maske runter und drückt Juli einen Kuss auf die Stirn. Ein zwei Meter großer, durchtrainierte Mann mit O-Bei-

nen, Billiganzug von C&A, Maske unter der Nase und Knopf im Ohr wirft den beiden einen nichtssagenden Blick zu.

Nach einer knappen Stunde steht Juli auf und geht zum Schalter. Die dahinter sitzende Frau beachtet sie nicht.

»Verzeihen Sie«, sagt Juli, »wir sollen hier warten, weil wir Lebensmittelgutscheine ...«

»Setzen Sie sich hin und warten Sie wie all die anderen auch«, motzt die Frau, ohne von der vor ihr liegenden Modezeitschrift aufzublicken.

»Ja, aber ...«, setzt Juli an, und die Frau hebt den Kopf. Mit ihrem aufgedunsenen Gesicht sieht sie in diesem Moment des Zorns aus wie ein Stück Fleisch, das nicht ganz durch ist.

»Wir brauchen sofort ...«, mahnt Juli, und die Frau droht, den Sicherheitsdienst zu rufen, so bestimmt, dass ihr Speichel auf die Plexiglasscheibe spritzt.

Es dauert noch eine dreiviertel Stunde, bis die Frau am Schalter brüllt: »Herr Dönmez in Zimmer A 204.«

In Zimmer A 204 bittet eine freundliche Frau mit eckiger Brille die beiden, Platz zu nehmen. Sie behält ihre Maske auf, die Brille beschlägt immer wieder. Die Frau nimmt sie mehrmals von der Nase und putzt sie geduldig.

»Was kann ich für Sie tun?«, fragt sie.

»Lebensmittelgutscheine beantragen«, sagt Murat.

»In Ordnung«, sagt die Frau, »dann schreiben Sie bitte auf ein Blatt formlos, dass Sie Lebensmittelgutscheine beantragen, unterschreiben sie es, und dann werden wir uns bei Ihnen melden. Und vergessen Sie nicht, dass Sie sowohl Ihre Bedarfsgemeinschaftsnummer angeben müssen als auch Ihre persönliche Kundennummer. Sonst kommt es zu erheblichen Verzögerungen.«

Juli blickt Murat auffordernd an.

»Das, äh ...«, sagt er, »... ich brauch die Gutscheine jetzt. Für mein Kind. Und außerdem dachte ich ja eigentlich, dass wir Sozialhilfe kriegen.«

Die Frau kichert: »Wir sind nicht das Sozialamt.«

»Aber ich wurde falsch eingestuft. Dürfte eigentlich gar nicht hier sein, weil ich krank bin. Risikogruppe und so. Pumpe kaputt«, sagt Murat.

»Hmm«, sagt die Frau, »wenn das so ist, dann müssen Sie Widerspruch gegen den Bescheid einlegen.«

Murat und Juli seufzen im Chor.

»Dann beantragen wir erstmal die Lebensmittelgutscheine«, sagt Juli.

»Gerne«, antwortet die Frau.

Während die Frau auf ihrem Computer tippt, schreibt Juli auf ein Blatt, dass Murat Lebensmittelgutscheine beantragt, und er unterschreibt.

»Gut«, sagt die Frau, »dann werden wir uns bei Ihnen melden.«

»Hören Sie«, sagt Juli, »mein Nachbar hat zu Hause ein drei Jahre altes Kind, das was zu essen braucht. Wir müssen die Gutscheine heute mitnehmen.«

»Ach ja«, sagt die Frau, »das sagten Sie ja bereits. Warten Sie bitte am Empfang. Sie werden dann wieder aufgerufen.«

Eine weitere halbe Stunde vergeht. Juli verliert die Geduld. Was würde Albert tun? In ihrem Kopf startet ein Film, in dem der gutmütige Albert ihr verschwörerisch zuzwinkert, ehe er die Frau hinterm Schalter ablenkt, indem er einen Herzinfarkt simuliert, und Juli kann hinter den Tresen huschen, alle Formulare und Gutscheine in ihre Tasche stopfen und sie an die Leute verteilen.

Entschlossen steht Juli auf und geht zum Schalter. Diesmal blickt die Frau auf, und zwar so böse, als hätte Juli ihr ins Gesicht gespuckt.

»Verzeihen Sie, können Sie mir sagen, wie lange wir noch auf die Lebensmittelgutscheine warten müssen?«, fragt sie.

Jetzt sieht die Frau hinterm Tresen nicht mehr aus wie ein blutrotes Steak, sondern eher wie ein dampfendes Bügeleisen.

Sie steht auf und quiekt: »Was erlauben Sie sich? Bei uns kriegt jeder, was er braucht, und sogar Sie werden bedient, sobald jemand dazu kommt.«

»Bei uns pressiert es aber wirklich«, meckert Juli, »wir warten hier schon ewig darauf, dass man uns unsere Gutscheine gibt.«

»›Ihre‹ Gutscheine? ›Ihre‹ Gutscheine?«, schreit die Bügeleisenfrau, »junge Dame, Sie haben wohl vergessen, dass das alles vom hart arbeitenden Steuerzahler finanziert wird!«

Juli klatscht bedrohlich ihre Hand auf den Tisch.

»Security!«, schreit die Frau in einem Ton, der dem Pfeifen eines alten Dampfkochtopfes nahekommt, wenn er anzeigt, dass das Wasser heiß genug ist, »Security! Security!« Es klingt wie »Sekundentee«.

Der Zweimetermann mit Knopf im Ohr und Maske unter der Nase kommt herbeistolziert. Er greift nach Julis Arm und fordert sie auf, das Gebäude zu verlassen. Murat, der über seine Kopfhörer laut Musik gehört und die Eskalation erst jetzt mitbekommen hat, klemmt seinen Ordner unter den Arm und flitzt hinzu. Dem Sicherheitstypen schnauzt er entgegen, er solle die Frau sofort loslassen, sonst drücke er ihm den Kopf in den Hals.

Da kommt ein zweiter, beinahe ebenso großer, aber schmerbäuchiger Security-Mitarbeiter dazu. Er packt Murat am Kragen und droht mit der Polizei. Einige der Kinderwagenmütter gehen auf die Typen los. Sie grölen durcheinander, der Mann wolle doch nur was zu essen für sein Kind, er habe ja wohl nichts getan, was solle das denn, und die Sicherheitsmänner kriegen manch flache Hand und mehrere Fingernägel mit rotem Lack ab, aber sie wollen alles im Griff haben und konzentrieren sich darauf, Murat und Juli hinauszuschieben.

Vor der Tür sehen die beiden einander wortlos an. Als Murat grinst, fallen sie sich lachend in die Arme. Da tritt Fallmanager Peter Hesslich zu ihnen vor die Tür. Er zieht seine Maske ab, nimmt eine Stulle aus seiner Brotdose, wickelt sie aus der Alufolie, beißt hinein und schmatzt. Immer wieder beißt er hinein und schmatzt. Dabei beäugt er Murat und Juli, ehe sein Blick lange bei Murat ruht. Er kaut mit offenem Mund, und dann schmatzt er weiter.

»Helfen Sie mir doch bitte«, murmelt Fallmanager Peter Hesslich, »ist das jetzt Galgenhumor?«

Die beiden lachen einfach weiter.

»Tja, Herr Dönmez«, sagt er, »ich kann Ihren Ärger nachvollziehen. Aber ich mache hier nur meine Arbeit, nichts weiter. Mir sind die Hände gebunden.«

Kauend und schmatzend wirft er die Stulle zurück in die Brotdose, die er auf den Stehaschenbecher legt. Dann macht er eine Geste, als wären seine Handgelenke übereinander gefesselt worden.

»Aber ich gebe Ihnen einen Rat«, nuschelt er, während Juli das halb zerkaute Brot in seinem Mund sieht, »Ihr Widerspruch wird ganz sicher abgelehnt, da sollten Sie sich keine Illusionen machen. Sparen Sie sich den Aufwand, halten Sie sich ab sofort an die Regeln und feilschen Sie mit mir darum, einen körperlich leichteren Job zu machen als den in der Autowerkstatt.«

»Und das?«, sagt Juli. Sie zieht einen Zettel aus der Tasche, »ein ärztliches Attest ist das Papier nicht wert, auf dem es gedruckt wurde, nur weil Sie ihn auf Gedeih und Verderb zum Arbeiten zwingen wollen?«

»Ich habe es bereits mehrmals gesagt«, sagt Fallmanager Peter Hesslich, »es liegt nicht in meiner Macht, in diesem Fall weitere Entscheidungen zu treffen.«

Murat nimmt sein Portemonnaie und zieht ein Foto seines Kindes heraus.

»Sehen Sie hin«, sagt er, »sagen Sie diesem Kind ins Gesicht, dass es hungern soll. Sagen Sie es ihm ins Gesicht!«

Fallmanager Peter Hesslich betrachtet seine Butterbrotdose, als erhoffe er sich davon eine Eingebung. Weil die ausbleibt, geht er vor dem Gebäude auf und ab wie ein Schwerverbrecher im Innenhof des Knasts beim täglichen Hofgang. In seinem Kopf rattert es, es rattert und rattert. Die Rentner im Omnibus mögen den Menschen ihr schlechtes Gewissen ansehen, Juli kann in diesem Moment das schlechte Gewissen dieses Fallmanagers sehen.

»Sie haben ja recht, himmelherrgottnochmal, Sie haben ja recht«, ruft er mit rudernden Armen. »Aber was soll ich tun? Was soll ich denn Ihrer Meinung nach tun? Die Sanktion zurücknehmen, das bedeutet meine Kündigung. Die Sanktion bestehen lassen, dazu bin ich eigentlich nicht fähig, so wie Sie hier vor mir stehen mit dem Foto dieses Kleinkinds, jung und lieb, die dunklen Locken zerzaust.«

»Oh, ein Poet ist er auch noch«, sagt Juli, »sehen Sie das Kind doch mal genau an. In seinen braunen Augen schimmert schwach die untergehende Sonne. Da haben Sie doch schon Ihren neuen Job. Schreiben Sie einfach ein paar Schundromane mit besonders schiefen Bildern. Fitzek kann einpacken.«

Kurz sehen Fallmanager Peter Hesslich und Juli einander an, dann müssen beide lachen, und erst zieht Murat eine Schnute, so als hätte er es mit zwei komplett Bescheuerten zu tun, dann lacht auch er mit.

»Folgen Sie mir«, sagt Fallmanager Peter Hesslich, der beim Hineingehen die Sicherheitsmänner beschwichtigt.

Am Schalter sitzt die Schreckschraube, die Murat und Juli eben noch rauswerfen ließ. Ihr Gesicht verfärbt sich gleich wieder zum blutroten Steak.

»Frau Lieb«, sagt Fallmanager Peter Hesslich, »geben Sie Herrn Dönmez doch bitte Lebensmittelgutscheine und das Formular für die Prozesskostenhilfe.«

Sie sieht ihn an, als hätte er gerade von ihr verlangt, sich auszuziehen und auf dem Tresen zu tanzen.

»Wie bitte?«, fragt sie.

»Sie haben schon verstanden, Frau Lieb, geben Sie ihm bitte die Formulare.«

Mit düsterer Miene nimmt Frau Lieb mehrere Papiere aus ihren Schubladen und reicht sie Fallmanager Peter Hesslich durch den Spalt der Schutzscheibe.

»Sie wissen doch genau, wie gefährlich das ist. Vor all den Leuten. Einfach so«, pispert sie.

Er tut so, als hätte er sie nicht gehört und überreicht Murat die Formulare. Einige der wartenden »Kunden« des Jobcenters haben aufmerksam verfolgt, was sich da gerade zugetragen hat. Beim Weggehen erklärt Fallmanager Peter Hesslich laut wie ein Prediger in einer evangelikalen Kirche, dass Murat beim Sozialgericht gegen die Sanktion klagen könne. Beim Arbeitslosengeld II seien Formfehler fast schon die Regel. Hier arbeiten alle am Anschlag, gerade unter Coronabedingungen, da passierten ständig Missgeschicke, so was sei unvermeidlich bei dieser Personalsituation. Und er solle mal bei einem Amtsarzt versuchen, ein Attest zu bekommen, das sei bei einem Widerspruch sehr hilfreich. Er solle sich dringend einen Anwalt nehmen, im Internet finde man einen, die Kosten würden in seinem Fall sicher übernommen, zumindest zum Teil.

Ungläubig verabschieden sich Murat und Juli von Fallmanager Peter Hesslich, da spricht ihn eine energisch näherkommende Frau in Hosenanzug an und nimmt ihn zur Seite. Sie flüstert, aber Juli hört alles, was sie sagt. Offenbar können Vorgesetzte nicht so leise flüstern, dass sie niemand hört, denkt Juli, sie stecken so tief in ihrer Macht drin, dass sie einfach nicht flüstern können. Jeder soll sie hören, jeder soll auf sie hören, jeder muss auf sie hören.

Das könne er nicht machen, schäumt sie. Ob ihm denn nicht klar sei, dass er hier einen Präzedenzfall schaffe. Das werde Konsequenzen haben, schnaubt sie, und dann verschwinden Fallmanager Peter Hesslich und seine Hosenanzugchefin hinter einer schweren Sicherheitstür.

Anhang

Glossar

Abstandsregel: Eine während der ↑Coronapandemie geltende Regel, wonach ein Mindestabstand zu anderen Personen von 1,5 Meter eingehalten werden sollte.

Aerosole: Kleinstteilchen von weniger als fünf Mikrometern in der Luft, die zum Beispiel während des Sprechens ausgeschieden werden können. Diese können auch das ↑Coronavirus tragen. Im Gegensatz zu Tröpfchen (Tröpfchenübertragung), die beim Niesen oder Husten ausgeschieden werden können Aerosole direkt in die Atemwege gelangen, ohne zuvor von Schleimhäuten abgefangen zu werden. Es hat sich gezeigt, dass Aerosole bei der Übertragung des ↑Coronavirus eine besondere Rolle spielen.

AHA-Regel: Abstand halten, Hygiene beachten, im Alltag Maske tragen (↑Mund-Nasen-Bedeckung).

Ausgangsbeschränkungen: Beziehen sich auf den § 28 des ↑Infektionsschutzgesetzes und variierten im Laufe der ↑Pandemie je nach Bundesland. Im Infektionsschutzgesetz ist festgelegt, wann und wie die Exekutive Personen veranlassen kann, ihre Unterkunft für einen bestimmten Zeitraum nicht zu verlassen oder Teile des öffentlichen Raums für Ansammlungen (↑Kontaktbeschränkungen) zu sperren.

Berufe, systemrelevante: Als systemrelevant gelten Berufe im Bereich der sogenannten kritischen Infrastruktur, die wesentlich für das Gemeinwesen sind. Dazu zählen: Medizinischer Gesundheits- und Pflegebereich, sonstiger medizinischer Gesundheits- und Pflegebereich (z.B. Krankenkassen), staatliche Verwaltung, Justizsektor, Schulen, Kinder- und Jugendhilfe, Behindertenhilfe, Krisen- und Konfliktberatung, Lebensmittelversorgung, öffentliche Daseinsvorsorge, Medien.

Bundesministerium für Gesundheit: Eine oberste Bundesbehörde, die 1961 gegründet wurde und ihren Sitz in der ehemaligen Landeshauptstadt Bonn hat. Der derzeitige Leiter des Ministeriums ist Bundes-Gesundheitsminister Jens Spahn (CDU).

Coronademonstrationen: Kundgebungen, die in verschiedenen Städten Deutschlands während der ↑Pandemie stattfinden und sich aus weltanschaulich-verschiedenen Gruppierungen zusammensetzen.

Coronaleugner:innen: Eine Gruppierung, die vom deutschen Verfassungsschutz als kritisch eingestuft wurde und die auf ↑Coronademonstrationen gegen die ↑Coronamaßnahmen protestieren. Das Spektrum der Leugner:innen reicht von Esoteriker:innen, Heilpraktiker:innen bis zu Reichsbürger:innen und Rechtsextremen. Ein weiteres gemeinsames Merkmal ist die Affinität zu verschwörungstheoretischen Narrativen.

Coronakrise: Eine während der ↑Coronapandemie durch ↑Covid-19 und die damit einhergehenden Einschränkungen hervorgerufene multiple Krise, die gesellschaftliche und wirtschaftliche Bereiche und Aspekte der Globalisierung betrifft.

Coronamaßnahmen: Instrumente und Regelungen, die über Gesetze (z.B. ↑Infektionsschutzgesetz) und Verordnungen zur Eindämmung der Auswirkungen der ↑Pandemie und der ↑Pandemie selbst erlassen wurden. Dazu zählen u.a. die ↑AHA-Regel in öffentlichen Räumen, ↑Ausgangsbeschränkungen, häusliche ↑Quarantäne, ↑Teststrategien und die Definition von ↑Risikogebieten.

Coronanotfallplan: In Deutschland sieht dieser vor, bei einer hohen Auslastung von Intensivbetten (↑Intensivmedizin) in einer Region die Patient:innen per Verteilungsschlüssel auf Regionen zu verteilen, die noch Intensivbettenkapazitäten frei haben. Dazu wurde Deutschland in fünf Regionen unterteilt, die sich gegenseitig regelmäßig über die Lage informieren.

Coronapandemie: Die Coronapandemie wurde in Folge des Ausbruchs der Covid-19-Epidemie in ↑Wuhan (China) Ende Dezember 2019 von der WHO im März 2020 ausgerufen, als sich das ↑Virus innerhalb kürzester Zeit über die

Welt verbreitete. In ihrer Folge gerieten viele Länder weltweit in ↑Coronakrisen.

Coronaschnelltest: Unterschiedliche Testverfahren (Antigenschnelltest, Antikörperbestimmung), die in extra dafür vorgesehenen Einrichtungen, wie zum Beispiel auf Drive-In-Testgeländen, durchgeführt werden, um eine möglichst große Zahl an Personen testen zu können.

Coronaviridae: Bezeichnet die Familie der Coronaviren. ↑SARS-CoV-2 gehört dieser Familie und dem Genus ↑Coronavirus an.

Coronavirus: Die umgangssprachliche Entsprechung zu ↑SARS-CoV-2.

Corona-Warn-App: Eine App, die vom ↑RKI im Auftrag der Bundesregierung herausgegeben wird. Sie soll die Arbeit der Gesundheitsämter in der ↑Kontaktpersonennachverfolgung unterstützen und dabei helfen, die ↑Infektionsketten nachzuvollziehen, um eine weitere Ausbreitung zu verhindern.

Covid-19: Die Bezeichnung der Infektionskrankheit, die durch ↑SARS-CoV-2 hervorgerufen wird. Der gängige ↑Übertragungsweg ist die respiratorische Aufnahme (↑Aerosole) des Krankheitserregers ↑SARS-CoV-2.

Drosten, Prof. Dr. Christian: Ein deutscher Virologe, der seit 2017 Lehrstuhlinhaber sowie Direktor des Instituts für ↑Virologie an der Berliner Charité ist. Er berät die Bundesregierung in der ↑Coronapandemie und nimmt sowohl durch seine Forschungstätigkeiten als auch durch einen Podcast am Diskurs über das ↑Coronavirus teil.

Durchseuchung: Bezeichnet die Rate der Verbreitung einer Infektionskrankheit innerhalb einer bestimmten Gruppe (u.a. Bevölkerung).

Epidemie: Bezeichnet in Abgrenzung zur ↑Pandemie eine Häufung von Krankheitsfällen (häufig in Bezug auf eine Infektion) in einem räumlich und zeitlich begrenzten Gebiet.

Hygieneregeln: Unter den in der ↑Coronapandemie empfohlenen Hygieneregeln (↑Bundesministerium für Gesundheit und Bundeszentrale für gesundheitliche Aufklärung) fallen unter anderem: Einhaltung von Abstand zu anderen Personen, Vermeidung von Berührungen, Niesen und Husten in die Armebeuge oder in ein Taschentuch, regelmäßiges Händewaschen und das Tragen einer ↑Mund-Nasen-Bedeckung.

Impfung: Die Gabe eines Stoffes, um den Körper gegen ↑Infektionskrankheiten zu immunisieren. Hierbei wird zwischen aktiver und passiver Immunisierung unterschieden. Bei der aktiven Immunisierung wird dem Organismus ein Antigen (Proteinbausteine des Erregers) injiziert, welches die köpereigene Produktion von Antikörpern gegen dieses Antigen fördern soll. Bei der passiven Immunisierung werden dem Organismus direkt Antikörper gegen einen Krankheitserreger injiziert. Im Falle der ↑Coronapandemie werden vor allem Impfstoffe für die aktive Immunisierung erprobt, bei denen entweder das ↑Virus in abgeschwächter Form oder Bausteine des ↑Virus injiziert werden, um eine Immunantwort zu erzeugen.

Infektion: Wird durch das Eindringen eines Mikroorganismus' (↑Viren, Pilze, Bakterien) in einen Wirtsorganismus ausgelöst, indem der Mikroorganismus sich im Organismus etabliert und reproduziert. ↑Infektionen lassen sich u.a. nach auslösendem Erreger (↑Vireninfektion, Pilzinfektion, bakterielle Infektion) oder nach dem Übertragungsmedium (Kontaktinfektion, Schmierinfektion, ↑Tröpfcheninfektion) unterscheiden. Im Falle des ↑SARS-CoV-2-Virus handelt es sich um eine ↑Tröpfcheninfektion über ↑Aerosole.

Infektionskrankheit: Ist dann gegeben, wenn ein Erreger in den Organismus gelangt, sich dort vermehrt und dem Organismus dabei Schaden zufügt, indem er eine entzündliche Reaktion auslöst.

Infektionskette: Beschreibt den ↑Übertragungsweg von Krankheitserregern von Wirt zu Wirt.

Infektionsschutzgesetz: Seit Januar 2001 regelt dieses Gesetz, welche Infektionserkrankungen an das zuständige Gesundheitsamt gemeldet werden müssen und welche Maßnahmen zur Eindämmung der Ausbreitung ergriffen werden müssen, mit dem Ziel, Krankheiten an ihrer Verbreitung zu hindern.

Intensivmedizin: Bereich der Medizin, in dem die Behandlung lebensbedrohlicher körperlicher Verfassungen im Vordergrund steht. Maßnahmen der Intensivmedizin werden daher vornehmlich für die Sicherung der Vitalfunktionen des Körpers eingesetzt, um die Patient:innen am Leben zu halten. Sie setzt sich aus verschiedenen medizinischen Fachgebieten zusammen, wie zum Beispiel der Inneren Medizin, Chirurgie und Anästhesiologie. Im Fall der ↑Coronapandemie sind vor allem die Beatmung und die Gewährleistung der Atemfunktionen bei Patient:innen vorrangig.

Intensivpflege: Ein Teil der ↑Intensivmedizin. Sie dient der Pflege und Überwachung lebensbedrohlich erkrankter Personen mit entsprechend speziellen Bedürfnissen zur Aufrechterhaltung der Vitalfunktionen.

Inzidenzwert: Ein statistisches Maß, das anders als die ↑Prävalenz nur die neuen Erkrankungsfälle in einem Intervall beschreibt. In Deutschland wurden ab einem Inzidenzwert über 50 ↑Infektionen innerhalb einer Woche pro 100.000 Einwohner:innen einer Region verschiedenste Maßnahmen ergriffen.

Isolation, häusliche: Wird nach erfolgter Erkrankung mit ↑Covid-19 vom Gesundheitsamt angeordnet und kann auch nur von diesem wieder aufgehoben werden. Diese Maßnahme kommt vor allem bei leichten Krankheitsverläufen zur Anwendung. Hierbei sind gewisse Regeln im Haushalt zu beachten: getrennte Unterbringung zu anderen Mitgliedern des Haushalts, getrennte Nahrungsaufnahme, getrennte Nutzung sanitärer Einrichtungen und Lüften gehören ebenso dazu wie ↑Hygieneregeln und ↑Kontaktbeschränkungen. Alle Mitglieder des jeweiligen Haushalts gelten dabei als Kontaktpersonen und müssen selbst in 14-tägige häusliche ↑Quarantäne.

John-Hopkins-Universität: Eine 1876 von John Hopkins in Baltimore gegründete Privatuniversität, die während der ↑Coronapandemie aktuelle Zahlen und Statistiken zum weltweiten Infektionsgeschehen veröffentlicht.

Kontaktbeschränkungen: Maßnahmen des Infektionsschutzes, die entsprechend im ↑Infektionsschutzgesetz geregelt sind. Nach § 28a sind Kontaktbeschränkungen zur Verhinderung der Verbreitung einer ↑Infektionskrankheit erlaubt. Die Bundes- und Landesregierungen legten in der ↑Coronapandemie verschiedene Kontaktbeschränkungen fest, je nach Phase des ↑Pandemieverlaufs und je nach Bundesland. Unterschiede gab es auch auf kommunaler Ebene. Geregelt wird die Zusammenkunft (u.a. Anzahl der Personen, die in Kontakt treten dürfen), etwa in privaten Räumen (Haushalte), bei Feiern, oder im öffentlichen Raum.

Kontaktpersonennachverfolgung: Aufgabenbereich der Gesundheitsämter, die dabei helfen soll ↑Infektionsketten nachzuvollziehen. Dabei unterstützt die ↑Corona-Warn-App. In einem bestimmten Zeitraum – zum Beispiel zwei Tage vor und mindestens zehn Tage nach Symptombeginn und -ende – werden Kontaktpersonen einer Person mit ↑Covid-19 nachverfolgt. Diese werden ggf. je nach Infektionsrisiko (Kategorie 1, 2, 3) entweder lediglich darüber informiert oder müssen sich in häusliche ↑Quarantäne begeben. Es können auch ↑Kontaktbeschränkungen angeordnet werden.

Krisenstab: Die Bundesregierung, im Detail das ↑Bundesministerium für Gesundheit und das Ministerium des Innern, hat zu Beginn der ↑Coronapandemie einen Krisenstab zur Krisenvorsorge eingerichtet. Zu den Aufgaben des Krisenstabs gehört, Maßnahmen zur Eindämmung und Unterbindung von ↑Infektionsketten zu ergreifen. Später wurden auch Krisenstäbe auf Länder- und Kommunalebene eingerichtet.

Kurzarbeitergeld: Eine durch das Sozialgesetzbuch geregelte sozialstaatliche Leistung, die über die Bundesagentur für Arbeit während der ↑Pandemie beantragt werden kann. Im Falle eines erheblichen Ausfalls des Arbeitsaufkommens und damit verbundener Gehaltseinbußen können Arbeitgeber:innen für ihre Mitarbeiter:innen Kurzarbeitergeld beantragen. Das Kurzarbeitergeld beträgt zunächst 60 Prozent des Nettoeinkommens und kann gestaffelt auf 80 Prozent des Nettoeinkommens steigen. Diese Maßnahme soll helfen, während des ↑Lockdowns Arbeitsplätze zu sichern.

Leopoldina, Akademie der Wissenschaften: Wurde 1652 als Gelehrtengesellschaft für die Naturwissenschaften gegründet. Seit sie den Status der Nationalen Akademie der Wissenschaften innehat, vertritt sie die deutsche Wissenschaft im Ausland und berät Politik und Öffentlichkeit. In dieser Funktion wurde sie auch während der ↑Coronapandemie tätig und gab Handlungsempfehlungen heraus, etwa zur Wiedereröffnung der Schulen in Deutschland.

GLOSSAR 301

Letalität: Rate derjenigen Infizierten, die im Verhältnis zu den restlichen Infizierten an ↑Covid-19 verstorben sind.

Lockdown: Umgangssprachlicher Sammelbegriff für alle Maßnahmen des Infektionsschutzes, die über einen gewissen Zeitraum das private und öffentliche Leben sowie das Wirtschaftsleben einschränken.

Maskenpflicht: Maßnahme, die in der ↑Coronapandemie erstmalig Ende April 2020 in Deutschland eingeführt wurde und das Tragen einer ↑Mund-Nasen-Bedeckung vorsieht. Diese können u.a. selbstgenäht oder vom Fachhandel bezogen werden. Die ↑Mund-Nasen-Bedeckungen dienen vor allem dem Fremdschutz und sollen beim Niesen oder Atmen die Verbreitung von Keimen eindämmen (Stand Dezember 2020).

Mortalitätsrate/Sterblichkeitsrate: Ein statistisches Maß in der Epidemiologie, das angibt, wie hoch die Anzahl der Todesfälle in Bezug auf einen Zeitraum (Woche, Monat, Jahr) und eine Bezugspopulation (z.B. Gesamtbevölkerung) ist. Hiervon lässt sich bei Bekanntheit der Demographie der Fälle auch die sogenannte altersspezifische Mortalitätsrate ableiten.

Mund-Nasen-Bedeckung: Eine Maßnahme, um vor Ansteckung zu schützen. Dabei wird die Übertragung durch Tröpfchen oder ↑Aerosole unwahrscheinlicher. Die Masken, die während der ↑Pandemie in der Bevölkerung zum Einsatz kommen, sind zum Teil behelfsmäßig oder selbstgenäht. Zur Mund-Nasen-Bedeckung gehören FFP2-Masken, OP-Masken, Stoffmasken oder Tücher.

Notfallbetreuung: Eine Leistung von Kitas und Schulen, die diese während ihrer pandemiebedingten Schließung für Kinder von Eltern mit ↑systemrelevanten Berufen anbieten. Bei der konkreten Ausgestaltung der Notfallbetreuung gibt es bundeslandspezifische Unterschiede.

Pandemie: Eine ↑Epidemie, die sich in einem bestimmten Zeitverlauf über die ganze Welt verbreitet.

Pandemieplan, national: Geht auf die Mustervorlage der WHO in den 90er-Jahren des 20. Jahrhunderts zurück und wurde erstmalig 2005 formuliert (Arbeitsgruppe Infektionsschutz der Arbeitsgemeinschaft der obersten

Landesgesundheitsbehörde, ↑Bundesministerium für Gesundheit, ↑Robert Koch-Institut, Paul-Ehrlich-Institut, Bundeszentrale für gesundheitliche Aufklärung) und veröffentlicht. Mittlerweile aktualisiert, beschreibt der Plan in zwei Teilen zunächst Strukturen und Maßnahmen auf Bundes- und Landesebene (Teil 1) und die wissenschaftlichen Grundlagen der Aspekte aus Teil 1 (Teil 2). Der Plan dient damit als Grundlage für Entscheidungen im medizinischen und nicht-medizinischen Bereich sowie der öffentlichen Verwaltung und institutionalisiert somit die gewünschten Vorgänge während einer ↑Pandemie.

Reverse-Transcription-Polymerase-Reaction (RT-PCR) -Test: Ein Test, der die RNA (Ribonukleinsäure) von ↑Viren in Organismen nachweisen kann. Der Test wird während der ↑Pandemie für den Nachweis von ↑SARS-CoV-2 benutzt. Bei dem Test werden je nach Situation entweder Proben aus dem oberen oder unteren Rachenbereich (↑Rachenabstrich) mit Tupfern entnommen und im Labor analysiert.

Prävalenz: Ein statistischer Wert, der den Anteil von Erkrankungen in der Gesamtpopulation beschreibt. Die Prävalenz bezieht sich entweder auf einen Zeitpunkt (Punktprävalenz) oder auf ein Zeitintervall (Intervallprävalenz).

Quarantäne, häusliche: Im ↑Infektionsschutzgesetz geregelte Maßnahme, die eine zeitlich begrenzte ↑Isolation einzelner Personen vorsieht, zur Eindämmung der Verbreitung von ↑Infektionen.

Querdenken-Bewegung: Eine Initiative, die in Stuttgart im Frühjahr 2020 ins Leben gerufen wurde. Mittlerweile gibt es in vielen anderen deutschen Städten Ableger der Bewegung. Die kommunalen Ableger tragen jeweils die Ortsvorwahl im Namen (Stuttgart: Querdenker 711). Die Initiative richtet sich gegen die Pandemiepolitik der Bundes- und Länderregierungen.

Rachenabstrich: Gilt bisher in der Frühphase einer ↑Infektion als effizienteste Möglichkeit, diese nachzuweisen; dabei wird ein tiefer Abstrich im Rachen- und/oder Nasenbereich gemacht und dieser auf den Erreger untersucht.

Risikogebiete: Eine Maßnahme, die Länder und Regionen auf ihre Infektionsgeschehen untersucht und eine Risikobewertung vollzieht. Risikogebiete werden nach der Analyse gemeinsam vom ↑Bundesministerium für Gesundheit, dem Auswärtigen Amt und dem Bundesministerium des Innern festgelegt und sind Grundlage weiterer Maßnahmen wie Reisewarnungen oder Reisebeschränkungen.

Risikogruppen: Hierzu zählen Menschen, die bei einer Ansteckung mit einer höheren Wahrscheinlichkeit einem schweren Verlauf der Krankheit unterliegen; dazu zählen u.a. ältere Personen ab 60 Jahre, stark übergewichtige Personen und Personen mit bestimmten Vorerkrankungen.

Robert Koch-Institut (RKI): Ein im Geschäftsbereich des ↑Bundesministerium für Gesundheit angesiedeltes Bundesinstitut (1891 gegründet), welches die Aufgabe der Krankheitsüberwachung im Bundesgebiet übernimmt und damit vor allem für die Erkennung, Verhütung und Bekämpfung von Krankheiten und im Besonderen von ↑Infektionskrankheiten zuständig ist. Es betreibt dabei auch eigene Forschung im Bereich der Biomedizin und berät die relevanten Institutionen der Bundesrepublik.

SARS: Abkürzung für »Schweres Akutes Respiratorisches Syndrom«, d.h. schweres Atemwegssyndrom. SARS ist eine durch das ↑Coronavirus (SARS-CoV-1) ausgelöste ↑Infektionskrankheit, die in der SARS-↑Pandemie in Asien 2002/2003 erstmalig auftrat. Die Übertragung verlief ähnlich wie bei ↑SARS-CoV-2 auch per ↑Tröpfcheninfektion und Kontaktinfektion, weshalb die Gegenmaßnahmen aus konsequenter allgemeiner Desinfektion, der Absage von Massenveranstaltungen und der ↑Isolation von erkrankten Personen bestanden.

SARS-CoV-2: Ein neues Beta-Coronavirus der Familie der ↑Coronaviridae, das erstmalig in der chinesischen Stadt ↑Wuhan aufgetreten ist. SARS-CoV-2 hat eine einzelsträngige RNA, die ein Erbgut beinhaltet, das anderen ↑Viren der Coronafamilie ähnelt. Das ↑Virus löst die ↑Infektionskrankheit ↑Covid-19 aus.

Social distancing/Soziale Distanzierung: Maßnahme zur Kontaktvermeidung durch das Einhalten eines Abstands von 1,5 Metern (↑Abstandsregel).

Symptome: Spezifische Merkmale einer Erkrankung. Bei einer ↑Infektion mit ↑SARS-CoV-2 sind die gängigsten Symptome Fieber, trockener Husten, Abgeschlagenheit und Geruchs- und Geschmacksstörungen. Es können auch u.a. Kurzatmigkeit, Kopfschmerzen, Durchfall und Erbrechen hinzukommen.

Teststrategie, nationale: Gibt vor, wie, wer und wann getestet werden soll. Seit März 2020 werden in Deutschland ↑PCR-Tests durchgeführt. Mittlerweile (Stand Oktober 2020) wurden die ↑PCR-Tests mit Antigentests ergänzt.

Triage-Medizin: Beschreibt ein Verfahren der Sichtung und Einteilung von Patient:innen nach dem Schweregrad der körperlichen Beeinträchtigung. Ursprünglich kommt dieses Verfahren aus der Militärmedizin. Heutige Verfahren der Triage sind standardisiert. So gibt es für die Triage in Krankenhäusern zwei maßgebende Standards: das Manchester-Triage System und den Emergency Severity Index.

Tröpfcheninfektion: Krankheitserreger, wie das ↑SARS-CoV-2-Virus, die durch Tröpfchen in der Luft (↑Aerosole) übertragen werden können. Diese gelangen durch Atmen, Sprechen, Niesen oder Husten in die Luft.

Übertragungsweg: Der Weg, über den der Erreger in einen anderen Organismus gelangen kann; bei ↑SARS-CoV-2 ist das die ↑Tröpfcheninfektion.

Virus/Viren: Infektiöse Entitäten von nur wenigen Nanometern Durchmesser. Sie bestehen jeweils aus nur wenigen Molekülen, die ihr Erbgut und entsprechend die Informationen für ihre Reproduktion tragen. Viren sind keine Organismen und brauchen daher Wirtszellen, in denen sie sich reproduzieren können. Die Zelle kann durch diesen parasitären Befall zerstört werden.

Virologie: Ein Fachgebiet der Hygiene und Biologie, welches sich aus verschiedenen Fachgebieten wie der Mikrobiologie und Medizin zusammensetzt. Beschäftigungsfelder des Gebiets sind die Klassifizierung und Identifizierung von ↑Viren, die Charakterisierung von ↑Viren, die Erforschung der Reproduktion und die Behandlung und Vorbeugung von viralen ↑Infektionskrankheiten.

Wuhan: Die Hauptstadt der chinesischen Provinz Hubei. Sie liegt in Mittelchina an der Kreuzung des Jangtsekiang und des Han-Flusses. In der Stadt wurde Ende 2019 zum ersten Mal das ↑Coronavirus identifiziert. Sie gilt als erster Ausbruchsort.

Zoonosen: Der Begriff benennt Krankheitserreger, die bidirektional, d.h. in beide Richtungen, zwischen Menschen und Tieren übertragbar sind. Darunter fallen unter anderem Bakterien, ↑Viren und Milben. Es wird davon ausgegangen, dass auch das ↑Coronavirus (↑SARS-CoV-2) vom Tier auf den Menschen übertragen wurde.

Autor:innen

Sören Altstaedt, M.A., Soziologe und wissenschaftlicher Mitarbeiter in der DFG-Kolleg-Forschungsgruppe »Zukünfte der Nachhaltigkeit« an der Universität Hamburg. Forschungsschwerpunkte: Zukunftssoziologie, Wissenssoziologie.

Christian Baron, geboren 1985 in Kaiserslautern, lebt als freier Autor in Berlin. Nach dem Studium der Politikwissenschaft, Soziologie und Germanistik in Trier arbeitete er mehrere Jahre als Zeitungsredakteur. 2016 veröffentlichte er im Verlag Das Neue Berlin das Sachbuch Proleten, Pöbel, Parasiten. Im Claassen-Verlag erschien 2020 sein literarisches Debüt Ein Mann seiner Klasse, wofür er den Klaus-Michael-Kühne-Preis und den Literaturpreis »Aufstieg durch Bildung« der noon-Foundation erhielt. Die von ihm zusammen mit Maria Barankow herausgegebene literarische Anthologie Klasse und Kampf erschien 2021 bei Claassen.

Natalia Besedovsky, Dr., Soziologin und wissenschaftliche Mitarbeiterin an der Professur Gesellschaftsanalyse und Sozialer Wandel, Universität Hamburg. Forschungsschwerpunkte: Wirtschafts- und Finanzsoziologie, Soziologie der Bewertung, Wissenschafts- und Technikforschung.

Annerose Böhrer, M.A., Soziologin und wissenschaftliche Mitarbeiterin an der Friedrich-Alexander-Universität Erlangen-Nürnberg. Forschungsschwerpunkte: Materialität und Metaphern, Medizinsoziologie, Science & Technology Studies, Kultursoziologie, Ritualtheorie.

Elisabeth Boßerhoff, B.A., Masterstudentin der Soziologie und studentische Mitarbeiterin in der DFG-Kolleg-Forschungsgruppe »Zukünfte der Nachhaltigkeit« an der Universität Hamburg.

Ekkehard Coenen, Dr., Soziologe und wissenschaftlicher Mitarbeiter am Lehrstuhl für Mediensoziologie an der Bauhaus-Universität Weimar. Forschungsschwerpunkte: Thanatosoziologie, Soziologie der Gewalt, Methoden der qualitativen Sozialforschung, Emotionssoziologie, Kultursoziologie.

Marie-Kristin Döbler, Dr., Soziologin und wissenschaftliche Mitarbeiterin in den Projekten »Geschlechterdifferenzen in familialen Übergangsphasen. Ethnografische Analysen von Elternwerdung, Trennung und Auszug des Kindes« an der Universität Tübingen sowie »Freiheit versus Sicherheit im Lebenslauf. Dynamik eines Wertkonflikts im demographischen Wandel« der Ad-hoc-Arbeitsgruppe »Zukunftswerte« der BaDW (München/Erlangen). Forschungsschwerpunkte: Persönliche Beziehungen, Interaktionen, symbolischer Interaktionismus, soziale Situationen, (Nicht-)Präsenzen, Wissen, Gedächtnis, Sozialkonstruktivismus, Alter(n).

Viola Dombrowski, Dipl.-Päd., wissenschaftliche Mitarbeiterin und Doktorandin am Institut für Soziologie der Universität Koblenz-Landau. Forschungsschwerpunkte: Geschlechterforschung, Rechtspopulismus, Methoden der qualitativen Sozialforschung mit Schwerpunkt Diskursforschung.

Christian Eberlein, B.A., Masterstudent der Soziologie an der Universität Hamburg und studentischer Mitarbeiter an der Professur Gesellschaftsanalyse und sozialer Wandel.

Michael Grothe-Hammer, Dr., Associate Professor für Soziologie am Department of Sociology and Political Science der Norwegian University of Science and Technology (NTNU) in Trondheim, Norwegen. Forschungsschwerpunkte: Organisationssoziologie, Digitalisierung, Soziologische Theorie, Katastrophen- und Notfallforschung, Methoden der qualitativen Sozialforschung.

Oul Han, Dr., Politikwissenschaftlerin und wissenschaftliche Mitarbeiterin des Instituts für Web Science and Technologies an der Universität Koblenz-Landau. Forschungsschwerpunkte: Politische und emotionale Polarisierung, Quantitative Textanalyse, Soziale Medien, Hate Speech und Misinformation, Online-Demokratie.

Marc Hannappel, Dr., Soziologe und Akademischer Oberrat am Institut für Soziologie der Universität Koblenz-Landau. Forschungsschwerpunkte: Computational Social Science, Mikrosimulation, Methoden der empirischen Sozialforschung, Stadtsoziologie, Demographie.

Martina Hasenfratz, M.A., Soziologin und wissenschaftliche Mitarbeiterin in der DFG-Kolleg-Forschungsgruppe »Zukünfte der Nachhaltigkeit« an der Universität Hamburg. Forschungsschwerpunkte: Kultursoziologie, Praxistheorien und Emotionssoziologie, Materielle Kultur, Nachhaltigkeit.

Maria Hobbing, Bildende Künstlerin in Hamburg. Ihre künstlerische Arbeit umfasst Zeichnung, Installation und Malerei, Atelier im Künstlerhaus Sootbörn, Hamburg. Die »Zeichnungen zu Corona © Maria Hobbing« sind im Zusammenhang mit der Initiative der Künstlerin R. Gerum entstanden, die auf der Internetseite www.coronaalphabet.de Arbeiten von internationalen Künstler:innen zu Corona und Coronabegriffen präsentiert.

Marco Hohmann, M.A., Soziologe und wissenschaftlicher Mitarbeiter an der Professur Gesellschaftsanalyse und sozialer Wandel an der Universität Hamburg. Forschungsschwerpunkte: Wirtschafts- und Finanzsoziologie, Kultursoziologie, Praxissoziologie, Soziologie sozialer Ungleichheit.

Roman Kiefer, M.A., Soziologe und Doktorand an der Albert-Ludwigs-Universität Freiburg, akademischer Mitarbeiter an der Pädagogischen Hochschule Freiburg. Forschungsschwerpunkte: Bildungssoziologie, Soziologie der Gesundheit, Kritische Kriminologie und Methoden qualitativer Sozialforschung.

Matthias Kullbach, studentischer Mitarbeiter am Institut für Soziologie der Universität Koblenz-Landau.

Sarah Lenz, Dr., Soziologin und wissenschaftliche Mitarbeiterin in der DFG-Kolleg-Forschungsgruppe »Zukünfte der Nachhaltigkeit« an der Universität Hamburg. Forschungsschwerpunkte: Wirtschaftssoziologie, Soziale Ungleichheit, Nachhaltigkeit, Digitalisierung.

Ruth Manstetten, M.A., Soziologin und Doktorandin am International Graduate Centre for the Study of Culture (GCSC) an der Universität Gießen. Forschungsschwerpunkte: Soziologie sozialer Ungleichheit, Wissenssoziologie, Soziologie der Moral, politische Soziologie und qualitative Methoden empirischer Sozialforschung.

Nadine Maser, M.A., wissenschaftliche Mitarbeiterin an der Professur Gesellschaftsanalyse und Sozialer Wandel an der Universität Hamburg. Forschungsschwerpunkte: Soziologische Theorie, politische Soziologie und Kultursoziologie mit Schwerpunkt auf Fragen sozialer Zugehörigkeit.

Sighard Neckel, Professor für Gesellschaftsanalyse und sozialen Wandel an der Universität Hamburg, Sprecher der dortigen DFG-Kolleg-Forschungsgruppe »Zukünfte der Nachhaltigkeit« und Principal Investigator des Sonderforschungsbereichs 1171 »Affective Societies«. Forschungsschwerpunkte: Wirtschafts- und Finanzsoziologie, soziale Ungleichheit, Emotionsforschung, Kultursoziologie, Gesellschaftstheorie, Konflikte um Nachhaltigkeit.

Larissa Pfaller, Dr., Soziologin und wissenschaftliche Mitarbeiterin am Institut für Soziologie der Friedrich-Alexander-Universität Erlangen-Nürnberg. Aktuelle Projekte: »Das Imaginäre an den Grenzen des Sozialen« (DFG); »The Public (Re-)Negotiation of Intergenerational Solidarity and Responsibility in the Corona- Pandemic – Media Discourse Analysis and Ethical Evaluation (PRISMAE)«. Forschungsschwerpunkte: Kultursoziologie, rekonstruktive Sozialforschung.

Lukas Schmelzeisen, M.A., wissenschaftlicher Mitarbeiter am Institut für Parallele und Verteilte Systeme (IPVS) an der Universität Stuttgart. Forschungsschwerpunkte: Maschinelles Lernen unter zeitlichen Verschiebungen, Repräsentation von Wissensgraphen, Argument Mining.

Tobias Schramm, M.A., Philosoph und Mitarbeiter im DFG-Projekt »Das Imaginäre an den Grenzen des Sozialen« am Institut für Soziologie der Friedrich-Alexander-Universität Erlangen-Nürnberg. Forschungsschwerpunkte: Soziologische Theorie, Praxistheorien, Sozialphilosophie, Kultursoziologie, Theorie und Analyse des gesellschaftlichen Imaginären, Kulturpsychologie.

Nina Sökefeld, M.A., Soziologin und wissenschaftliche Mitarbeiterin am Sonderforschungsbereich 1171 »Affective Societies« an der Universität Hamburg. Forschungsschwerpunkte: Soziologie der Emotionen, Soziologie des Körpers, Kultursoziologie, Methoden der qualitativen Sozialforschung.

Paul Weinheimer, B.A., Masterstudent der Soziologie und studentischer Mitarbeiter in der DFG-Kolleg-Forschungsgruppe »Zukünfte der Nachhaltigkeit« an der Universität Hamburg.